공학도를 위한

창의 글쓰기

정병철 · 김혜영 · 김병창
김영훈 · 이혁재 · 황석호

한국문화사

■ 머리말

'공학도를 위한 창의글쓰기'는 4차 산업혁명이라는 시대의 흐름과 의사소통교육의 일반적인 목표, 그리고 공학계열의 과목의 특수성과 필요 등을 고려하여 다음과 같은 교육 목표를 충족시키기 위하여 개발되었다.

기본적이고 일반적인 글쓰기 능력의 향상: 글쓰기의 프로세스, 글쓰기의 미세 과정, 글쓰기의 전개 방식들, 한 편의 설득하는 글 완성하기

공학적인 아이디어 생성과 구체화에 필요한 글쓰기 능력의 향상: 공학도를 위한 글쓰기의 출발점, 글쓰기의 프로세스, 글쓰기의 미세 과정, 글의 조직과 전개 방식들, 공학도의 전문적 글쓰기

WAC(Writing Across Curriculums)에 따른 글쓰기 교육과 전공 수업의 연계 강화: 공학도를 위한 글쓰기의 출발점, 글쓰기의 프로세스, 공학도의 전문적 글쓰기

공학적인 전문가 공동체 내부에서의 소통 능력 향상: 공학도의 전문적 글쓰기

공학적인 지식이 없는 비전문가와의 소통 능력 개발: 소통과 융합의 글쓰기

공학도에게 필요한 실용적인 글쓰기의 기초 확립: 공학도의 실용적 글쓰기

비판적 사고와 창의적 문제 해결 능력 개발: 과학기술 에세이, 과학기술 칼럼

융합적 사고와 대중과의 소통 능력 개발: 소통과 융합의 글쓰기

공학계열에 필요한 인문학적 지식 함양

이 책의 전체 구성은 위의 목표들을 실현할 수 있도록 아래와 같이 설계되었다.

<공학도를 위한 창의 글쓰기>의 구성

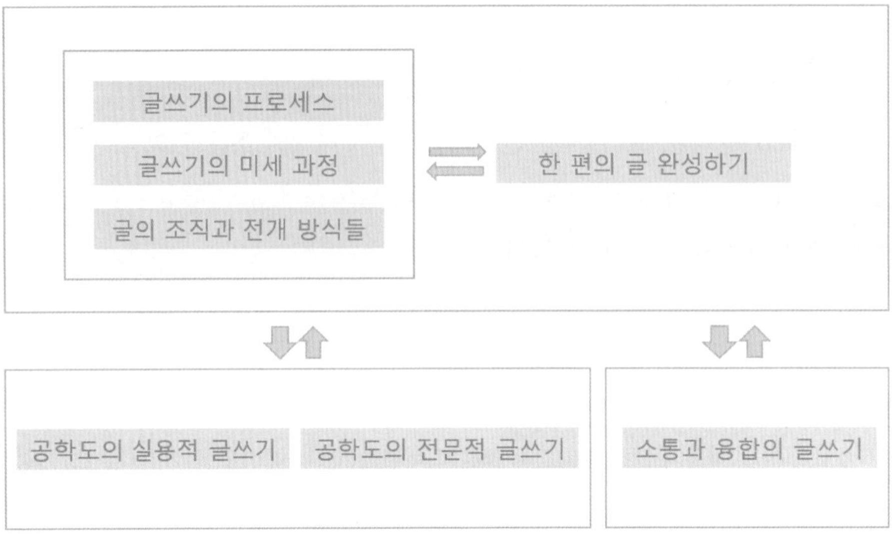

글쓰기의 거시적인 과정과 미시적인 과정, 조직과 전개 방식 들을 익힘으로써 한 편의 글을 완성하는 데 필요한 지식과 기술을 체계적으로 개발할 수 있고, 한 편의 글을 쓰는 총체적인 과정을 통해 글쓰기의 거시적인 과정과 미세 과정, 그리고 조직과 전개 방식의 효율성을 점검하고 발전시켜 나갈 수 있다. 이렇게 글의 완성도를 높이는 능력은 공학도의 실용적 글쓰기와 전문적 글쓰기라는 공학적인 전문가 집단 내에서의 소통과 칼럼이나 에세이와 같은 비전문가 집단과의 소통을 위해 균형 있게 발휘될 수 있어야 한다.

각 장의 구성은 매우 단순하다. [예시]로 처리되어 있는 풍부한 읽기 텍스트를 통해 글쓰기의 과제와 연관된 내용, 구조에 대한 스키마(혹은 배경지식)를 형성한 후에 [활동]과 [연습]을 통해 실제로 해당 장르의 목표 텍스트를 작성해 볼 수 있도록 되어 있다. 4차 산업 혁명(AI, 빅데이터), 환경 문제, 에너지, 적정 기술 등 공학도들이 자주 접하거나 해결해야 하는 문제와 관련된 텍스트들을 적극적으로 활용하였고 실제 공학자들이 사용하는 텍스트의 구조를 경험할 수 있도록 하는 데 역점을 두었다.

현대 글쓰기 교육 이론에서는 글쓰기의 과정을 중시한다. 글을 잘 쓰는 사람은 글쓰기의 상황과 예상되는 독자에 대한 분석, 글쓰기 전의 준비와 글을 쓴 후의 고쳐 쓰기와 같은 전체 과정의 중요의 중요성을 잘 인식하고 있을 것으로 예상하기 때문이다. 하지만,

글쓰기의 과정이 좋다고 해서 반드시 좋은 글이 만들어지는 것은 아니다. 독자가 읽는 글은 결과물이지 과정이 아니기 때문이다. 한편, 글쓰기 교육에 대한 장르 기반 이론에서는 좋은 글을 쓰려면 쓰고자 하는 글과 목표, 내용, 형식 등을 공유하는 같은 장르의 글을 많이 읽어야 한다고 말한다. 어떤 장르의 글을 많이 경험할수록 그 장르를 발생시킨 집단에서 인정받을 수 있는 좋은 내용과 형식을 갖춘 글을 가려내고 생산할 수 있는 능력도 커지기 때문이다. 공학도에게 특화된 글쓰기 교재를 개발한 근거도 이와 같은 장르 기반 이론에서 찾을 수 있다.

2004년에 낸시 소머스 교수가 연구한 바에 따르면 글쓰기는 대학생들이 수업에 더 적극적으로 참여하고 수업 내용을 더 잘 이해하게 하는 효과와 새로운 아이디어를 탐구하고 관심과 흥미를 확장해 나가게 하는 효과가 있는 것으로 밝혀졌다. 글쓰기는 우리의 일상생활에서도 빠질 수 없지만 공학적인 발상과 설계의 과정에서도 더없이 중요한 도구가 된다. 굳이 『자연철학의 수학적 원리 Philosophiae Naturalis Principia Mathematica』를 쓴 뉴턴이나 DNA구조의 발견으로 노벨상을 수상한 과학자 제임스 왓슨까지 거론하지 않아도 우리는 이미 수많은 연구 결과와 사례를 통해 글쓰기가 과학자나 공학자에게 얼마나 중요하고 유용한 능력인지 잘 알고 있다. 하지만, 아직도 대다수의 대학생은 글쓰기에 대한 두려움을 느끼거나 실제로 자신이 글을 쓰는 능력이 부족하다고 생각한다. 독일의 헬가에셀본 크룹비겔 Helga Esselborn-Krumbiegel 교수는 이렇게 말했다. “최대한 빨리 글쓰기를 시작하라. 빠를수록 좋다!” 우리나라의 대학생은 입시위주의 교육 탓에 장문의 글을 써본 경험이 거의 없다. 이 교재는 이와 같은 문제의식을 바탕으로 대학생들에게 요구되는 다양한 글쓰기를 실제로 경험해 볼 수 있도록 하는 것에 역점을 두었다. 글쓰기 과정을 너무 중시하다보면 글의 준비에 대한 부담이 너무 커져서 실제로 글을 쓰는 경험이 부족해지거나 글쓰기를 포기하는 일도 많이 벌어진다. 하지만, 일단 글을 쓰다 보면 자신도 모르게 글을 쓰는 데 필요한 과정을 탐색하고 적절한 과정을 거치며 글을 쓰게 된다. 글을 잘 쓰려면 일단 글을 많이 써보는 경험이 필요하다. 물론, 글쓰기의 세계는 너무나 광대하고 변화무쌍해서 글쓰기를 위한 완벽한 방법이나 교재는 존재하지 않는다. 다만 글쓰기의 세계를 탐험하기 위해 멀고 험난한 길을 가는 독자들에게 이 책이 희미하게나마 올바른 방향을 알려주는 길잡이별이 되어주기를 소망할 뿐이다.

2018년 2월 12일 저자 일동

■ 차례 Contents

Chapter 1

공학도를 위한 글쓰기의 출발점

1.1. 공학도에게 글쓰기가 필요한 이유

우리는 고등학교 1학년 때 진로적성검사를 통해 문과 또는 이과계열을 선택한다. 현재 공학도의 길을 걷고 있는 학생들은 대부분 이 시절 이과 계열로 진학을 선택한 학생들인데, 그러한 선택에는 자신의 적성이나 졸업 후의 전망 등 다양한 요인이 작용했을 것이다. 하지만, 이과를 선택하게 된 원인으로 과목별 성적의 불균형도 빼놓을 수 없다. 즉, 이과를 선택하는 학생들은 수학이나 과학 점수가 언어나 문학 과목에 비해 남들보다 비교우위에 있거나 어문학 관련 과목의 점수가 상대적으로 낮은 경우가 많다. 하지만, 문제는 이과를 선택한 학생들도 졸업 후에 글쓰기와 관련된 업무를 많이 처리해야 한다는 것이다. 이공계열에 종사하는 직장인의 하루 일과 업무 중 70% 이상이 글쓰기 업무에 해당된다. 자동차부품회사 생산부에 종사하고 있는 A과장의 하루 일과를 들여다보자. A과장은 아침에 출근하여 생산전략팀 회의로 하루를 시작한다. 회의 후 A과장은 회의에서 나온 내용을 회의록에 작성하여, 회의 참여자들에게 이메일로 전송한다. 오늘은 모기업에 납품된 부품의 불량률을 분석하고 그에 대한 대처 방안을 기획서에 담아 부장님께 보고하는 일정이 오후 2시에 잡혀 있어 보고서와 발표 자료 마무리가 오전 중에 이루어져야 한다. 책상에 앉아 메일을 열어보니 회사와 거래를 하고 있는 업체로부터 협조 공문이 도달해 있어 답메일을 작성한다. 메일 작성 중 팀원들이 업무 중 발생된 일들을 SNS를 통해 알려와 답문자로 업무를 지시한다. 이번 주에는 팀원들의 복지 향상을 위한 물품 구매 기안서를 작성해 회사에 올려볼 생각이다. A과장은 소위 공대를 졸업하고 전공과 관련된 회사에 취업하여 생산부에 배치를 받았지만, 하루 일과의 대부분을 컴퓨터 앞에 앉아 글쓰기를 하면서 보낸다.

미국 20개 연구기관의 과학자와 엔지니어 265명을 대상으로 조사한 결과 자기 시간의 1/3을 글쓰기와 편집 등에 할애하며 상위 직급으로 올라갈수록 이런 현상이 심화되는 것으로 나타났다. 또한, 엔지니어는 지진이나 각종 사고로 인한 구조물의 파괴 등에 대한 문제를 해결하기 위하여 기술을 개발할 뿐만 아니라 개발한 기술을 비전문가와 공유하고 정책 결정자들을 설득할 수 있는 글쓰기 능력을 필요로 한다. 그런 이유에선지 대부분의 기업에서도 의사소통능력은 채용 시 가장 중요한 평가요소의 하나로 자리매김하고 있다.

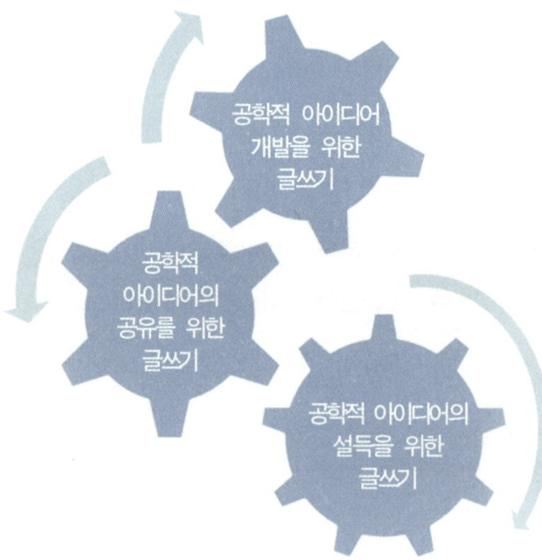

[그림 1.1] 공학자들에게 필요한 글쓰기 능력

공학도에게 글쓰기가 왜 필요한지 묻기 전에 먼저 공학(engineering)이란 무엇이며 공학자는 어떤 일을 담당하는가에 대하여 이해할 필요가 있다. 인공지능의 비약적인 발전이 주도하는 4차 산업혁명의 시대가 도래하면서 공학과 공학자의 정체성도 많은 변화를 겪고 있다. 앞으로 산업 현장에서 단순 지식의 적용은 인공지능으로 대체될 가능성이

높다. 그로 인해 독서나 글쓰기와 같은 기초 학문을 통해 배울 수 있는 자기학습능력, 유연성, 그리고 융복합 능력이 주목을 받게 된다. IBM 기술전략 및 혁신 담당자였던 어빙(Irving Wladawsky-Berger) 부사장은 인공지능의 등장으로 인해 경영학과 공학의 딱딱한(hard) 기술보다 인간만이 해낼 수 있는 글쓰기와 같은 부드러운(soft) 능력이 더 필요하게 될 것이라고 예견하였다. 인간은 인공지능이 능력을 발휘할 수 없는 다양한 문제 상황에서 새로운 것을 계획하고 그것을 글로 써서 문제를 해결하고 공유하는 업무를 담당해야 하는데, 그 중심에는 바로 글쓰기가 놓여 있다.

공학자들이 쓰는 글의 종류를 그 목적에 따라 아이디어 창안과 개발, 아이디어와 기술의 공유, 아이디어 채택을 위한 설득의 세 가지로 분류하여 제시하면 [그림 1.2]와 같다.

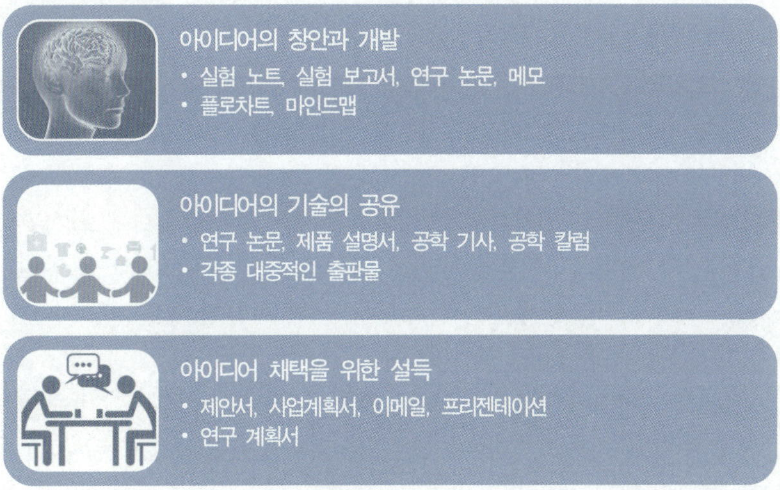

[그림 1.2] 공학자들이 작성하는 글의 종류

한편, 자연의 궁극적인 원리를 밝히는 것을 목적으로 하는 과학과 달리 공학은 인간에게 직접적인 도움을 줄 수 있는 기술의 개발을 목적으로 하고 있다. 테오도르 폰 카만(Theodore von Karman)은 "과학자는 있는 것을 공부하는 사람이고 엔지니어는 없던 것을 창조해 내는 사람이다."라는 유명한 말을 남겼다. 우주나 자연에 대한 과학의 발전은 계속되겠지만, 과학이 관찰 가능성의 제약으로 인한 근본적인 한계를 극복하기 어려운 상황에서, 공학은 기초과학이나 인문학, 예술과 융합하며 새로운 미래를 개척해 나가고 있다. 4차 산업혁명의 시대를 맞이한 공학 글쓰기는 융합의 시대를 준비하는 첨병으로 중요한 역할을 하게 될 것이므로, 글쓰기를 통해 융합적인 사고를 개발, 공유, 확산하는 능력을 키울 필요가 있다.

▌활동 1.1▐ 다음 글을 읽으면서 과학(science)과 공학(engineering)의 공통점과 차이점에 대해 생각하고, 과학자들의 글쓰기와 공학자들의 글쓰기는 어떤 공통점과 차이점이 있는지 생각나는 대로 적어 보자.

CERN은 유럽입자물리연구소 혹은 유럽원자핵공동연구소라고 불리는 곳으로서 공식 명칭은 European Organization for Nuclear Research다. 이곳은 글자 그대로 유럽의 각국들이 공동으로 입자물리를 연구하기 위해 세운 연구소로서, 1954년에 설립되어 벌써 60년 가까이 활동해 온 전 세계에서 제일 유명한 물리학연구소 중의 하나라고 볼 수 있다. 위치는 스위스 제네바 근처로 현재 2,400명에 달하는 직원과 1,500명에 달하는 시간제 직원이 일하고 있고, 총 20개국의 회원국과 7개국의 옵저버 국가가 관련되어 그 비용을 감당하고 있는데, 2012년 기준으로 보면 약 1.5조 원의 예산을 사용하는 것으로 알려져 있다.

CERN이라고 하는 이름은 일반인들에게도 꽤 친숙하게 알려져 있는데, 이는 아마도 이곳이 영화의 배경으로 자주 등장하기 때문일 것이다. 가장 최근의 예로 댄 브라운(Dan Brown)의 소설 『천사와 악마』를 원작으로 만든 동명의 영화에 CERN이 나오는데, 반물질(anti-matter)의 생성과 이로 인해 발생될 수 있는 블랙홀로 인한 인류 멸명 시나리오가 일반인들에게 호기심 어린 충격으로 다가왔었다.

지난 수십 년간 CERN의 과학자들이 해온 것을 한 마디로 요약하자면, 우주의 탄생 과정을 설명해 줄 수 있을 것으로 기대되는 반물질의 존재를 입증하려는 것이다. 반물질이라고 하는 단어 자체는 물질의 반대라고 해서 만들어진 말인데, 비유를 들어 설명하자면 전하에 양전하와 음전하가 있어 이 둘이 합쳐지면 전기적으로 중립적인 상태가 되는 것처럼, 질량 또한 마찬가지로 양과 음의 성질을 가질 수 있고 그래서 양의 질량을 갖는 것은 물질, 그리고 음의 질량을 갖는 것은 반물질이라고 부르겠다는 것이다. 그러나 우리가 경험할 수 있는 세계에서 모든 물질은 양의 질량을 갖고 있고 앞의 이론에서 주장되는 음의 질량을 갖는 물질은 보이지 않는다. 그래서 이 음의 물질인 반물질을 한번 직접 관찰해 보자는 것이다. 만약 반물질의 관찰에 성공하게 된다면 이는 아직 가설 단계라고 볼 수 있는 빅뱅 이론이 사실일 수도 있다는 것을 지지하는 강력한 근거가 될 수 있고, 그러면 우주 생성 과정의 신비에 좀 더 가까이 다가가게 될 수도 있다.

물리학자들의 이론에 따르면 이러한 반물질을 인공적으로 생성시키는 것이 불가능한 일은 아닌데, 한 가지 문제는 생성되자마자 지구상에 널려 있는 물질을 만나 그 즉시 자동 소멸된다는 점이다. 이것을 전문적으로 쌍소멸(annihilation)이라고 부르는데, 그 과정에서 어마어마한 에너지가 방출되어 의도치 않게 블랙홀이 생길 수도 있다는 것이 앞의 <천사와 악마>같은 영화 등에서 나오는 이야기다. 그와 같은 가능성을 실제 위험으로 받아들여 일부 사람들은 CERN의 실험을 중지시켜야 한다며 거리에서 데모를 벌이기도 한다.

CERN에 설치된 거대 강입자 가속기(Large Hadron Collider; LHC)는 전자 · 양성자 · 중성자와 같은 입자들을 가속시켜 서로 충돌시킬 때 쏟아져 나오는 파편과도 같은 물질들 중에 반물질이 있을 것이라는 가설을 입증하는 데 사용되는 장치이다.

충돌의 효과를 극대화하기 위해서는 입자가 빛에 가까운 속도로 가속이 되어야 하는데, 그러려면 충분히 긴 거리를 확보해야 한다. 그렇기 때문에 이 거대 강입자 가속기는 둘레 약 27킬로미터, 지름은 약 8킬로미터에 달하는 엄청난 크기로 설계 · 제작되어 있고, 혹시라도 있을지 모르는 만약의 사태에 대비하기 위해 지하 100미터의 땅속에 설치되어 있다. 또한 생성된 반물질이 쌍소멸되지 않도록 하기 위해서는 반물질이 물질과 접촉하지 않아야 하는데 이를 위해 거대 강입자 가속기에 강력한 자기장을 형성시켜 가속기의 벽과 접촉되지 않도록 하는 장치가 설계 · 제작되어 있고 이를 감지기라고 부른다.

그래서 CERN이 실제로 반물질의 존재를 관찰했느냐 하면 아직은 아니다. 2011년에 반물질은 아니지만 소위 표준이론에서 가정되는 힉스 입자(Higgs Boson)가 존재한다는 단서를 찾았다고 발표했다가 후에 여러 다른 기관의 확인 결과 시험 오류라는 의견이 나와서 없던 일이 되었는가 하면, 최근 2013년 3월에 또다시 실험에서 검출된 소립자가 힉스 입자라고 하는 등 다소 오락가락하는 상태다. 필자는 입자물리학에 대한 이해가 깊지 않아 그 실험 결과나 힉스 입자 등에 대해 직접적으로 논할 입장은 아니다. 다만 엔지니어로서 한 가지 사실을 지적하자면, 실험을 통해 측정하는 것은 물질 자체이기보다는 측정이 가능한 여러 물리량들이고 그로부터 입자의 존재 등을 간접적으로 확인하는 것인데, 계측 방식과 그 계측에 사용되는 기기들이 필연적으로 갖고 있는 오차 등으로 인해 그 입증이라고 하는 것이 그렇게 쉬운 일이 아니라는 점을 언급하고 싶다.

눈치 빠른 이들은 알아챘겠지만 사실 이러한 실험을 가능하게 해주는 거대 강입자 가속기와 감지기 등은 바로 엔지니어링의 산물이다. 여러 번 보도된 사진들을 통해 알 수 있듯이 그 어마어마한 크기와 고도의 장치들은 엔지니어들이 설계하고 제작하고 관리하지 않으면 작동될 수 없는 것들이다. 그리고 이것은 더도 말고 덜도 말고 기계장치이기 때문에 여차하면 고장이 난다. 이런 까닭에 CERN에서 일하는 직원들의 대부분이 엔지니어인 것이다. 위키피디아의 설명에 따르면 거대 강입자 가속기는 "세계에서 가장 크고 가장 높은 에너지 수준의 입자 가속기로서, 인류의 위대한 엔지니어링 이정표"이다. 이것이 얼마나 대단한 기계 장치인지 잘 알 수 있다.

그래서 결론이 무엇인가 하면, CERN이라고 하는 최고의 물리학연구소가 수행하는 과학은 엔지니어링 설비인 거대 강입자 가속기를 떠나서는 아무것도 할 수 없다는 것이다. CERN이 수행하는 것이 과학이라고 해도 그 과학은 엔지니어링이 존재하지 않으면 다시 고상의 나래가 되어 버린다. 물론 그 단계의 과학도 과학자들은 과학이라고 주장하겠지만 경험적 · 실험적으로 입증되지 않은 모든 물리학적 가설 · 이론 · 법칙들은 아직 증명된 것이 아니고, 경험적 · 실험적으로 입증할 수 없는 것은 진정한 과학이 아니니, 아무리 잘 봐주려 해도 자칭 과학이 진짜 과학이 되기란 엔지니어링이 없이는 불가능한 일로 보인다.

- 권오상(2014), 『노벨상과 수리공』, 미래의 창, 60~64.

1.2. 공학적 사고와 공학적인 글쓰기의 요건

공학 분야에서 만들어지는 글은 고등학교 교과서에서 보았던 문학적인 글과 확연한 차이가 있다. 물론 글을 구성하는 기본적인 요소나 문법은 공유되는 부분이 있지만, 글의 목적이나 표현 방법에서 분명한 차이가 존재한다. 공학적인 글을 모두 비교하여 설명할 수는 없지만, 일반적으로 공학적인 글은 주로 물리적 대상(에너지, 기구부, 전기흐름, 재료 등)의 움직임 또는 변화 과정을 서술하는 경우가 많다. 당연히 특정 대상물을 표현하는 과정에서 전공 분야의 전문가들만 이해하고 통용하는 전문 용어를 사용하기 때문에, 비전공자는 글을 읽어도 이해하지 못하는 암호와 같은 글이 만들어지기도 한다. 하지만, 공학도가 항상 암호와 같은 글만 작성하는 것은 아니다. 앞에서 본 것처럼 공학도들도 일반인에게 공학적인 아이디어를 알리거나 정책 결정권자를 설득하기 위해 글을 써야 하는 경우가 있다. 어떤 경우이건 간에 가장 중요한 원칙은 글의 내용이 독자에게 효율적이고 정확하게 전달되어야 한다는 것이다. 효율적이고 정확한 내용 전달을 위해 가장 먼저 생각해야 할 것은 바로 독자가 누구인가이다. 같은 내용을 전달하더라도 공학 전공자가 독자일 때와 일반인이 독자일 때는 글을 쓰는 방법과 단어의 선택, 글의 구조 등이 적절하게 달라져야 한다.

▌활동 1.2▐ 다음 글 (A)와 (B)를 읽고 공학 전공자가 독자인 글과 일반인이 독자인 글을 식별해 보라. 두 글은 단어 선택과 글의 구성, 도입의 방식 등에서 어떤 차이가 있는가?

(A) '비긴 어게인'이라는 영화가 2014년에 340만을 넘기면서 아트버스터로서 흥행 성공을 거두었다. 이 영화는 인생의 바닥을 헤매고 있는 잘나가던 음악 프로듀서와 실연의 아픔을 겪는 싱어송라이터 여가수의 성장 드라마이다. 이 둘은 녹음실 없이 뉴욕의 곳곳을 돌아다니면서 녹음실이 아닌 야외에서 녹음하여 음반을 만들어낸다. 건축가는 항상 건축주와 시공자 사이에서 조율을 해야 하고 여러 사람과 함께 협업해야 한다. 그래서 자신의 생각이 제대로 반영이 안 되는 경우가 허다하다. 그렇기 때문에 대중음악처럼 콘셉트부터 완성품까지 혼자서 완성할 수 있는 예술을 하는 사람들이 부럽다. 화가도 혼자서 작품을 완성하지만 그 작품은 미술관이나 화랑에 가야만 감동을 받을 수 있다는 제약이 있다. 반면 대중음악은 사람들이 어느 곳에서든 편하게 선택하고 소비할 수 있다는 장점을 가지고 있다. 이는 어느 예술에서도 찾기 힘든 장점인 듯하다. [중략] 자전거가 굴러가려면 두 개의 바퀴가 필요하듯 건축은 기능 이외에도 감정을 불러일으키는 바퀴가 필요하다. 현대 도시의 건축에서 부족한 부분이 이 부분이다.

-유현준(2015), 『도시는 무엇으로 사는가』, 을유문화사, 65-66.

(B) 생활수준의 향상과 산업의 발달로 실내 환경의 요구 수준은 점차적으로 증가하는 추세로 기본적인 온습도의 조건을 만족하여야 하며 또한 건강한 주거공간에 대한 요구도 증가되고 있다. 주거공간의 환경 조성을 위하여 공동주택의 경우 강제적으로 환기설비를 하도록 법규가 마련되어 있다. 그러나 실내로 도입하는 외기량은 실내공간의 외기부하를 증가시키고 에너지 소비량의 증가를 초래하는 원인이 되고 있다. 특히 한국의 경우 하계의 기후는 상당히 다습한 특성을 지니고 있어 외기에 의한 영향을 감소시키기 위하여 다양한 제습장치가 개발 보급되고 있으며, 제습장치의 에너지를 개선하는 연구가 행해지고 있다. 제습시스템은 기본적인 형식별로 구분하면 습식제습시스템과 건식제습시스템으로 구분된다. 습식제습시스템은 일반적으로 냉각코일을 사용하여 도입된 공기를 냉각감습하여 포화상태 이하로 냉각된 만큼 제습하는 방식으로 냉각감습용 코일의 노점온도가 12~15℃ 정도이며 건구온도는 20℃ 이하의 경우 상대습도 60% 이상의 공기를 얻을 수 있다. 이러한 방식은 일반적으로 현재 건축물 내부공간의 냉각제습 방법으로서 가장 널리 이용되는 형식이다. 이에 비하여 건식제습시스템은 실리카겔이나 제오라이트(zeolite) 등과 같은 물리적 흡착제 또는 염화칼슘 및 염화리튬 등의 화학적인 흡착재료에 공기 중의 수분을 흡착시켜 제습하는 방식이다. 이 방식은 비교적 노점온도가 저온인 수준까지 낮출 수 있으며, 이러한 특성 때문

에 저습도 영역이 필요한 산업분야에 많이 적용되고 있다.

-정용호·박성룡(2018), "분리막을 이용한 주거용 제습공조시스템의 LCC 분석", 설비공학논문집, 30(1), 10-16.

누구나 성실하게 연습한다면 공학적인 분야에서 통용될 수 있는 나쁘지 않은 글을 쓸 수가 있다. 왜냐하면, 공학 글쓰기에는 현란한 문체를 동원할 필요도 없으며, 독특한 문장을 통해 자신의 생각을 어필할 필요도 없기 때문이다. 단지 사물의 거동이나 변화를 단순하고, 명료하게 표현하기만 하면 되며, 반드시 남다른 기교나 예술성을 갖추지 않아도 문제가 없다.

공학적인 글쓰기는 수학공식처럼 같은 분야에서 통용되는 다른 사람의 글을 읽고, 그들을 이해시키기 위해 공유되는 글쓰기의 관습을 익힘으로써 목표를 달성하게 되는 경우가 많다.

공학 글쓰기에도 좋은 글과 나쁜 글이 존재한다. 엄밀히 말하면 공학 글쓰기에는 좋은 글과 나쁜 글이 존재하는 것이 아니라, 이해하기 쉬운 글과 그렇지 못한 글이 존재한다. 이해하기 쉬운 글이란 문장이 복잡하지 않고, 간결하며, 문장과 문장이 부드럽게 연결되어 있어, 글을 읽고 있으면 머릿속에 대상물의 움직임이나 변화가 선명하게 그려지게 만드는 글이다. 반면 이해하기 어려운 글은 문장이 복잡하거나 앞뒤가 정확하게 연결되지 않아 한 문장 내에서 대상물의 움직임이나 변화를 유추할 수 없게 되어 있거나, 각 문장은 잘 구성되었다 하더라도 각각의 문장에서 뽑아낸 그림을 연결하였을 때, 전체적인 그림을 연상할 수 없게 만드는 글이다. 이러한 공학 글쓰기의 특성은 글을 쓰는 사람으로 하여금 간결하고 명료한 문장을 선호하게 만드는 요인이 된다.

또한 공학자는 글을 명확하게 써야 한다. 과학자와 마찬가지로 연구의 방법과 결과를 정확하게 기술함으로써 대중이나 다른 연구자가 그 연구를 검증하고 진실성을 확인할 수 있도록 글을 작성해야 한다. 따라서 공학적인 글을 쓸 때는 독자가 누구이건 상관 없이 수량과 크기, 무게 등을 표준적인 단위로 제시하여 객관적인 정보로 제공하는 것이 좋다. 또한, 자료를 제시할 때는 그래프나 표, 벤다

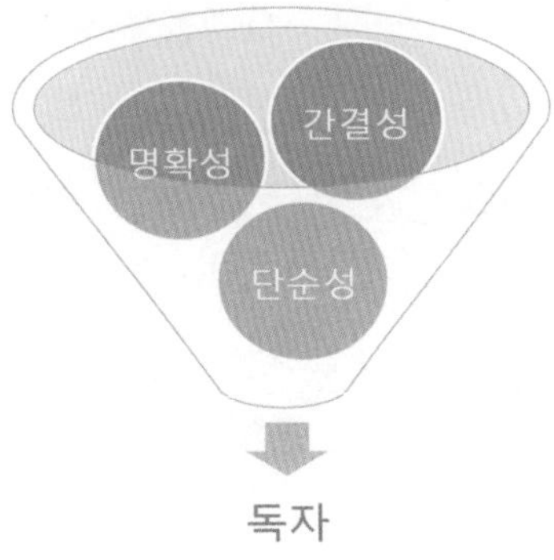

[그림 1.3] 공학 글쓰기의 요건

이어그램 등을 활용하면 더욱 효과적으로 전달할 수 있다. 요약하면, 공학적인 글쓰기는 단순성, 명확성, 간결성을 생명으로 한다. 그리고 이 세 가지 요건을 갖추기 위해 가장 먼저 고려해야 할 것은 바로 독자이다. 공학 글쓰기는 독자를 향해 이루어지는 행위이며, 독자가 누구인지에 따라 단순성, 명확성, 간결성을 충족시키는 방식도 달라지기 때문이다.

▌활동 1.3▐ 다음 흐름도(flow chart)를 보고 빈칸에 들어갈 알맞은 내용을 써 넣어 보자. 필요한 경우 위에서 읽은 내용을 반영하여 새로운 블록을 추가해 보자.

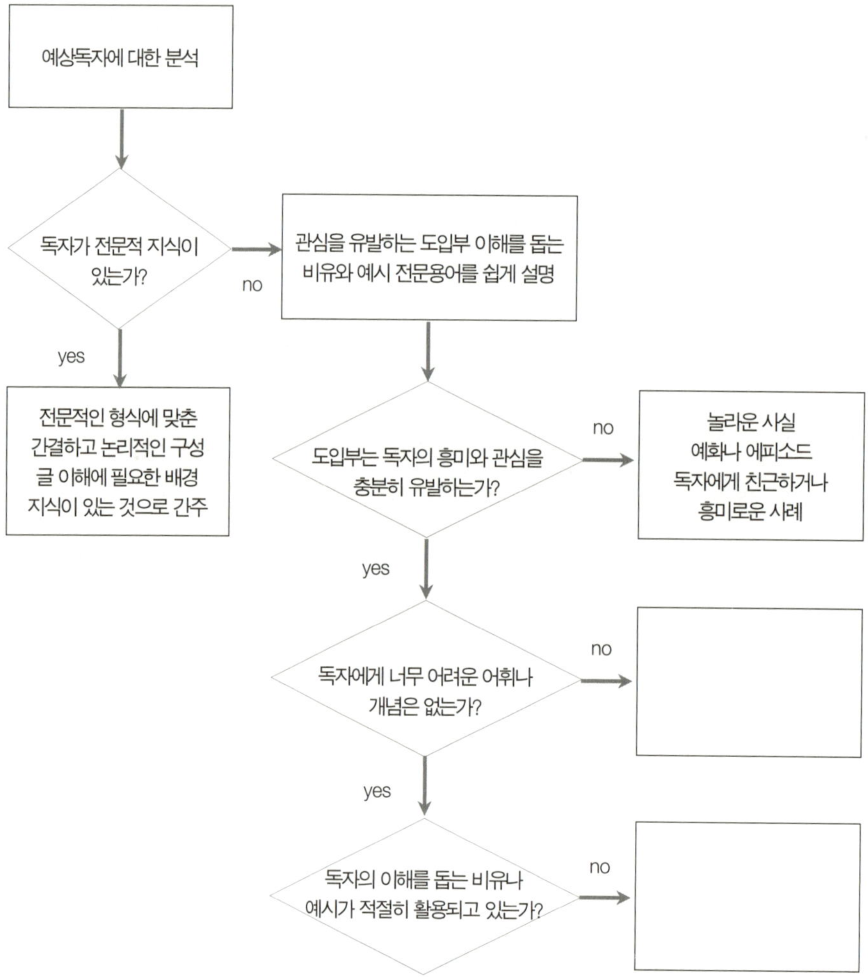

1.3. 글쓰기의 윤리

대학에서의 글쓰기는 학문적인 목적을 성취하고 표현하는 도구이다. 연구의 계획과 과정, 혹은 새로운 발견과 아이디어의 구성이 글을 통해 이루어지기 때문에, 현대 사회에서 글은 하나의 지적인 재산으로 취급된다. 그러므로, 글을 통해 자신의 지적인 역량을 개발하고 표현하는 것도 중요하지만, 다른 사람의 지적인 재산을 인정하고 그 권리를 침범하지 않는 글쓰기 윤리의 가치를 이해하고 그것을 지키는 방법을 아는 것도 중요하다. 글쓰기로 표현된 지적인 재산의 침범은 의도적으로 일어나는 경우도 있지만 잘 알지 못해 일어나는 경우도 많다.

표절

글쓰기 윤리 위반 행위들 중에서 가장 종류도 많고 범하기 쉬운 것이 바로 표절이다. 표절은 타인의 생각이나 표현을 출처를 밝히지 않고 자신의 것처럼 위장하여 글을 쓰는 행위로, 그 방식과 범위가 매우 다양하다.

위조

존재하지 않는 연구의 대상, 자료, 방법, 결과 등을 허위로 기록하거나 보고하는 모든 행위를 말한다.

변조

연구의 대상, 자료, 방법, 결과 등을 조작하거나 원하는 방향으로 변형, 삭제, 왜곡하는 모든 행위를 말한다.

중복 제출

전에 제출했던 과제를 재활용하여 다른 교수님의 수업에 제출하는 행위. 예를 들어 전공 수업에서 제출했던 과제를 조금 변형하여 글쓰기 수업 과제로 제출하는 것.

과제물 구매 및 양도

온라인, 오프라인으로 다른 이가 작성한 과제를 구입하거나 돈을 받고 파는 행위로, 지적 재산에 대한 의도적인 매매 행위가 이루어진다는 점에서 사실상 부분적인 표절 행위보다 더 심각한 글쓰기 윤리 위반 행위라 할 수 있다.

무임 승차

주로 조별 과제를 하는 과정에서 자신의 아이디어나 글로 기여하지 않고 다른 조원들에게 업혀가는 것도 비윤리적인 행위에 속한다. 다른 사람이 쓴 논문에 자신의 이름을 올리는 것도 무임 승차 행위의 일종이다.

[그림 1.3] 대학생들의 유의해야 할 글쓰기 윤리의 위반 행위들

따라서 우리는 글쓰기 윤리 위반의 대표적인 유형들을 몇 가지 확인하고 학문적인 영역과 일상적인 영역에서 실제적인 글쓰기 윤리 위반 행위가 발생하지 않도록 실천하는 자세를 길러야 하겠다. 대학 생활에서의 글쓰기 윤리 위반은 많은 경우 학습 윤리의 위반과 더불어 이루어진다. [그림 1.3]은 대학생들이 쉽게 저지를 수 있는 글쓰기 윤리의 위반 행위들을 요약한 것이다.

타인의 저작물에 대한 출처 표시를 제대로 하지 않거나 인용부호를 잘못 사용하여 의도치 않게 표절 시비에 걸려들 수도 있으므로, [예시 1.1]과 같이 인용된 부분이 어디서부터 어디까지인지를 인용부호(“ ”)를 사용하여 정확하게 표시하고 출처를 정해진 방식에 따라 정확하게 표시해야 한다. [예시 1.1]에서 ⓐ는 인용된 내용을 그대로 옮겨서 “ ”에 넣어 표시하는 방식이고 ⓑ는 인용된 내용을 필자의 언어로 다시 풀어서 쓴 방식이다. 두 방식 모두 본문 안에서 출처를 밝히는 내주의 방식이며 저자와 출판년도 등이 명시되어야 한다. 본문 안에서 언급된 출처는 글의 말미에 있는 <참고 문헌>에서 자세한 정보를 찾을 수 있게 정리되어 있어야 한다.

예시 1.1

ⓐ 고착 환유의 매체와 목표가 엮이는 과정은 “함께 점화되는 신경들은 함께 엮이게 된다(neurons that fire together, wire together)”라는 Hebb(1949)의 연결주의 학습이론에서 한 묶음의 신경 회로가 또 다른 묶음의 신경 회로와 엮이는 신경단위의 학습 과정과 같다.

ⓑ Kuzar(2012)는 구문문법에서 한 단계 더 발전한 S-pattern이라는 틀을 사용해야 히브리어의 문장 구조를 적절하게 설명할 수 있다고 주장했다.

ⓒ 초기에는 구문이 예측할 수 없는 의미나 화용적 특유성을 가져야 한다고 생각되었다(Goldberg, 1995)

<참고 문헌>

Hebb, Donald O. 1949. The Organizition of Behavior: A Neuropsychological Theory. New York: Wiley.

참고 문헌을 표기하는 방식은 여러 가지가 있지만 거의 같은 요소로 구성되는데, 국제적으로는 APA, MLA 등이 사용되고 있으며, 국내에서는 학술 공동체에 따라 통용되는 방식을 정해놓고 있다. 참고 문헌에는 일반적으로 저자, 출판년도, 글의 제목, 출판사 등의 정보가 포함되어 있어야 한다.

카피킬러(https://uok.copykiller.com/)는 일반적으로 대학교 도서관 사이트를 통해 접근할 수 있는데, 논문이나 글의 인용 방식, 참고 문헌 작성법, 글쓰기 윤리 등에 대한 다양한 교육 자료가 제공되고 있으므로 참고하면 좋다. 카피킬러 안에는 표절 방지를 위한 유사도 검사 프로그램이 탑재되어 있으니, 글이나 각종 과제물을 작성하여 제출하기 전에 항상 검사해보기 바란다.

▌활동 1.4▐ 아래 제시된 글쓰기 윤리 점검 목록을 확인해 보자.

글의 제목 :

다음 항목을 읽고 해당 표시(○, X)에 동그라미 하시오.

- 이 글은 내가 직접 썼다. (○, X)
- 이 글은 인용한 글의 출처 표시를 정확히 했다. (○, X)
- 이 글은 전체 분량에 비해 너무 많은 내용을 인용하지 않았다. (○, X)

- 이 글은 인터넷 자료나 다른 책의 내용을 그대로 갖고 와서 작성하지 않았다. (○, X)
- 이 글은 인터넷 사이트에서 구매한 것이 아니다. (○, X)
- 이 글에서 인용한 글의 내용은 왜곡되게 임의로 바뀌지 않았다. (○, X)
- 이 글은 나만의 생각, 관점을 중심으로 썼다. (○, X)
- 이 글은 다른 자료에서 인용한 도표, 그림, 그래프 등에 대한 출처를 분명히 밝혔다. (○, X)
- 이 글은 다른 사람이 대신 쓰지 않았다. (○, X)
- 이 글은 글을 작성하지 않은 다른 학생의 이름을 저자 명단에 넣지 않았다. (○, X)
- 이 글은 글을 작성한 학생들의 이름을 모두 밝혔다. (○, X)

내 글에 대한 점검 결과, 만약 'X' 항목이 나왔다면 내 글에서 해당 부분을 찾아 수정하자.
위의 11개 항목 외에도 글쓰기 윤리에서 어긋난 부분이 있다면 바로잡자.
글쓰기 윤리 문제로 내 글에 대한 의문점이 생기면 수업의 담당선생님께 상담받자.
무료 표절 검사 프로그램 '카피킬러(www.copykiller.co.kr)'를 이용하여 내 글을 점검하자.

▌활동 1.5▐ 글쓰기 윤리 서약서를 작성하고 준수하라.

☑ 저는 수업의 과제물을 제가 직접 작성하겠습니다.

☑ 저는 제 글에서 인용한 다른 사람의 글에 대한 출처 표시를 정확히 하겠습니다.

☑ 저는 인터넷과 책의 내용을 그대로 가지고와서 짜깁기하여 작성하지 않겠습니다.

☑ 저는 인터넷 사이트에서 글을 구매하여 과제물로 제출하지 않겠습니다.

☑ 저는 다른 사람에게 글을 써달라고 부탁하지도 그렇게 하여 제출하지도 않겠습니다.

☑ 저는 모든 과제물을 성실하게 노력하여 스스로 작성하겠습니다.

☑ 저는 제가 쓰는 글에서 글쓰기 윤리 문제로 의구심이 들어 이를 스스로 판단하여 해결하기 어려울 때 수업의 담당 선생님께 질문하겠습니다.

저는(성명:) 글쓰기 수업뿐만 아니라 대학의 모든 수업과 졸업 후에도 글쓰기 윤리를 지킬 것을 서약합니다.

년 월 일

작성자 학생 : (인)

창의글쓰기 담당 교수 : 귀하

Chapter 2

글쓰기의 프로세스

2.1. 준비 (Preparation)

다음은 글쓰기의 준비 단계에서 고려해야 할 몇 가지 사항이다.

(가) 글의 목적과 문제 파악

공학 글쓰기에서 글의 목적과 문제 파악은 가장 우선시되어야 할 검토 사항이다. 글의 내용은 글의 목적에 따라 달라지기 때문이다. 글의 주제나 과제에 대한 이해를 통해 과제의 성격을 파악하고 문서 형식, 글의 길이(분량), 제출 기한, 작업 시간 등도 고려해야 한다. 경우에 따라서 공학 글쓰기가 조별 또는 집단적으로 하는 활동일 수 있으므로 조별 공동 과제일 때는 조별 수행 절차, 역할 분담 등에 대한 조원 간의 논의가 충분히 이루어져야 한다.

(나) 글감 찾기

브레인스토밍	비판 없이 가능한 한 많은 내용을 떠올리는 방법
마인드맵	연쇄적으로 생각의 흐름을 따라가면서 내용을 떠올리는 방법
자유 연상	떠오르는 내용을 자유롭게 가감 없이 빠르게 메모하는 방법

㉠ 브레인스토밍

브레인스토밍은 발상의 기본적인 원칙이다. 거듭 생각하고 고민하며 지식을 확장하고 대화를 많이 하는 것으로 좋은 아이디어를 얻을 수 있기 때문이다. 주제나 써야 할 내용이 딱히 떠오르지 않을 때, 일반적인 상식과 기존 질서의 틀에 얽매어 있는 표면의 의식을 과감하게 무너뜨리고 마음의 심연 깊숙한 곳에 도사리고 있는 생각지도 못한 정보들을 이끌어 내어 참신하고 새로운 내용을 생산하는 발상법이라 할 수 있겠다.

브레인스토밍은 자유로운 토의를 통해 독창적이며 최상의 아이디어를 이끌어내는 생산적인 집단사고 개발법으로 가능한 한 많은 아이디어를 모아 그 속에서 해결책을 찾는 방법이다.

브레인스토밍은 대화를 통한 자기 고백이라고도 할 수 있다. 브레인스토밍을 할 때에는 어떠한 가능성도 버려서는 안 된다. 내가 이런 이야기를 한다고 다른 친구들이 나를 이상하게 생각하지 않을까 하는 불안이 브레인스토밍을 가로막는 가장 큰 해독이다. 이것은 좋은 생각의 싹을 자기 자신이 자르는 것과 같다. 생각이 나지 않으면 그림으로 그려도 좋고, 완전한 생각으로 정리되지 않아도 좋다. 다만 중요한 것은 그저 말로만 자기 생각을 이야기하는 것이 아니라 누군가가 그 집단에서 이야기된 내용을 글로 옮기는 것이다. 물론 이때도 띄어쓰기, 맞춤법 등은 아무런 문제가 되지 않는다. 브레인스토밍은 우리가 무의식 속에서 이미 알고 있는 것들을 찾아내는 효과적인 방식이기도 하다.

브레인스토밍의 요령 몇 가지를 덧붙여 살펴보면 다음과 같다.

- 어떠한 가능성도 걸러내지 말고 떠오르는 대로 말하며 형식에 구애 받지 않는다. 아이디어의 양에 초점을 맞춘다.
- 어떠한 의견이든 평가하지 않는다. 절대 남의 의견에 대해서 평가하지 않는다. "그게 말이나 돼?", "별로 새로운 것도 아니네.", "그건 불가능해." 이런 식의 비판은 생각의 확장을 가로막고 움츠러들게 한다.
- 주어진 의견을 발전적으로 변형시킬 수 있도록 노력하라. 타인의 아이디어와 융합한다.
- 인원은 6-10명, 시간은 20-30분 정도가 가장 적당하다. 지루함을 줄 정도로 오래 지속되어서는 안 된다. 자유분방한 분위기에서 해결책을 모색한다.

▌활동 2.1▌ 자신이 초보운전자라고 상상하고 같은 뜻을 전달하는 다른 표현을 생각해 보자. 재미난 표현이 많이 있을 것이다.

-면허증 딴 지 5분!
-지금 연수 중
-그대는 올챙이를 보는 개구리
-폭발물 운송 중!
-아장아장 걸음마 중
-내 차 뒤를 따라 오는 당신은 진짜 초보?
-왜 욕하는 거여?
-지는 초본디유...
-저겨.. 악셀레이터 밟으면 끽하고 서는 거 맞죠?
-내는 초보인기라..
-왕초보 운전
-집으로 밥하러 가는 길입니다.
-밥이 타고 있어 속도 탑니다. 비켜 주세요
-건들지마 이러는 나는 더 답답해
-운전은 초보 마음은 터보 건들면 람보!
-박 지 마
-당신도 첨엔 초보였다!
-나 -초보야... 부드럽게!
-답답하시죠? 저도 답답합니다
-떴다! 왕초보!
-건들지마! 다쳐!
-운전은 '물'! 성질은 '불'!
-3시간째 직진 중!!

▌활동 2.2▌ 아프리카 원주민에게 양말을 팔기 위한 방법을 브레인스토밍의 방법으로 생각해 보자.

-해충 퇴치용 양말
-햇볕을 받아도 뜨겁지 않은 양말
-사냥용
-방수 양발

-발 냄새 제거
-배로 바꿀 수 있는 양말
-물건 보관함 겸용
-온도에 따라 색이 변하는 양말
-통풍 잘 되는 양말
-밑창에 고무 단 신발 겸용 양말
-향기 나는 양말
-모자 겸용
-밑창에 뛰기 좋은 요철을 단 양말
-사은품 제공(선풍기)
-아프리카 지형을 그린 양말
-북극 지방의 사진 부착
-얼음주머니 부착 양말
-독벌레 경고 장치 부착
-자동 화살 발사 장치 부착
-일기예보 기능 양말
-유명 인기인이 판매
-양말 색을 원주민의 살색으로 만든 양말
-뱀한테 물려도 이상 없는 양말 등

위의 예시 가운데는 정말 엉뚱한, 어처구니없는 발상도 있다. 그러나 브레인스토밍이란 원래 머릿속의 모든 것을 몽땅 쏟아 놓는 것이다. 브레인스토밍의 결과는 기발한 착상들로 가득차기도 한다. 위 예시 중에 가장 적합성이 있다고 생각되는 것은 어떤 것인가? 또 그것을 선택한 이유도 발표해보자.

▮활동 2.3▮ 다음에 제시된 상황의 해결 방안을 브레인스토밍을 이용하여 제시해 보자.

1. 자동차 회사에서 자동차의 뒤 창문을 닦는 새로운 장치가 필요할 때
2. 늦은 시간까지 컴퓨터에 접속하여 게임을 하는 청소년들에게 '셧다운제' 일명 '신데렐라법' 이외에 좋은 대안이 될 만한 아이디어가 필요할 때
3. 애인과 다투고 나서 화해하는 방법이 필요할 때
4. 생활 속에서 미세먼지에 대처하는 방법을 찾고 싶을 때

㉡ 마인드맵

영국의 교육학자 부잔(Buzan)이 개발한 두뇌개발 프로그램인 마인드맵은 읽고 쓰고 생각하고 기억하는 모든 것을 이미지로 정리하는 사고력 중심의 아이디어 개발법이다. 글쓰기 초기단계에서는 쓰고자 하는 내용의 체계가 바로 떠오르지 않는 경우가 않다. 이때는 주어진 화제에 대해 연상되는 내용을 자유롭게 그려보는 방법을 쓴다. 마인드맵은 자유로운 사고의 연상을 깨트리지 않으면서 떠오르는 아이디어들을 효과적으로 기록할 수 있도록 해준다.

마인드맵은 개인적으로 아이디어를 창출하고 기록하기 위한 기법으로, 어휘 연상을 이용하여 자신의 사고가 어느 쪽으로 뻗어 나가든 그것을 쉽게 따라가도록 해준다. 또한 창출된 아이디어를 효과적으로 기록할 수 있도록 해주는 기능도 있다.

마인드맵은 자유롭게 떠오르는 글감을 그림 그리듯이 항목화하여 머릿속으로 그리는 밑그림과도 같다. 다양한 글감에 항목을 설정함으로써 주제어와 그 관련 항목을 일목요연하게 설정할 수 있는 장점이 있다. 또한 위계질서와 논리적 연관관계를 구조화하여 분석을 통한 발상을 최대화할 수 있다. 대상이나 초기에 떠오른 글감에 대한 체계적인 이해와 분석을 통해 관련조사를 하면서 더 나은 글감을 발견한다.

마인드맵은 생각들을 효과적으로 조직화하여 정리할 수 있는 장점도 있다. 핵심적인 개념을 이미지로 표현하고, 관련된 생각들을 중심으로 핵심어, 기호, 상징 등으로 긴밀하게 연결하거나 구성하여 상위범주로 구분하거나 중요도를 기준하여 체계화하는 데 도움이 된다. 중심적인 주제에서 부주제로, 부주제에서 구체화하여 전개하고, 그 다음 단계는 세부 주제로 나누고, 마지막으로 더 자세한 세부 사항까지 추가할 수 있다.

◎ 마인드맵 작성 과정

1. 중심 이미지 (핵심주제)를 선택한다.
   중앙에 놓은 핵심주제를 중심으로 문제와 상황의 본질을 대변하는 중심어를 쓴다.
   영상 이미지를 다양한 방식이나 방향으로 나타낸다.
2. 주가지(주제) 중심어에 연결된 가까운 선 그리기를 한다.
   주제별로 가지 위에 핵심 단어를 나타낸다.
   이미지와 유기적인 연결관계를 고려한다.
3. 부가지(부주제)

주제로부터 부주제로 관련된 가지치기를 한다.

부주제는 주가지의 주제를 구체화하거나 상세하게 하는 역할을 한다.

4. 세부 가지

   부주제를 더욱 상세하게 가지치기한다.

   세부 사항들은 더 많은 정보를 제공한다.

5. 더 자세한 세부 가지를 친다.

   세부 가지를 치면서 더 자세한 사항들로 계속해서 모든 가지에 덧붙인다.

   결과가 아닌 과정의 일환으로 연결한다.

예시 2.1

(A) 마인드맵의 예시

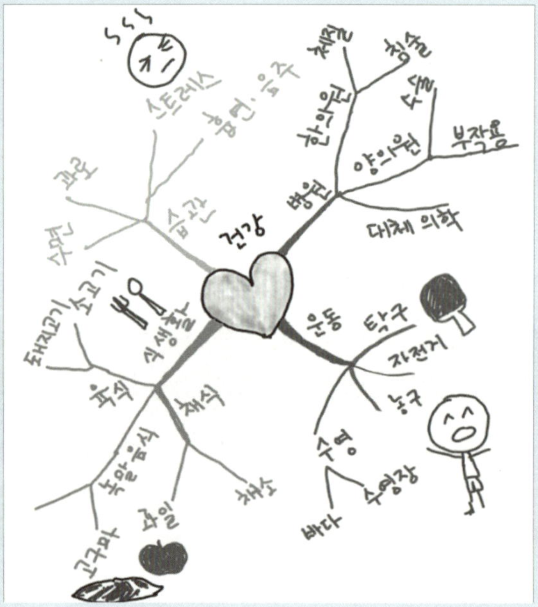

(B) 자유 연상의 예시

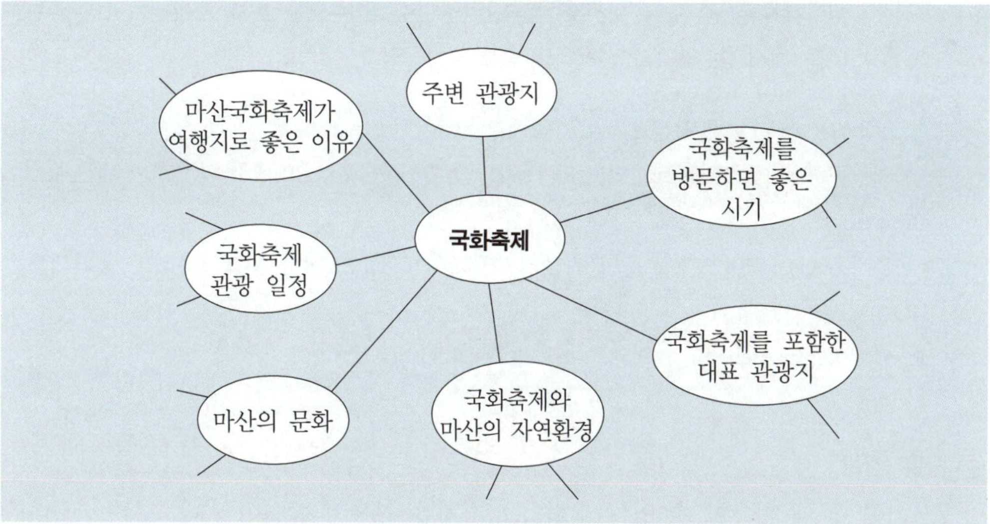

▌활동 2.4▐ '무인자동차'를 핵심주제로 하여 마인드맵을 만들어 보자.

▌활동 2.5▐ 플랫폼[1] 비즈니스로 인해 혁신적인 변화를 겪고 있는 기업의 사례를 바탕으로 창업하

1) 외부생산자와 소비자들이 가치를 창출하는 상호작용을 할 수 있도록 개방적이고 참여적인 인프라를 제공하고, 상품이나 서비스 또는 사회적 통화를 교환할 수 있게 모든 참여자가 가치를 창출하게 하는 네트워크의 시스템

거나 창출할 수 있는 생산품, 혹은 아이템을 마인드맵을 통해 찾아보자. 마인드맵은 다음 예시 중 하나를 선택하여 출발할 수 있다.

게임: X박스(Xbox), 닌텐도(Nintendo), 플레이스테이션(Playstation)
에너지와 중공업: 네스트(Nest), 테슬라(Tesla), 파워월(Powerwall), 제너럴일렉트릭(GeneralElecttric)
교통: 우버(Uber), 웨이즈(Waze), 블라블라카(Blabla Car), 그랩택시(Grab Taxi), 올라캡스(Ola Cabs)
여행: 에어비앤비(Aiebnb), 트립어드바이저(TripAdvlsor) 등

ⓒ 자유 연상

글쓰기를 할 때 활용할 수 있는 훈련법으로 자유 연상의 방법이 있다. 자유 연상이란 말 그대로 어떤 주제에 대해 자유롭게 연상하고 그것을 글로 옮기는 것이다. 자유 연상의 일반적인 순서는 다음과 같다.

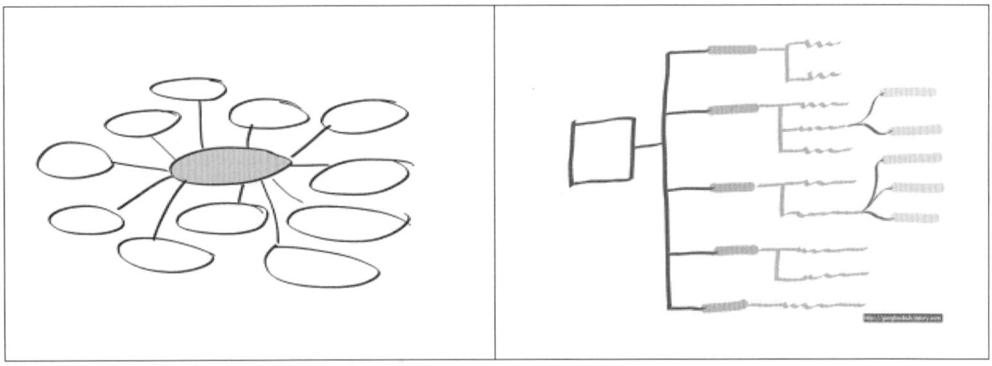

먼저 종이 한가운데 동그라미를 그린다. 그리고 그 동그라미 안에 내가 쓰고 싶은 글감이나 주제를 넣는다. 그 동그라미를 중심으로 방사선 형태로 퍼뜨리며 메모하듯 떠오르는 모든 것을 써 나간다.

이러한 방법은 머릿속에 연상되는 모든 생각들을 빠짐없이 눈으로 확인하며 글을 쓸 수 있다는 장점이 있다. 더 이상 연상이 일어나지 않는 지점에서 연상의 선을 멈추고 다른 선을 따라갈 수도 있고, 연관되는 연상끼리 하나의 묶음을 만들 수도 있다. 완결된

글을 쓰고자 할 때 불필요한 연상에는 과감하게 X표를 할 수도 있다. (과감한 X표를 통해 우리는 또 한 번의 통쾌감을 느낄 수도 있다)

이 방법에 점차 익숙해지면 자기가 궁극적으로 쓰고자 하는 주제와 좀 더 가깝게 연관된다는 생각하는 내용을 방사형의 중심 쪽으로 조금 먼 내용을 방사형의 바깥쪽으로 배치해보는 방법도 응용해 볼 수 있다. 또 그러한 응용을 통해 글의 설계도가 완성된다는 느낌을 받을 수도 있다.

(다) 주제 설정

앞의 브레인스토밍과 마인드맵이 글감을 찾기 위한 방법이라면 이 때 찾은 글감, 즉 결정된 글감이 바로 글의 소재, 제재, 주제가 된다. 소재는 글쓴이에 의해 가공되기 전의 원래 자료, 즉 자연 그대로의 자료를 말한다. 이에 비해 제재는 글쓴이가 특별히 관심을 가지고 주목하는 소재의 여러 속성이나 특성을 말한다. 그리고 글쓴이가 궁극적으로 말하고자 하는 중심 생각을 주제라고 한다.

이 세 가지 요소는 글을 계획하는 단계에서 서로 밀접한 관련성을 가진다. 주제가 소재와 제재를 결정하기도 하고, 소재와 제재가 글쓴이가 이야기하고자 하는 중심 사상인 주제를 형상화하기도 하기 때문이다. 특히 주제와 제재는 글의 가치를 결정하는 중요한 요소가 된다. 글을 쓸 때 제재를 이용하여 독자적인 의미와 가치를 형상화한 것이 주제이기 때문이다. 이런 점을 고려하여 주제가 갖추어야 할 요소는 다음과 같다.

첫째, 참신한 주제인데 새롭고 독창적인 주제를 말한다. 둘째, 주제는 선명해야 하는데 구체적이며 한정적인 주제가 좋은 주제이다. 셋째, 좋은 주제는 명확한 개념의 주제이며 단일한 개념을 지닌 주제를 말한다.

주제란 '글 속에 담긴 글쓴이의 중심 생각'이다. 어떤 글이든 주제는 글의 핵심이다. 주제를 설정할 때 다음 사항들을 유의해야 한다.

◎ 좋은 주제란?

1. 자신이 잘 알고 관심이 있으며 잘 다룰 수 있는 주제
2. 자기 능력으로 해결 가능한 주제

3. 주제를 뒷받침할 근거와 자료가 풍부한 주제
4. 독자가 관심과 호기심을 가지고 읽을 가치가 있는 사회적으로 유용한 주제
5. 비전 있는 주제로 더 발전적으로 개진할 수 있는 주제
6. 과제의 범위와 의미를 고려한 주제

글을 쓸 때 글쓴이가 스스로 무엇을 쓸 것인지 주제를 선택할 수도 있지만, 자신의 의사와 관계없이 주제가 주어질 때도 있다. 어떠한 경우든 좋은 글을 쓰려면 필자는 주제가 지니는 가치와 중요성은 물론 주제와 직결되는 주요 문제나 내용 등을 정확하게 인식할 필요가 있다.

또한 주제를 정할 때 대체로 다음과 같은 단계를 거치게 된다.

① 막연한 주제 설정 : 글을 쓰고 싶은 충동이나 혹은 요구를 받았을 때 써야 할 글의 중심 내용을 생각하는 단계
② 문제의 정리 : 막연한 주제와 관련하여 본질적인 문제로부터 주변적인 문제에 이르기까지 생각나는 사항을 간단하게 정리하고 의문을 가져보는 단계
③ 범위의 한정 : 앞 단계에서 정리한 문제점 가운데 자신의 관심이 집중되는 것과 자신 있게 쓸 수 있는 문제를 선택하는 단계
④ 한정된 주제 설정 : 한정된 문제의 범위를 구체화하고 자신이 쓰고자 하는 핵심적인 내용을 집약하여 드러내주는 어구를 생각하는 단계
⑤ 주제문의 작성 : 한정된 주제에 대해 자신의 의견이나 태도를 밝히는 하나의 완전한 문장을 작성하는 단계

주제를 정하기 위해 관련된 제재들을 검토하는 과정에서 화제를 탐색하게 된다. 주어진 주제를 해결하기 위해 스스로 화제를 선택해야 할 경우, 화제 선택에 제한이 없기 때문에 다양한 화제를 탐색하게 된다. 스스로 화제를 선택할 때 가장 많이 쓰는 방법이 앞서 살펴본 브레인스토밍이다. 다음은 '미래사회'에 대한 글을 쓰기 위해 브레인스토밍 과정을 거쳐 선택된 화제들이다.

예시 2.2

인터넷산업, 비인간화, 인간관계 파괴, 컴퓨터, 지구촌, 국가정체성 약화, 다문화사회, 환경파괴, 가상세계, 인터넷, 네트워크, 효율성, 편리성, 인간과 기계의 접촉, 지구촌, 몰개성, 문화, 첨단기술, 바이오, 의학발달, 고령화, 저출산, 친환경, 적자생존, 정보화사회, 속도, 기계노동, 전자상거래, 디지털테크놀로지, 우주여행, 로봇, 집중화, 상상력, 정보, 가상현실, 인간복제, 통신료, 인터넷신문, 사이버세계, 지식사회, 디지털, 정보전쟁, 다국적기업, 몰개성, 불평등, 첨단통신, 기술문명, 사이버학교

이렇게 선택된 화제들은 범위가 너무 넓다. 그러므로 화제의 범위를 제한해야 한다. 좁은 화제일수록 주제가 명확해지며 글의 내용도 풍부해진다. 특히 글의 분량이 적을수록 화제를 좁힐 필요가 있다. 이때 특정 화제의 항목을 좁혀 한정하고 이에 따른 하위항목을 설정하는 방법을 사용하면 편리하다.

위의 화제 중 교육의 변화와 관련된 화제들만 선택해 보면 어떨까? 즉, 새로운 학교, 전자책, 사이버교실, 홈스쿨, 비인간화, 지식중심사회 등의 화제만을 선택한다. 이렇게 한정된 화제에 대해 주제문을 작성해보면 자신이 무엇에 대해 글을 쓸 것인지 분명해진다. 주제를 정할 때 범위가 넓은 주제를 '가주제'라 하고, 범위가 '가주제'에 비해 좁고 한정된 주제를 '참주제'라 한다.

주제	필자가 말하고자 하는 중심 생각, 자신이 잘 알고 있거나 관심을 가지고 있는 것 중에서 선택, 범위를 명확하게 해야 한다. 또한 독자의 흥미나 관심에 부합해야 하며, 누구나 다 알고 있는 사실이나 자명한 이치는 관심도가 떨어지므로 주의해야 한다.
참주제	막연하게 '무엇'에 대해 쓴다고 할 때 그것이 곧 주제라면, 막연한 주제에 대해 일정한 태도를 견지하고 가치 평가를 더한 것이 참주제이다. 광범위한 주제에서 구체적으로 범위를 좁혀 한정한 주제이다.
주제문	참주제에 대한 내용을 압축하고 완전한 문장으로 표현하여 서술한 것으로 중심 문장이 된다.

예시 2.3

가주제 : 오락과 현대인의 생활
참주제 : 전자오락이 현대인의 생활에 미치는 영향
주제문 : 전자오락은 안 좋은 영향을 많이 끼치므로 적당히 자제하며 즐기는 자세가 필요하다.

가주제 : 인생관
참주제 : 봉사하는 삶의 즐거움
주제문 : 남을 돕는 일은 곧 자기를 위하는 일이다.

(라) 독자(청중) 분석

공학 글쓰기는 기술과 표현 작업도 중요하지만 독자를 배려하고 분석하는 것도 중요하다. 좋은 글을 쓰려면 독자를 예상하고 이를 구체화하려는 노력이 필요하다. 예상독자의 요구를 정확하게 인식하게 되면 글의 목적이 분명해진다.

글을 쓸 때는 예상독자와의 관계를 인식하고 글의 종류, 내용의 조직 방식, 표현 방식 등이 예상독자의 요구 및 수준에 맞는지 여부를 검토하는데 이때 누구인지 분명하게 예상할 수 있는 독자를 가시적 독자라 하고 그렇지 않은 경우를 불가시적 독자라 한다. 가시적 독자의 경우 다음의 사항들에 대하여 최대한 구체적으로 설정해야 한다. 불가시적 독자의 경우도 예상독자의 범위와 실체를 가능한 한 구체적으로 추정하는 것이 필요하다.

① 예상독자가 처해 있는 구체적인 환경, 예를 들어 성별, 나이, 사회 · 경제 · 문화적 배경, 취미와 관심 등
② 예상독자의 주제에 대한 관심이나 인지의 정도
③ 예상독자와 필자가 원활하게 소통할 수 있는 표현과 형식
④ 예상 독자가 나의 글을 읽으려는 목적

또한 글의 주제나 목적과 관련하여 독자의 입장에서 생각하고 주의를 기울인다면 글의 내용과 의미가 글쓴이의 의도대로 독자에게 정확하게 전달될 것이다.

◎ **독자의 불만 사항들**

✓문서의 작성 목적이 명확하지 않다.
✓문서의 구조가 논리적이지 않다.
✓문서의 결론이 명확하지 않다.
✓문서의 내용이 너무 상세하거나 충분하지 않다.
✓문장의 의미가 명확하지 않다.
✓용어 사용이 부적절하다(전문용어의 오남용, 모호한 용어, 부적합한 용어).
✓오탈자가 많다.

- 김경화(2015), "글쓰기 분야의 VOC", 『이공계Technical writing가이드』, 북코리아, 33.

◎ **독자를 배려하며 글을 쓸 때 주의사항**

✓정확한 전문 용어 사용
✓전통적인 형식 사용
✓주장이나 요점을 명확히 표현
✓그림, 수식, 도표, 사진 등을 활용하여 자료 소개
✓과학적 논리로 설명하거나 설득하기
✓실험 부분을 자세하고 명확하게 표현하기
✓사실과 결과 또는 자신의 견해를 구분하기
✓독자가 원하고 필요로 하는 것에 중점 두기

2.2. 조사(Research)

글쓰기를 할 때 두 번째로 하는 작업은 일반적으로 조사하기이다. 주제를 뒷받침하고 그것에 잘 어울리는 자료를 활용해야 하는데 제재가 풍부하고 다양하며 새로운 것일수록 더 좋다. 자료는 출처가 분명하고 진실해야 하며 주제를 잘 부각할 수 있는 정의나 실례, 통계를 인용할 수 있어야 한다. 또한 독자들의 관심을 끌 수 있는 자료도 유리하다. 글을 작성할 때에는 사실과 견해를 구분해야 하므로 조사를 통해 자료를 수집하고 이를 토대로 주장과 논의를 전개할 수 있어야 한다. 우선 관련된 문헌을 조사하고 선행 연구 검토 작업에 착수한다. 참고 문헌 목록 작성을 위해 필요한 자료나 정보의 원천을 꼼꼼히 기록해 둔다.

그리고 조사를 위한 질문 리스트를 작성하고, 그림, 사진, 도표, 수식 등도 수집한다. 실험 조사에서는 자세하고 명확하게 과정을 채집, 채록한다. 인터넷 등 여러 분야에 걸쳐 자료를 취재하고 수집할 수 있으므로 주제에 따라 전문가와 권위자의 논점을 최대한 활용하는 자료도 도움이 될 것이다.

(가) 자료 수집 방법

- 문헌자료-전문서적, 논문, 백과사전, 문헌탐색, 보고서, 신문기사, 잡지 등(도서관 이용)
- 인터넷 자료-검색자료, 인터넷 사전자료, 공공기관 홈페이지 자료, 각종 통계자료, 각종 인터넷 수치 데이터의 결과 값 등
- 영상매체-사진, 영상자료, 기술 문서에 포함되는 시각자료(표, 차트, 그래프, 다이어그램, 사진, 지도), 개별 시각자료, TV, DVD, 영화, 뉴스 등
- 현장조사-설문조사, 인터뷰, 관찰, 실험, 현장탐방(출장) 등

◎ 조사를 위한 질문 목록 작성 방법들

-자유롭게 조사하기

-조사, 장소, 일시, 주제나 대상자 확정하기

-양자택일형(예, 아니오)과 다중택일형으로 질문하기

-등급형(매우 좋음, 좋음, 보통, 나쁨, 매우 나쁨) 또는 순위형(1.2.3.)으로 질문하기

-소요기간 측정하기

-해당 전문가 찾기

-문화적, 경제적 측면 검토와 지속가능성, 예산적 측면 검토하기

-기존 통계자료의 활용도 검토하기

-고객이 원하는 것

-고객을 괴롭히는 주요인

-독특한 방식으로 제품을 사용하는 사람들은

-규정을 폐하고 효율성을 높인다면

-생산량을 증진하고 질을 개선한다면
-능률적으로 이용 가능한 것은
-인력 활용도, 운용 방법과 보존 방법, 안전 문제 개선
-불필요한 작업 제거, 원가 절감, 현재 방법 개선, 작업 조건 개선

활동 2.6 다음 주제로 글을 쓰고자 할 때 조사해야 할 내용에 대해 조사 목록을 작성해 보자.

1. 셰일가스 개발에 대한 자료
2. 맞춤아기와 관련된 생명과학기술에 있어서 유전질환치료 목적과 선별적 유전인자 선택에 대한 문제

활동 2.7 "인간의 삶을 위해 행해지는 동물실험은 중단되어야 한다."라는 주제의 글쓰기를 하려고 한다. 이와 관련되는 필요한 자료 수집을 여러 가지 방법으로 조사해보자.

(나) 자료의 분류와 정리

자료를 분류할 때 가장 중요한 것은 기준이다. 주제의 내용에 따라 적절한 분류 기준을 나누어 활용할 수 있다.

㉠ 자료의 기준

- 시간적 순서
- 공간적 범주
- 현상적 분류
- 문제적 분류
- 원인과 결과
- 연역적, 귀납적 고찰

㉡ 1차 자료와 2차 자료

- 1차 자료는 직접 대상이 되는 원 자료이다.
- 2차 자료는 1차 자료나 그와 관련된 연구결과 및 연관 파생 자료들을 말한다.

ⓒ 자료의 선별

- 권위와 신뢰도, 내용의 중요성 정도에 따라 분류 정리한다.
- 내용이나 논점에 따라 동일 사항의 것을 분류한다.
- 주요 사항과 주요 논점을 선별하고, 종속 사항과 종속 논점은 하위범주로 체계화하고 범주화한다.
- 필자, 발표 연대, 학술지, 잡지, 출판사, 인용의 빈도 등을 고려한다.
- 주의: 신뢰도가 낮은 인터넷 뉴스나 개인 블로그, 일반 카페의 정보는 될 수 있으면 활용하지 않는다.

(다) 자료의 요약

- 완료된 작업들의 요약과 진행 중인 작업의 요약, 미래 활동의 예측 등을 구분한다.
- 증거와 근거를 구분하여 기록한다.
- 요약하면서 의문점이나 아이디어를 메모하여 활용한다.
- 인용문은 기록하거나 복사하고, 자신의 의견은 첨가한다.
- 중요한 관련 증거 및 대표적인 증거, 충분한 증거(근거)를 정리하고, 반대에 대한 대처방안도 준비한다.

◎ 특허 출원과 관련한 정보를 얻기 위해 키프리스 사이트를 검색해 보자.

선행 특허들을 검색할 때 한국특허청의 키프리스를 통해 편리한 특허 검색 방법을 제공받을 수 있다. 키프리스에서는 출원인 정보와 발명자 정보뿐 아니라 출원번호, 공개번호 등을 이용하여 검색할 수 있으며, 출원번호나 공개번호 등을 알면 이 두 가지만으로도 쉽게 해당 특허문헌을 검색할 수 있다. 또 '출원인'란에 경쟁사의 이름을 넣으면 쉽게 검색이 가능하고 유료검색이 아니더라도 충분한 정보를 확인할 수 있다.

관련 사항을 조사하기 위한 검색 방법으로 키워드를 통한 검색과 분류코드를 통한 검색 방법이 있다. 키워드검색에서 주의할 점은 특허명세서에 쓰인 용어와 유사한 가능한 많은 정보를 이용해 키워드검색을 해야 한다는 것이다. 분류코드를 통한 검색은 IPC코드와 CPC코드가 있는데, IPC코드는 국제특허분류을 의미하고 CPC코드는 미국과 유럽이 공동으로 개발한 특허분류코드이다. 키워드와 분류코드 두 가지를 조합해 검색한다면 더 효율적인 검색이 된다.

◎ **키프리스 검색하는 법**

1. www.kipris.or.kr에 접속한다.
2. 홈페이지 상단의 'search'라고 된 부분 아래의 특허, 실용신안을 클릭한다.
3. 새로운 검색창이 나오면 검색창 바로 아래의 "항목별 검색을 위해 이곳을 클릭해주세요." 를 클릭한다.
4. 클릭하여 펼쳐진 스마트 검색창에서 출원번호란에 앞에 10을 붙인 후 위의 출원번호를 입력한다.
5. 결과로 나온 해당 특허출원의 IPC 및 발명의 명칭을 확인한다.
   청구항 등 더 구체적인 정보는 발명의 명칭을 클릭해서 상세정보를 볼 수 있다.

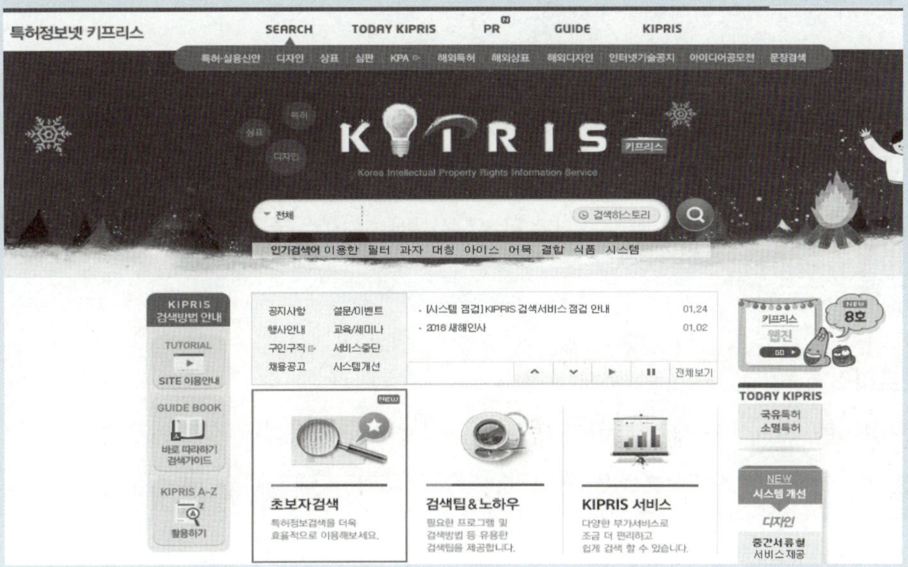

▌활동 2.8▌ 다음 중 관심 있는 아이템을 골라 키프리스에서 검색해 보자.

명세서의 명칭
기술 분야
발명의 배경이 되는 기술
선행 기술 / 특허 문헌
발명의 내용

과제의 해결 수단
발명의 효과
도면의 설명
발명을 하기 위한 구체적인 내용
부호의 설명
특허청구 범위
요약서

자료를 조사하거나 아이디어를 모색할 때는 스캠퍼나 트리즈를 활용할 수도 있다.

◎ 스캠퍼(scamper) 기법

기존의 형태나 아이디어를 다양하게 변형시키는 방법으로 기존의 제품을 개선하거나 신제품을 만들어 낼 때 유용하다. 대치(substitute), 결합(combine), 적용(adapt), 변용(modify), 확대(maginify), 축소(minify), 다른 용도(put to other use), 제거(eliminate), 전도(reverse), 재배열(rearrange)과 같은 개선 방향을 제시하고 여러 가지로 발상케 하는 방법이다. 아이디어 체크리스트(idea checklist) 기법이라고도 부른다. 스캠퍼는 리스트의 앞 글자를 모은 것이다.

◎ 트리즈

트리즈는 주어진 문제에 대하여 얻을 수 있는 가장 이상적인 결과를 정의한다. 결과를 얻기 위해 관건이 되는 모순을 찾고 모순을 극복하는 해결책을 생각해 내는 방법이다.

A. 분할, 추출, 부분 변형, 비대칭 결합
B. 범용성, 포개기, 평형추, 사전 예방, 사전 준비
C. 사전 보호, 높이 맞추기, 반전, 구형체, 유연성
D. 과부족 조치, 차원 전환, 기계적 진동, 주기적 동작, 유용 동작 연속
E. 고속처리, 새옹지마, 피드백, 매개체 이용, 셀프 서비스
F. 복제, 일회용품 사용, 시스템 대체, 기압유압이용, 유연커버
G. 다공질재료, 색 변경, 동질성, 폐기 및 재생, 속성 전환 등

(라) 체계를 세워 탐색하기

준비하기에서 살펴본 브레인스토밍의 결과를 두고 어떤 것이 가장 적절한지 선택하는 과정에서 우리는 그것이 적절한 이유에 대해 대답해야 했다. 이러한 대답이 가능한 것은 이미 우리의 두뇌 활동 속에 어떤 체계가 있기 때문인데, 이러한 체계를 미리 생각한다면 더 많은 것을 생각해낼 수도 있다. 이러한 체계는 사물을 여러 관점에서 볼 수 있게 하기 때문이다. 우리가 흔히 이야기하는 '육하(六何)' 원칙도 이러한 사고체계의 가장 고전적인 방법이라고 할 수 있다.

그리고 우리가 글을 쓸 때 글의 내용을 전개시키는 방법으로 알고 있는 정의, 비교와 대조, 인과관계, 증거 보충, 분류, 예시 등의 방법 역시 체계적인 사고법의 일환이라고 볼 수 있다.

예시 2.4

정의: 나의 이러한 마음을 사전에서는 뭐라고 이야기했지?
과정: 이 일은 나에게 어떤 변화를 가져온 거야?
비교와 대조: 나와 넌 도대체 무엇이 같고 또 무엇이 다른 거야?
인과: 내가 왜 이 일을 시작했을까? 무슨 이유로? 이것을 하고 나면 나에게 남는 결과는 뭐야?
분류와 구분: 이건 도대체 어디에 속하는 거야? 혹은 이걸 나눠보면 어떻게 될까?
유추: 이 느낌을 다른 것에 어떻게 빗댈 수 있지?

이렇게 체계를 세워 자신의 생각을 탐색한다는 것은 그렇게 딱딱한 작업도 난해한 일도 아니다. 나의 머릿속에 있는 생각을 끌어낼 때 왜 내가 그런 생각을 했는지를 설명해주는 하나의 장치일 뿐이다. 하지만 정의니, 분류니 하는 말이 어렵게 받아들여진다면, 그래서 더 이상 생각을 끌어내기가 어렵다면 편안한 대화를 통해 자기의 생각을 끌어내보자.

㉠ 비교와 대조

비교와 대조는 어떤 대상의 특성을 설명하기 위해 다른 대상을 기준점으로 활용하는 경우에 사용되는 모형이다. 일반적으로 비교는 공통점에 주목하고 대조는 차이점에 주목하지만, 대조라는 용어를 동반하지 않고 단독으로 쓰이는 문맥에서는 비교라는 용어 속에 공통점과 차이점이 모두 포함되어 있다. 이 방법은 다른 대상과의 관계를 통해 그 고유한 특성이 보다 분명히 드러나는 경우에 활용하면 된다.

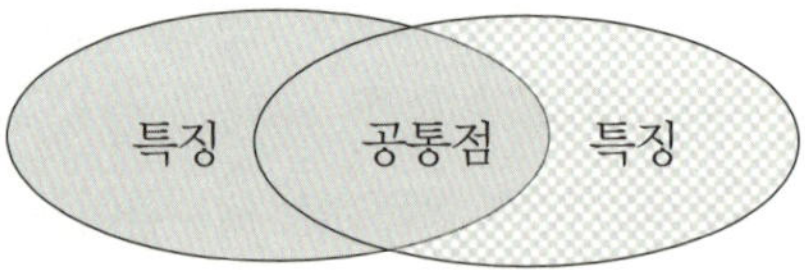

예시 2.5

온돌(溫突)은 방바닥을 따뜻하게 하는 한국의 전통적인 가옥 난방 방법이다. 방구들(房―)이라고도 한다. 한옥의 아궁이에서 불을 피우고, 아궁이에서 생성된 열기를 머금은 뜨거운 연기가 방바닥에 깔린 구들장 밑을 지나면서 난방이 되고, 그 연기는 구들장 끝 굴뚝으로 빠져나가는 방식의 난방법이다.

현대의 보일러는 초기의 것과 같이, 기본적으로 열에 의해 증기로 변하는 물을 공급받는 밀폐된 용기이다. 안전밸브를 가진 최초의 보일러는 1679년 프랑스의 드니 파팽이 설계했다.

일반적으로 압력을 높이면 열에서 기계적 에너지로 변환되는 효율이 올라간다. 보일러는 요구되는 특정 압력에 맞게 선택해야 하고, 압력비에 따라 설계를 결정한다. 증기의 압력이 보일러 내부 온도를 결정하므로 압력을 견디는 힘이 매우 중요하다. 고압에서 보일러 내의 물은 고온이지만 증기를 빼내게 되면 많은 열량이 소모된다. 이런 소비를 막기 위해 열을 회수할 수 있는 장치가 사용된다.

보일러를 구조상 연관 보일러, 수관 보일러, 특수 보일러 등이 있는데, 연관 보일러와 수관 보일러가 가장 흔히 사용된다.

활동 2.9 비교 대조의 방법으로 아래의 주제와 관련된 자료들을 탐색해 보자.

가솔린 기관과 디젤 기관
중앙난방 시스템과 개별난방 시스템
하이브리드자동차와 전기자동차

㉡ 원인/결과, 문제/해결

원인과 결과 또는 문제 제시와 그 해결이라는 두 부분으로 이루어지는 탐색의 모형이다. 어떤 일의 원인이 되는 내용을 먼저 제시하고 그 결과 나타나는 현상을 제시하는 구성방식을 원인/결과 모형이라 한다. 그리고 어떤 문제점을 먼저 제시한 뒤 그 해결방안을 제시하는 구성방식을 문제/해결 모형이라 한다.

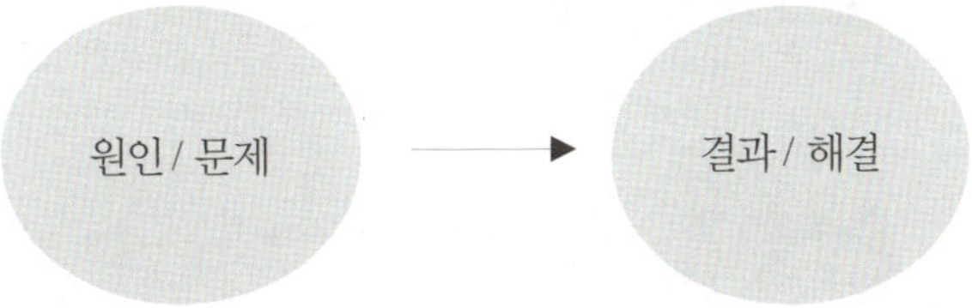

예시 2.4

잠수함에서 나는 소음에는 어떤 것이 있을까? 사람들이 떠드는 소리도 분명 잠수함의 소음 가운데 하나지만, 무엇보다도 잠수함에서 가장 중요한 소음원은 바로 프로펠러이다. 더군다나 잠수함을 계속 움직이게 하려면 프로펠러를 멈출 수가 없기 때문에 잠수함이 움직이는 한 소음은 끊임없이 나올 수밖에 없다. 심지어 소나(SONAR) 전문가들은 프로펠러 소리만 듣고도 그 잠수함의 국적, 종류 따위의 필요한 정보들을 모두 얻어낸다. 영화 "붉은 10월"에 나오는 최신예 핵잠수함이 무서운 이유는 그 안에 다량의 핵탄두가 탑재되어 있기 때문이기도 하지만, 최신예 추진기를 이용해서 소음이 없기 때문이기도 하다. 일반 프로펠러가 아닌 (아직은 영화 속에서나 존재하는 가상의) 추진기를 이용함으로써 소음을 없앴기 때문에 말 그대로 보이지 않는 잠수함이 된 것이다. 이 영화에서 무소음 추진기를 이용한 잠수함이 최고의 병기가 될 정도라는 것은 그만큼 프로펠러에 의한 소음이 잠수함의 전력에 치명적이라는 얘기가 된다. 잠수함 프로펠러에서 소음이 일어나는 원인 중의 하나는 프로펠러 주위에 생기는 공기방울(수증기)이다. 프로펠러 주위에 공기방울이 생기는 현상은 공동현상 혹은 캐비테이션(Cavitation)이라고 부른다. 다시 말해서 공동현상은 프로펠러 주위에 있는 물의 일부분이 공기(수증기)로 바뀌기 때문에 일어난다.

- 유병용(2005), 『과학으로 만드는 배』, 지성사, 133-134.

▌활동 2.10▐ 원인과 결과, 문제 및 해결 방식으로 아래의 주제와 관련된 글쓰기 자료들을 탐색해 보자.

돌비현상, 알렌의 법칙, 케이슨병

㉢ 단계적 순서

단계적 순서 모형은 첫째, 둘째, 셋째 등과 같은 말로 시작하는 구성 또는 일이 진행되는 순차에 따라 내용을 탐색할 때 사용된다. 이때 독자는 단계 1을 읽으면서 자연스럽게 단계 2와 단계 3의 내용을 기대하게 된다.

예시 2.4

집을 지을 때의 과정은 여러 단계로 작업을 하는데 우선 기초공사부터 한다. 처음 부지 정리를 하며 땅을 평평하게 다듬는다. 그리고 집 지을 땅의 선 표시를 하는 규준틀 작업을 하고 터 다지기를 한다. 잡석을 깔고 바닥에 방습필름을 깔며 단열재를 설치하고 철근배근을 한다. 기포층이 생기지 않게 콘크리트 타설을 하면 기초공사가 완료된다.

▌활동 2.11▐ 단계적 순서 모형에 따라 다음 중 하나의 주제를 선택하여 글을 써보자.

㉠ 기초공사, 골조작업, 외장공사로 이어지는 집 짓기 과정
㉡ 브로켄 현상
㉢ 혈액순환 과정

▌연습 2.1▐ '우리나라의 지진현상과 지진 액상화'에 대하여 글을 쓰는 과정을 원인/결과, 문제/해결 모형으로 계획해보자.

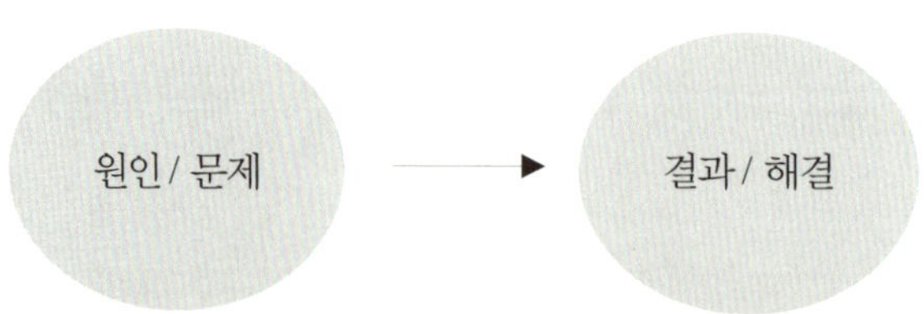

▌연습 2.2▐ '나의 인생계획'을 단계적 모형으로 계획해보자.

2.3. 조직 (Organiztion)

(가) 문서 계획과 개요 작성

체계적인 개요 작성	글에 포함될 주요 내용을 위계, 구조, 순서, 전개 등을 고려하여 어구나 문장 형태로 표현하는 방법
내용 구조도	글의 주요 내용을 위계, 구조, 순서, 전개 등을 고려하여 그림이나 도표의 형태로 표현하는 방법
중심 내용의 선정	중심 내용은 글의 전체 얼개를 구성하며 글의 주제를 드러내는 데 핵심적인 역할을 한다. 글의 상황과 계획에 부합하는지 판단하여 중심 내용을 조정하고 구체화해야 한다.
세부 내용의 선정	세부 내용은 글을 윤택하게 하며 글의 중심 내용이나 주제를 선명하게 드러낸다. 글의 유형, 주제, 글쓴이의 입장, 독자 등에 맞는 전략을 동원하여 효과적으로 세부내용을 마련해야 한다.

개요는 글의 전체적인 내용과 구조를 보여주는 설계도이다. 개요는 쓰고자 하는 글의 내용을 몇 개의 명사구나 문장으로 간단하게 정리한 후 각 항목의 상하위 관계를 따져 체계를 부여하는 방법이다. 개요를 작성하기 위해서는 글을 소재나 내용에 따라 여러 부분으로 나누어 글의 범위와 수준을 정한 후에 주제에 대한 내용을 어떻게 배열하고 글 전체를 어떻게 유기적으로 조직할 것인지를 생각하고 체계를 부여해야 한다. 그리고 전체 주제와 각 문단의 소주제들이 상호 연관되어야 하며 문단과 문단 사이도 맥락에 맞게 이어져야 한다. 또 주제를 효과적으로 전달하기 위해 핵심 내용과 핵심 단락을 초점화하는 것이 필요하다.

주제와 다루는 내용에 따라 글의 구성은 달라질 수 있으며 일정한 구조를 갖추게 되는데 이들의 구성은 좀 더 체계적으로 조직되어 일정한 순서나 규칙에 따라야 한다. 글의 설계도인 개요를 작성하는 것은 글의 전달력과 완성도를 높이는 데 많은 도움이 된다.

◎ 개요의 기능

1. 효율적으로 내용 전개 가능
2. 내용의 비중과 균형 유지
3. 주요 내용 누락 방지
4. 첨가 및 수정 시 글의 목적과 주제의 일관성 유지

◎ 개요의 형식

1. 개요는 체제가 중요하므로 같은 범주의 머리 제목들에는 로마 숫자를 붙이고 부제목에는 아라비아 숫자, 개별 머리 제목은 더 작은 단계의 기호로 숫자를 표현한다.
2. 같은 수준의 범주는 왼쪽 줄 정렬을 맞추어야 하고, 하위 범주의 단계에서 2 없는 1, (2) 없는 (1)은 사용할 수 없다.

Ⅰ.
Ⅱ.
  1.
    (1)
    (2)
    (3)
  2.
    (1)
    (2)
  3.
    (1)
    (2)
    (3)
Ⅲ.

◎ 개요 작성의 절차

1. 주제와 내용에 관련된 자료를 통하여 자주 언급되는 키워드를 정리한다.
2. 이들을 중심으로 표현하고자 하는 핵심 내용(중심 주제)을 추출하고 포괄적인 범주와 상세한 하위 범주로 나누어 배열한다.
3. 계층관계나 상하위 관계의 순서에 따라 내용을 정리한다.
4. 내포된 범주의 주장에 대한 근거나 예시를 설명하는 내용을 정한다.
5. 논리적 관계를 점검하고 항목 간의 연계성을 검토한다.

개요를 만드는 것이 부담스럽게 느껴진다면 본격적으로 개요를 작성하기에 앞서 내용 조직도를 그려보는 것도 도움이 된다. 내용 조직도를 작성함으로써 글의 내용에서 빠지거나 중복된 부분을 쉽게 파악할 수 있고 문단 간의 논리적 연관관계를 진단하고 상위 주제와 하위 문단들의 긴밀성을 정확히 진단하는 것이 용이해진다. 특히 글의 전체적인 계획을 세울 때에는 내용 조직도를 활용하는 것이 좋은데 글의 목적을 달성하기 위해서는 자신의 주요 목표를 몇 개의 하위 목표로 나누어 생각하는 것이 효율적이다. 내용 조직도는 그 주요 목표와 하위 목표의 관계를 도식화한 것이다.

글의 내용이 입체적으로 도식화되어 있는 내용 조직도를 그려 두면 글을 쓰는 과정에서 생각의 전체적인 틀을 지속적으로 일깨울 수 있고 글의 각 부분이 주제에서 벗어나는 것을 방지하여 글을 체계적으로 쓸 수 있다. 다만, 내용 구조도를 그릴 때에는 지나치게 세부적인 내용에 집착하지 않도록 주의해야 한다. 자신이 쓸 글의 내용을 처음부터 세세하게 계획하는 것은 어려운 일일 뿐만 아니라, 지나치게 세부적인 내용에 얽매이다 보면 글을 계획하는 데에 시간을 허비하게 될 가능성이 높기 때문이다. 또, 지나치게 세부적인 내용 구조도를 모두 글로 풀어내는 일은 쉽지 않으며, 세부 항목들에 집착하다가 사고가 경직되어 글쓰기가 어려워질 가능성도 많다. <그림 2.1>은 '컴퓨터 게임의 장단점'이라는 주제에 대하여 작성한 나뭇가지 그림 형식의 내용 조직도이다.

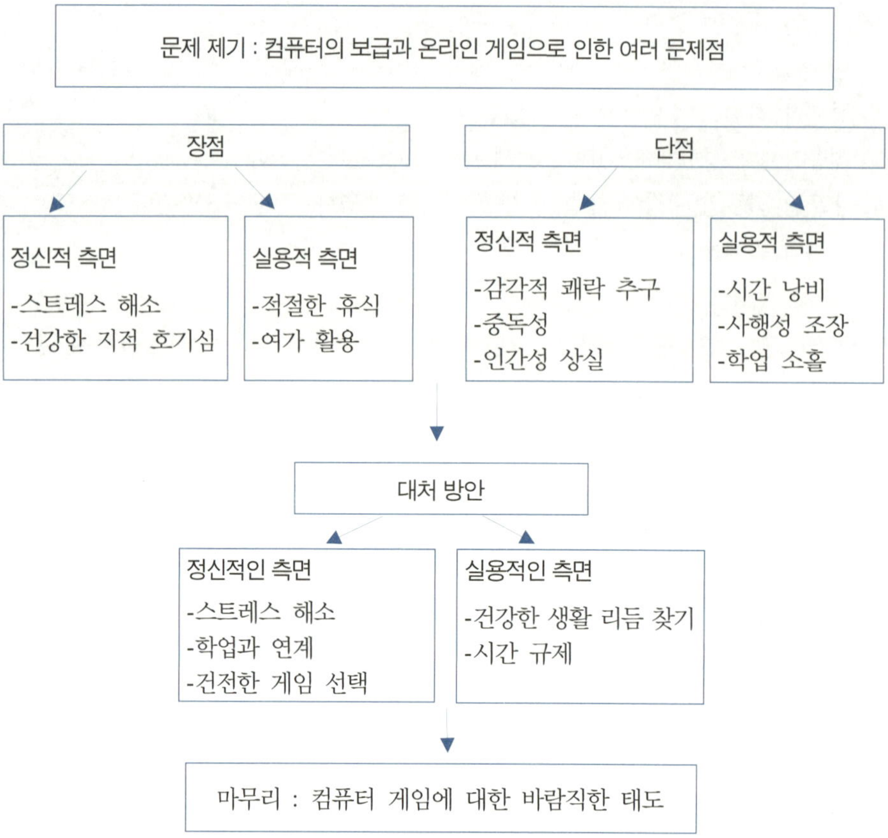

〈그림 2.1〉 컴퓨터 게임의 장단점에 대한 내용 조직도

이렇게 조직도를 작성해봄으로써 서론, 본론, 결론에서 다룰 내용과 범위가 정리되고, 상위문단과 하위 문단 간의 관련성과 상호균형도 진단할 수 있다. 비교적 짧거나 가벼운 내용의 글을 쓸 때에는 굳이 내용 조직도를 만들 필요가 없다. 그러나 무거운 주제나 긴 글을 쓰는 경우는 글쓰기 계획을 도표로 작성하여 전략을 마련하고 거기에 따라 글을 쓰면 효과적이다. 이때 내용 조직도는 체계적이고 효율적인 글쓰기에 큰 도움을 준다.

◎ 내용 조직도 만들기

생성한 내용을 관련된 것끼리 묶어 내용 구조도를 만드는데, 특히 내용을 상위 내용과 하위 내용으로 구분하여 정리하면 내용의 위계가 한 눈에 드러난다.

◎ 내용 조직도로 내용 조직할 때의 장점

- 글을 쓰고자 하는 내용이 얼마나 생성, 수집되었는지 판단할 수 있다.
- 조직도를 보고 내용 생성 과정에서 채워야져야 할 부분이 무엇인지 확인할 수 있다.
- 조직도를 그림으로써 글쓴이는 내용 생성을 위한 자신의 사고가 적절했는가를 판단할 수 있다.
- 내용들 사이의 관계를 체계적으로 살펴볼 수 있다.

개요는 다시 각 문단에 중심이 되는 화제를 제시하는 화제 개요 방식과 그 화제를 가장 잘 설명하는 중심 문장을 제시하는 문장 개요 방식으로 나뉜다.

화제 개요는 중심 생각을 화제(이야기의 제목) 형식으로 제시하는 방식으로 일종의 항목개요이며 목차식 개요이다. 각종 도서류의 목차와 유사한 형식을 띤다. 간단하면서도 내용 파악과 전달이 쉽다는 측면에서 효율적이고 글의 방향을 더 명확히 지시하는 장점이 있다.

◎ 화제 개요

1. 핵심어로 제시한다(내용과 설명 항목으로 구성)
2. 한 눈에 내용을 파악할 수 있다.
3. 단시간에 쉽고 빠르게 작성할 수 있다.
4. 항목 간 위계와 순서 파악이 용이하다.

예시 2.8

제목: 술

주제문: 술은 부분적으로 효용이 있으나, 대체로 우리에게 해를 끼친다.

Ⅰ. 술의 장점
  1. 정신면
    (1) 괴로움의 망각
    (2) 상상력의 촉진
  2. 생활면
    (1) 기분전환
    (2) 사교향연의 흥취

(3) 노동의 작업 능률 향상

3. 생리면

(1) 혈액순환의 촉진

(2) 긴장된 신경의 이완, 피로회복

Ⅱ. 술의 단점

1. 정신면

(1) 의지 박약자의 생존 도구화

(2) 기억력의 감퇴

2. 생활면

(1) 시간 낭비

(2) 주벽의 발생

(3) 업무의 지연

3. 생리면

(1) 중독의 우려

(2) 타 질병과의 연쇄 반응

Ⅲ. 술에 대한 우리의 태도와 실천 방안

개요를 짤 때는 제일 먼저 주제문을 작성해야 한다. 주제문에 명시된 구체적인 주제를 바탕으로 서론, 본론, 결론에서의 세부적인 내용이 결정되기 때문이다. 그 다음으로는 화제 개요의 방식을 택할 것인지, 문장 개요의 방식을 택할 것인지를 결정해야 한다. 어떤 방식으로든 개요에서 가장 중요한 부분은 본론이다. 실제로 우리가 글을 쓸 때 서론의 역할도 중요하지만, 이 부분 역시 본론을 위한 예비 과정이라고 볼 수 있다. 따라서 개요 짜기에서 본론 부분의 내용을 구체적으로 작성하는 것이 가장 중요하다. 화제 개요로 개요를 작성할 때 일반적으로 서론에서는 화제를 제시하고, 결론에서는 요약하고 마무리한다.

문장 개요는 중심 생각을 문장 형식으로 제시하는 방식으로써 글쓴이의 주관적인 판단을 표현하기에 적합하고, 글 쓰는 것에 있어 직접 바탕이 된다. 각 문단에서 가장 중요한 내용들을 문장으로 정리하는 방법으로 개요를 작성한다. 개요 짜기가 주로 실용문에 사용되고 실용문 중 논설문의 비중이 높은 것을 감안한다면, 실제 우리의 글쓰기 생활에서 화제 개요보다 문장 개요가 더 많이 사용되고 있다고 볼 수 있다. 문장 개요는 글쓴이의 주관적 판단을 표현하기에 더 적합한 개요 짜기라고 할 수 있다. 또한 개요에 사용된 문장들은 주제와 관련된 중심문장이 주를 이루므로 실제 글쓰기 작업에서 집필을 용이하게 할 수 있다.

◎ 문장 개요

1. 완결된 문장형식으로 쓴다.
2. 작성된 문장들은 각 문단의 소주제를 다루는 중심문장이 된다.
3. 개요에 많은 정보를 담을 수 있다.
4. 주장들 사이의 흐름이나 근거의 활용 등 관계 파악이 쉽다.

예시 2.9

제목: 옥상 녹화

주제문: 특수 공간을 활용하여 옥상 녹화를 활성화하고 친환경 공간을 확보한다.

Ⅰ. 서론 옥상 녹화의 의미와 녹지 공간 조성을 설명한다.

Ⅱ. 본론

1. 옥상 녹화의 필요성
   (1) 옥상 녹화는 건물의 가격과 가치를 상승시킨다.
   (2) 건물의 온도를 낮춰 준다.
   (3) 텃밭 등을 조성하여 농작물 산출에도 도움을 준다.
   (4) 도심 지역의 부족한 녹지 공간을 확보할 수 있다
2. 옥상 녹화의 문제점
   (1) 옥상 녹화 사업을 할 수 있는 건물이 부족하다.
   (2) 조성 후에도 지속적 관리가 요구된다.
   (3) 관련 제도가 미흡하다.
3. 해결 방안
   (1) 옥상 녹화에 대한 인식 전환을 위한 홍보를 강화한다.
   (2) 옥상 녹화를 경제적으로 지원해 줄 수 있는 관련 제도를 정비한다.

Ⅲ. 결론

▌활동 2.12▐ 다음 개요를 더 상세하게 보충해 구체화하거나, 개요의 부족한 내용을 수정해 보자.

제목: 우리 대학 복지시설 및 환경개선

주제문: 우리 대학 복지시설에 대한 불만을 해소하기 위해 복지시설의 확충과 환경개선을 적극적으로 시행하여야 한다.

1. 문제제기: 복지 시설 및 환경개선의 필요성
2. 복지 실태와 문제점
   2.1. 학내 도로가 경사면이 많고 굴곡져 보행에 어려움이 많음
   2.2. 계단이 많아 이동이 불편하고 위험함
   2.3. 냉난방 시설이 부족함
   2.4. 학식의 경우 획일화된 메뉴와 질과 양이 떨어지고 맛이 없음
   2.5. 대학 문화 시설의 부족
   2.6. 친환경적인 자연 공간이 부족
   2.7. 학습의 최적화된 공간 부족
3. 구체적인 해소 방안
   3.1. 학내 셔틀버스 운행
   3.2. 계단을 에스컬레이터로 교체
   3.3. 냉난방 시설 업그레이드
   3.4. 학식의 메뉴 다양화
   3.5. 음악 영화감상실 및 컴퓨터 게임 룸 마련
   3.6. 건물의 옥상 녹화 마련
   3.7. 24시간 독서실 운영
   3.8. 운동 후 사용가능한 샤워시설 마련
   3.9. 스포츠센터 시설과 헬스기구 구비 등
4. 결론

▌활동 2.13▐ "한국인의 나트륨 과다 섭취와 관련된 개선 방안"에 대한 개요를 작성하려고 한다. 다음 자료의 항목을 활용하여 개요를 완성해 보자.

-원인과 문제점
-개선방안
-올바른 식습관
-다양한 식단개발

-질병관리본부
-심혈관 질환의 발병률
-한국인의 나트륨 섭취 경로
-정책홍보자료
-저염 식품 개발
-수분양의 조절
-운동 과다와 부족
-개인적 측면
-사회적 측면

연습 2.2 '물부족' 문제에 대해서 다음과 같은 문장 개요를 작성할 수 있다. 다음의 문장 개요를 참고해 '우주 개발 산업 육성의 필요성'에 대한 화제 개요나 문장 개요를 작성해보자.

제목	물 부족 문제
주제문	물 부족문제의 심각성을 재인식하고 물을 아껴 쓰자.
서론	-물 부족문제의 심각성을 재인식해야 한다. -물을 아껴 쓰자는 말은 무심한 일상 구호가 아니라, 인류의 생존과 세계 평화를 위협하는 심각한 문제와 결부되어 있다.
본론	국내외 물 부족 실태와 문제점을 구체적으로 살펴보고, 그 대책을 강구할 필요가 있다. -국내외 물 부족의 구체적 실태와 문제점을 알아본다. • 아프리카나 서아시아 등 국가 간 분쟁사태가 발생하고 있다. • 아프리카와 일부 아시아 지역의 사막화가 확산되고 있다. • 우리나라의 식수난 및 농업용수난이 심각하다. • 식수오염의 확산문제와 수질개선을 위한 과제를 해결해야 한다. -물 부족의 원인은 무엇인가. • 한정된 강우량과 지하수 양에 비해 수요는 늘고 있다. • 일부 저개발 국가는 수자원 개발과 관리능력이 부족하다. • 우리나라는 물 부족국가다. • 우리나라는 국민 1인당 물 소비량이 세계1위다. -국제적 · 국가적 차원의 수자원 관리 대책이 요구된다. -물 절약 실천방안이 요구된다.
결론	-물 부족문제의 심각성을 재인식하고, 온 국민과 세계인류가 물 절약과 수자원 보호운동에 적극 동참해야 할 것이다.

제목	우주개발 산업 육성의 필요성
주제문	
서론	- -
본론	- · · · · - · · · · - · · ·
결론	-

(나) 문단의 특성

문단이란 여러 문장이 모여서 자기가 생각하는 것이 무엇인지 중심 생각을 나타내는 것을 말한다. 여기에서 문단을 만드는 여러 문장 중에 주인공에 해당하는 문장을 중심 문장, 혹은 주제 문장이라고 하고, 이 주제 문장이 정확하게 드러나도록 도와주는 문장을 뒷받침 문장이라고 한다. 그러므로 하나의 문단은 하나의 주제 문장과 몇 개의 뒷받침 문장으로 이루어져 있다고 할 수 있다.

그리고 하나의 문단을 이루기 위한 기본 요소를 세 가지로 나누어 볼 수 있다. 첫째, 하나의 문단은 오직 하나의 중심 생각만을 포함해야 한다. 문단은 생각의 단위이다. 중심 생각이 바뀌면 반드시 문단을 나누어야 한다. 우리가 완성된 글을 읽을 때, 문단이 몇 번 바뀌었나를 보면 글쓴이의 생각이 몇 번 변했나를 알 수 있는 것과 같은 원리라 할 수 있다.

둘째, 하나의 문단은 반드시 한 문단으로서의 통일성이 있어야 한다. 앞서 우리가 글의 내용 구성의 원리에서 글 전체를 대상으로 살펴본 바와 같이 하나의 문단에서 하나의 중심 문장을 뒷받침 해주는 뒷받침 문장들은 반드시 주제를 정확히 드러낼 수 있는 뒷받침 문장이 되어야 한다.

셋째, 하나의 문단은 일관성과 연속성이 있어야 한다. 중심 문장을 뒷받침하는 뒷받침 문장들이 '잘 나가다가 삼천포'로 빠지는 논점 일탈을 범하지 않고 중심 문장을 정확하게 뒷받침할 수 있도록 해야 한다.

◉ 통일성과 연결성

한 편의 글을 쓸 때, 글 전체의 통일성뿐만 아니라 문단 안에서 문장의 연결성도 고려해야 한다. 통일성 있는 글을 쓰기 위해서는 글 전체가 하나의 주제를 향해 일관성을 유지하도록 해야 한다. 그리고 문단 간의 논리적 연관관계를 유지하도록 해야 하며 뒷받침 문장들이 각 단락의 소주제문과 긴밀한 연관성을 유지해야 한다.

연결성을 확보하기 위해서는 문단 수준에서 문장들을 효과적인 순서로 배치해야 하며, 문장 간의 논리적 연관관계를 고려하여 흐름이 자연스럽도록 서술해야 한다. 이를 위한 적절한 접속사나 연결어를 사용하면 된다.

◉ 일관성과 완결성

글의 완결성을 높이기 위해서는 서두에서의 문제제기와 본론의 충실한 설명, 결말에서의 선명한 주장이 갖추어져 글 전체의 논리적 통일성이 있어야 한다. 또한 서두와 결말의 호응관계를 통해 글 전체의 주제적 일관성이 확보되어야 하며, 소주제문을 뒷받침하는 본론 문단들의 예시 등이 문단 간의 연결성을 보조해 주도록 해야 한다.

◉ 문단의 구성요소

1. 문단은 반드시 하나의 중심 내용을 다루고 주제의 중심 사상을 내포한다.
2. 주제에 대한 통일성을 지녀야 하며 하나의 기본적 목적을 내포하면서 그 자체가 일관성을 띠어야 한다.
3. 각 문단의 부분들은 논리적으로 연결되어야 하는 연결성과, 문단속의 문장 부분들이 부드럽게 연결되는 유연성을 지녀야 한다.
4. 문단은 그 내용이 적절하게 발전되고 전개되어야 한다.

◉ 문단을 언제 나누어야 하는가? (문단 구분의 기준)

1. 장면이 바뀔 때 문단을 나눈다.
2. 화제가 달라질 때
3. 입장이나 관점이 바뀔 때
4. 논거가 바뀔 때
5. 주제를 뒷받침하고 보조하기 위해 강조 ,대비, 예시, 인용, 비유할 때

(다) 문단 구성의 원리

㉠ 문단의 기능

문단을 구성하고 문단을 적절히 배치하여 글의 효과를 높일 때 고려해야 할 점은 문단의 기능이다. 도입 문단은 글의 목적이나 문제 제기를 통해 글을 쓰려는 방향을 잘 드러낼 수 있는 글의 첫 부분이다. 독자의 호기심과 관심을 불러일으키는 역할을 하며 본문의 방향을 제시한다.

> 현재 자동차의 연료로 주로 사용하는 것은 석유로부터 나온 것들입니다. 그런데 석유는 매장량이 한정되어 있어서 점점 쓸 수 있는 양이 줄어들고 잇습니다. 석유가 고갈되었다고 해서 사람들이 예전처럼 말이나 낙타를 타고 다니기를 원하지는 않을 것입니다. 어떻게 해서든 에너지원을 개발하여 지금보다 더 나은 탈것을 원하겠지요. 석유로부터 나온 에너지를 대체할 수 있는 에너지원에는 어떤 것이 있을까요? 여러 가지가 연구되고 있지만 그중 많은 진전이 있어 실용화할 가능성이 높은 것을 위주로 소개하겠습니다.
>
> - 박영기(2010), 『과학으로 만드는 자동차』, 지성사, 179.

전환 문단은 전개되고 있는 내용을 다시 한 번 정리하면서 그 이후의 서술 방향을 제시한다. 접속 연결어구 등을 사용하여 문단 사이의 연계와 상관성을 잘 나타낼 수 있으며 주제의 방향을 다양한 관점으로 적용하여 논의하는 문단이다.

> 그런데 환경이 또 바뀌게 되었습니다. 휘발유 자동차의 수가 늘어남에 따라 환경오염 문제가 쟁점이 된 것입니다. 그리하여 1990년대에 다시 전기자동차에 대한 관심이 높아지기 시작했습니다. 지금은 자동차를 만드는 거의 모든 회사에서 전기 자동차를 개발하고 있고, 이미 판매를 시작한 자동차도 몇 있습니다. 그동안 배터리의 성능도 많이 개선되어 15분 충전으로 300킬로미터를 갈 수 있는 차도 나왔습니다.
>
> - 박영기(2010), 『과학으로 만드는 자동차』, 지성사, 181.

예시 문단은 주장과 근거에 따른 구체적인 보기를 들거나 실제 예를 통해 쉽게 설득하고 공감할 수 있도록 형성하는 기능을 한다.

> 카셰어링 기업가들이 추구할 수 있는 또 다른 모델이 있다. 가장 전도유망한 방법의 보기는 캐시카이다. 캐시카는 오직 수익이 발생했을 때 소유주에게 자동차 이용료를 지불하며, 비즈니스를 하기 위해 하루에 요구되는 자동차 이용시간도 적어지게 된다. 이러한 방식은 소도시나 인구밀도가 적은 지역 등 다른 카쉐어링 기업들이 경쟁할 수 없는 곳에서 가능하다. 개인 소유 자동차를 렌트하는 방식이 아직 미국과 유럽에서 상업적으로 이용되지 않는 반면 독일에서는 연구로 입증되었다. 일부 자동차 소유주들은 다른 사람이 자신의 차를 운전하는 것을 주저하지만 차를 빌려줘 한 달에 수백 달러를 벌 수 있다는 것을 알게 되면 그러한 주저함이 곧 사라진다.
>
> - 글렌크로스톤(2008), 『그린 비즈니스 75』, 한국경제신문, 372.

종결 문단은 끝맺음 기능을 하는 마지막 문단이다. 마무리하는 성격을 지닌 문단으로 내용을 요약·정리하고, 주제에 대해 여운을 남기거나 전망하는 내용으로 장식할 수 있다.

> 누가 그린자동차 시장에서 승리할지 예측하기는 어렵다. 모든 자동차 회사들이 자신이 승리할 것이라고 장담한다. 아마도 교통문제와 대기오염 해결책을 제공하는 기술을 가진

회사가 승리할 것이다. 다양한 차종의 자동차를 판매하는 일은 기술에 관계없이 훌륭한 비즈니스가 될 것이다. 우리의 자동차는 결국 친환경으로 가게 된다. 그곳에 더 많은 해결책이 있을수록 우리 모두 더 많은 승리를 거둔다.

- 글렌크로스톤(2008), 『그린 비즈니스 75』, 한국경제신문, 364.

ⓒ 문단의 전개 방식

구성된 문단을 가장 효과적으로 전개하는 방법은 글의 내용을 일반화하지 않고 구체화하는 것이다. 다시 말해 한 가지 사실을 정확하게, 꼼꼼하게, 상세하게 논의하는 방법이라 할 수 있다. '일반적인 진술 → 구체적인 진술 → 더 구체적인 진술 → 좀 더 구체적인 진술'의 순서로 문단을 전개하면 글의 내용이 명확해진다.

문단은 하나의 주제 문장과 몇 개의 뒷받침 문장으로 이루어져 있다. 여기에서 주제 문장은 글의 중심 생각을 전달하고, 중심 생각을 뒷받침하는 방법을 제시하기도 한다. 그리고 무엇보다 중요한 것은 이러한 주제 문장의 위치에 따라 문단 구성의 방식이 달라진다는 것이다. 일반적으로 주제 문장이 글의 첫머리에 오는 방식을 두괄식, 글의 끝에 오는 방식을 미괄식, 그리고 처음과 끝에 모두 놓이는 방식을 양괄식 구성이라고 한다. 이것은 문단 구성의 형식적 기준으로 널리 사용되고 있다.

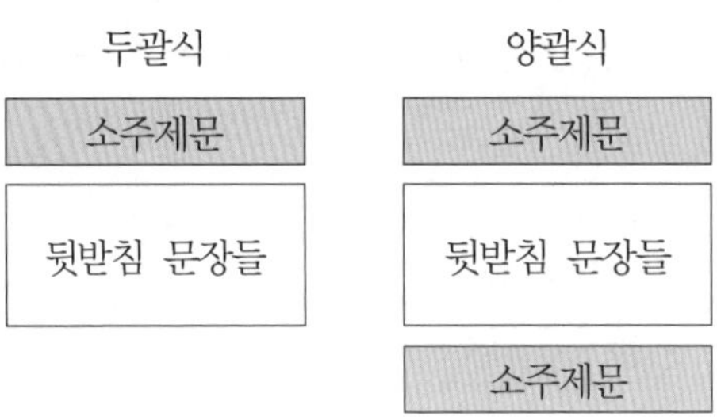

▌활동 2.14▐ 다음 중심 문장을 바탕으로 뒷받침문장들을 작성하여 한 문단의 글을 작성하여 보자(두괄식, 미괄식, 양괄식, 중괄식 등 어느 것을 활용해도 가능하다).

1. 축구는 우리나라 사람들이 가장 좋아하는 스포츠다.
2. 사람들이 생활하는 공간에 가장 많은 영향을 끼치는 것은 기후 현상이다.
3. 수송수단은 시대의 변화와 함께 지속적으로 발달해 왔다.

실제로 우리가 문단을 구성할 때는 통일성, 긴밀성의 요소와 더불어 강조점을 생각하여 문단을 구성하게 된다. 주제가 글 전체에 녹아있는 통일성과 문단들의 자연스러운 연계, 문장들 간의 긴밀한 연결 구조, 글의 일관된 스타일은 한 편의 글을 완성도 있게 만든다.

다음은 문단의 전체적인 배열 방법이라고 할 수 있는 구상의 종류이다. 구상은 크게 전개적 구상과 종합적 구상으로 나눌 수 있다.

- 구상
  - 전개적 구상
    - ⓐ 시간적 순서에 따르는 구상
    - ⓑ 공간적 순서에 따르는 구상
  - 종합적 구상
    - ⓒ 단계적 구상: 3단 구상, 4단 구상, 5단 구상
    - ⓓ 포괄적 구상: 두괄 구상, 미괄 구상, 쌍괄 구상
    - ⓔ 열거식 구상
    - ⓕ 점층식 구상

- 윤용식 외(2005), 『글쓰기의 기초』, 한국방송통신대출판부, 152.

ⓐ 시간적 순서에 따르는 구상

사건의 시간적 순서에 따라 제재를 배열하고, 그것을 문단의 기본 구조로 삼을 때 이것을 시간적 순서에 따르는 구상이라고 한다. 역사 기행, 문학 기행 등 행동의 기록이나 회의 기록 등에 많이 활용된다. 또 연대기, 전기문 등의 작성에도 주로 이 방법이 사용된다.

예시 2.10

몸에 흡수된 알코올은 효소의 도움을 받아 여러 단계를 거쳐 분해되어 몸 밖으로 배출된다. 먼저 알코올은 아세트알데히드(Acetaldehyde)라는 독성물질로 분해되는데, 이것은 알코올 자체보다 훨씬 강한 독성물질이며, 음주 후 겪게 되는 두통과 구토, 오심 등의 주요 원인이다. 독성물질을 분해하는 효소는 바로 아세트알데히드-탈수소효소(ALDH; Acetaldehyde-dehydrogenase)인데 이 효소가 선천적으로 많이 부족한 경우 술에 약해서 조금만 먹어도 얼굴이 붉게 변하게 된다. 이는 아세트알데히드가 분해되지 못하고 몸 안에 쌓이면서 생기는 일종의 부작용이다. 따라서 아세트알데히드-탈수소효소가 많을수록 술을 잘 마시게 되는 것이다.

음주 후 6~10시간 후 알코올 최종 분해물은 몸 밖으로 배출되고 아세테이트는 6~10시간이 지나면 이산화탄소와 물로 분해되어, 숨을 쉴 때 몸 밖으로 나오거나 땀과 같은 분비물에 섞여 배출된다. 음주 후 사우나에서 땀을 흘리면 술이 깬다는 사람들이 있는데, 실제로 섭취한 알코올 양의 약 2% 정도만 땀으로 분비되며, 대부분 소변으로 배출되므로 사우나와 숙취해소와는 큰 연관성이 없다고 한다.

간은 알코올을 완전히 분해할 수 있는 능력을 충분히 갖춘 장기인데 시간당 8g의 알코올을 분해할 수 있다고 하므로, 하루 알코올 섭취량을 50g(알코올 분해시간 약 7시간 이상

소요) 이하로 해야 술로 인해 건강을 해치는 것을 막을 수 있다. 알코올 50g은 술의 종류에 맞는 잔으로 3-5잔에 해당하는 양이다. 또한 무엇보다 중요한 것은 간이 알코올을 해독하기 시작하는 시점부터 최소 3일 정도는 쉬게 해주어야 한다는 것이다. 알코올 때문에 입원 치료하는 경우 간 해독 기간이 최소 10일이라는 것을 감안하면 3일은 긴 시간이 아니라는 것을 알 수 있다.

ⓑ 공간적 순서에 따르는 구상

공간적 구상은 시간의 움직임과 관계없이 하나의 사물이 지닌 공간성을 기술하는 방법이다. 지리학, 지질학, 생물학이나 기계 공학 분야 등의 전문적 글쓰기에서 이 방법이 많이 활용된다. 지형지물의 지세, 생물의 형태, 기계의 구조 등을 기술하거나 설명할 때, 그리고 어떤 단체의 기구나 조직 등을 설명하고 기술하는 경우에 효과적인 방법이다.

모두가 알다시피, 시간과 공간은 항상 상호 보완적인 관계를 가지고 있다. 그런 점에서 전개적 구상이라는 큰 틀은 사물의 모습을 있는 그대로 헤아려 가는 과정이라고 할 수 있다. 이런 특징을 중심으로 하면, 시간적 순서에 따른 구상과 공간적 순서에 따른 구상을 전개적 구상이라는 용어 대신 '자연적 구상'이라고 부르기도 한다. 이와 같은 특징은 우리가 '종합적 구상'으로 부르는 틀 역시 글쓴이가 쓰고자 하는 것에 대해 인위적으로 논리를 세우는 것이라는 점을 살려 '논리적 구상'이라고 부르기도 한다.

예시 2.11

거북선의 규모나 기본 구조는 판옥선과 유사하다. 즉, 좌우 측면부분인 삼판을 가룡으로 서로 연결해 횡강력을 강하게 유지할 수 있으며, 상장의 너비를 하체의 너비보다 넓게 해 그 사이로 노를 내밀도록 하여 적선과의 충돌 시 노를 보호할 수 있는 등 판옥선 구조의 기본적인 장점을 지니고 있다.

여기에 앞부분에는 용머리를 부착하고 전후좌우에는 14개의 화포를 장착하였으며, 위쪽은 개판을 씌우고 그 위에 송곳을 박아놓음으로써 전함으로서의 위용을 갖추게 하였다. 이를 통해 거북선은 전투 시 내부 승선원들을 외부로부터 보호할 수 있었으며, 당시 해상 전투에서 중요한 부분이었던 장거리 화포 공격 능력을 가지게 되었으며, 적들로부터의 방어력을 완벽하게 갖출 수 있었다.

거북선은 임진왜란 당시 전투에 사용될 때 가장 먼저 적 함대의 진영으로 돌진하여 적의 전열을 무너뜨리는 역할을 하였다. 이때 두껍게 제작된 외판은 적함과 부딪혀도 쉽게 깨지지 않았고, 전후좌우의 대포는 적 진영의 가운데에 있어도 사방의 적을 공격할 수 있었으며, 철판을 씌우고 송곳을 박아놓은 개판으로 인해 적군의 승선이 차단됨으로써 아군을 보호할 수가 있었던 것이다.

거북선에 대한 연구는 임진왜란 당시의 정확한 모습이 남아 있지 않아 아직도 진행 중에 있다. 즉, 내부 층수 구조의 문제, 용머리의 용도 및 부착방법, 그리고 노의 위치 및 노 젓는 방법 등 여러 가지에 대한 논란은 아직도 끊이지 않고 이어지고 있다.

그러나 중요한 점은 거북선은 이순신 장군에 의해 개량되어 임진왜란 때 판옥선과 더불어 왜구를 격퇴하는데 결정적인 역할을 한 돌격형 장갑선으로, 우리 겨레의 조선기술의 맥을 잇고 그 우수성을 유감없이 보여 줌으로써 세계 해전에서도 유례없는 큰 전과를 올린 우리 고유 과학기술의 산물이라는 것이다.

[출처] 네이버 블로그(https://blog.naver.com/bolis1/100111630459)

ⓒ 단계적 구상

단계적 구상이란 3단 논법, 4단 논법 등으로 이미 보편화되어 있는 글쓰기의 구성 방법을 말한다. 그 중 3단 논법은 서론-본론-결론, 도입-전개-정리 등으로 글의 구조를 삼분화하는 것이다. 이 방법은 가장 고전적인 구상의 방법이며, 가장 안정감을 주는 글의 체계라고 할 수 있다. 학술 논문의 경우에도 본론을 몇 개의 소항목으로 쪼개기는 하지만 대체적으로 삼단 논법을 취하고 있고, 짧은 리포트를 작성하는 경우에는 대개 이 방법을 취하게 된다.

이에 비해 4단 논법은 원래 한시의 절구나 율시의 작법에서 유래한 것으로 소위 '기(起)-승(承)-전(轉)-결(結)'로 사분되는 구상의 방법이다. 삼단 구상이 '서론, 본론, 결론'의 교과서적 논리에 충실한 것이라면, 사단구상은 거기에 변화를 첨가하여 독자들이 흥미를 가지는 부분을 보충한 것이라고 할 수 있다. 그 부분이 바로 '전(轉)'의 부분이라 할 수 있다. 실제의 문장에서는 대개 '그러나', '그렇다고 하지만', '한편으로는' 등의 말로 시작된다.

예시 2.12

과학문명은 현대인의 생활을 지배하고 있다고 해도 과언이 아니다 그런 만큼 과학문명은 인류의 이상에 대하여 해악과 편리를 동시에 가져다주는 경우가 많다. 과학의 발달은 인간을 파멸로 이끌 수도 있고, 행복으로 인도해 줄 수도 있다.

20세기 과학문명의 가장 큰 발견이라 할 수 있는 원자력의 경우에는 긍정적인 측면과 부정적인 측면이 작용한다. 원자력이 군사적, 정치적 목적에 사용될 경우에는 원자폭탄이나 수소폭탄 등 부정적인 방향으로 쓰일 수 있으며, 다르게 이용될 경우에는 원자로를 통한 동력의 개발이나 산업기술, 의료 등 긍정적인 도움을 준다.

현대의 과학이 과연 어느 방향으로 발전해야 할 것인가의 물음에 대한 답은 명백하다. 인간을 위해 평화적으로 사용되어야 한다. 과학은 인류의 평화와 행복에 기여할 때 비로소 의의를 지닌다. 과학기술은 인간의 손에 의해 발전했으며, 앞으로도 인간을 위해 사용되어야 한다. 과학은 인간의 미래에 대한 건전한 희망이어야 하고 따라서 과학기술 발전의 부정적 영향은 인간적 윤리회복으로 해결해야 할 것이다.

- 여세주(2008), 『논리적 글쓰기』, 푸른사, 149-150.

ⓓ 포괄적 구상

포괄적 구상은 3단 구상의 한 변이형이라 할 수 있다. 결론에 해당하는 부분이 어디에 오느냐에 따라 두괄식 구상, 미괄식 구상, 쌍괄식 구상, 중괄식 구상 등으로 나눈다.

다음 예시는 주제문이 글의 가장 마지막에 있는 미괄식 구상의 한 예이다.

예시 2.13

생명의 존엄성에 대해 소리 높여 외치면서 인간을 위해 동물의 생명을 희생시키는 것은 모순이다. 농림수산 검역 검사 본부에 따르면 2010년 우리나라에서 희생된 실험동물은 총 1,438,681마리이다. 유럽에서는 2004년 화장품 완제품에 대한 동물 실험 금지 법안을 통과시켰고, 2009년 화장품 원료와 합성 원료에 대한 동물 실험 금지 법안을 통과시켰다. 인간의 삶을 위해 행해지는 동물 실험은 중단돼야 한다.

- 익명의 학생

ⓔ 열거식 구상

열거식 구상은 전통적인 단계식 구상과는 조금 다른 구조를 가진 구상이다. 이 구상은 자신의 의견을 충분히 진술한다든가, 중요하다고 생각되는 문제를 특별히 몇 가지 밝힐 때 사용된다. 문제들 사이의 관련이 긴밀할 필요도 없고 논리적 연관성이 반드시 필요한 것도 아니기 때문에 이러한 구상의 방법을 카탈로그식 구상이라고도 한다.

예시 2.14

비타민은 매우 적은 양으로 물질 대사나 생리 기능을 조절하는 필수 영양소이다. 지용성과 수용성으로 나뉘고 그 종류에는 비타민 A-B 복합체, C, D, E, F, K, U, L, P 등이 있다. 비타민은 수용성 비타민인 비타민 C와 B가 있는데, 과다섭취해도 잔량은 배출이 된다. 지용성 비타민은 A, D, E, K로 과다 섭취 시 배출이 되지 않는다.

비타민 A의 기능은 눈 건강과 세포건강에 도움이 되며 홍당무, 시금치, 우유 등에서 섭취할 수 있다.

비타민 B는 피로 회복, 에너지 흡수에 관여하며 쌀겨, 달걀노른자, 미역, 굴 등에 많이 들어 있다.

비타민 C는 항산화, 철분 흡수, 세포 손상 억제, 피부 미용에 관여하며 피망, 딸기, 키위 등에 많이 함유되어 있다.

비타민 D는 성장 촉진, 칼슘·인 흡수, 골다공증 예방에 도움이 되는 비타민이다. 성장기나 장년층에 더욱 많이 섭취하면 좋다. 등푸른 생선, 우유 등에서 취할 수 있다.

비타민 E는 세포 재생, 자외선에 의한 피부손상 방지에 큰 역할을 하며 땅콩, 콩, 호두, 참깨 등에서 섭취할 수 있다.

비타민 K는 골다공증 예방, 칼슘이온 생성을 하며 청국장, 쑥, 부추에 많이 들어 있다.

[출처] 두산백과사전

ⓕ 점층식 구상

점층식 구상이란 중요성이 덜한 것에서부터 더한 것으로 점차 나아가는 방법인데, 가장 강조되거나 중시되는 부분이 맨 끝에 온다. 혹은 반대로 가장 중요한 것은 맨 먼저 기술하고 가장 덜 중요한 것을 나중에 기술하는 경우도 있다. 이런 경우를 점강식 구상이라고 부른다.

예시 2.15

방이 넘쳐난다. PC방과 게임방, 노래방, 비디오방, 휴게방, 만화방.... 어느새 '방'은 사람의 거처란 의미와 함께 돈되는 신업종의 뜻까지 걸머졌다. '방'구석을 헤매는 젊은 '방돌이'에 이들이 만들어가는 '방문화'까지 무엇이 한국의 젊은이를 '방'으로 끌어들이는가.

'방'은 밀실이다. 화려한 도시 네온사인과 대비되는 어두침침한 조명. 2-3평의 좁은 공간이 '방'의 트레이드 마크. '방'은 탈선과 일탈의 이미지로 10대와 20대를 유혹한다.

'방'은 한편에서 정보화 사회의 최첨단 기지다. 더많은 정보를 위해 이제 왁자지껄한 '광장'에 나갈 필요가 없어졌다. 거미줄처럼 얽힌 정보 네트워크가 밀실에 숨어서 세상과 만나는 걸 가능하게 했다. 얼마 전에는 정부가 PC방을 인터넷 교육장으로 활용하자고 나섰을 정도다. 하지만 통신이 원활해진다고 의사소통이 잘 되는 건 아니라는게 '방'의 역설. 바로 이 지점에 '방'이 부른 개인주의와 소외가 있다. 사람들은 '광장'에서 사라진 젊은 세대의 모습에서 대화하지 못하는 요즘 세태를 읽는다.

'방'은 우리가 가진 이중성의 상징이다. 문화평론가 김지룡씨는 이렇게 말한다. "90년대 방 문화는 남의 시선에서 자유롭지 못한 사회의 특성을 보여준다. 개방적인 신세대 성의식과 유교적 사회 의식이 만들어낸 불협화음이 바로 비디오방이다. 골방에 박혀 마이크 잡고 고함을 질러대는 노래방 문화도 남의 눈을 의식하는 양반문화가 만들어냈다." 속마음을 감추는 우리의 뇌구조가 '방'이란 기형아를 낳았다는 분석이다. 방문화의 뒤를 캐면 자본이란 배후 세력이 버티고 있다. 좁은 도시에서 가장 효율적으로 이윤을 극대화하는 공간 활용법이 바로 '방'이기 때문이다. 한동안 도심에는 노래방, 비디오방이 번성했고 지금은 PC방의 전성시대다. 이윤에 따라 생성, 소멸하는 이런 '방'들은 자본의 힘을 보여주는 증거다. 자본이 노리는 다음 '방'은 과연 무엇인가?

- 강준만(2003), 『대중문화의 겉과 속』, 인물과사상사, 103.

연습 2.3 '나의 대학 생활'이라는 제목으로 글을 쓰려고 한다. 쓰고자 하는 주제를 작성하고, 단계적 구상의 방법과 열거적 구상의 방법을 이용하여 글의 개요를 작성해보자.

2.4. 집필 (Writing)

(가) 표현하기 과정

집필하기는 내용을 표현하고 기술하여 전달하는 구체적인 작업이다. 무엇을 쓸 것인지에 대한 주제가 정해지고, 그 주제를 글로 풀어 나가기 위한 예비적인 절차로서 구상과 개요 작성의 과정이 끝나면 글쓰기 작업이 시작된다. 집필 과정에서는 무엇보다도 글쓰는 이의 생각을 정확하고 논리적으로 표현하고 기술하는 것이 중요하다는 사실을 인식해야 한다.

또한 글을 쓸 때는 항상 그것을 읽는 이를 전제로 하고 써야 한다. 아무리 훌륭하고 가치 있는 생각이라도 읽는 사람을 전제로 하지 않고 글이 씌어졌다면 아무짝에도 쓸모 없는 글이 되기 때문이다. 그러므로 글을 쓸 때는 그 글이 읽는 이에게 제대로 이해될 것인가, 그리고 어떤 효과를 미칠 것인가에 대한 문제를 늘 염두에 두고 글을 써야 한다.

집필 과정은 글의 내용을 생성하고 내용을 조직한 다음에 이어 실제로 글을 쓰는 단계로서 이들은 거의 동시에 이루어지기도 한다. 이 단계에서 우리는 주제를 일관성 있게 표현하되, 어떻게 표현하여야 독자가 자신의 주장에 따를 것인가를 생각하는 것이 중요하다. 주제나 독자의 입장을 고려하여 어떤 어조가 좋은지, 어떤 문체로 쓰는 것이 효과적인지 등에 대해서도 미리 생각해야 한다.

1. 장르에 따라 집필 방식이 달라지므로 어떤 종류의 글로 쓸 것인가를 확인한다.

2. 작자의 독자에 대한 목소리(voice), 어조(tone), 자세(stance)를 결정한다.

목소리는 작가의 독자에 대한 태도의 문제이다. 가볍고 부드럽고 친근하게 말하는 목소리, 차분하고 냉정하고 객관적이고 중립적인 목소리, 독자에게 풍부한 자료들을 제시하며 작자의 주관적인 견해를 나타내는 목소리, 전문 분야에서 최고의 가치로 믿어지는 권위를 암시하면서 정중한 문체로 말하는 목소리 등이 있다.

어조란 작자의 메시지에 대한 태도이다. 같은 주제라도 작자가 어떤 태도를 견지하느냐에 따라 어조가 달라지는데 긍정적인 어조, 부정적인 어조, 풍자적인 어조, 감상적인 어조, 진지한 어조, 주관적인 어조, 객관적인 어조 등을 고려할 수 있다.

자세란 작자가 독자에 대해 취하는 태도이다. 작자가 어떤 목소리, 어조로 말하느냐에 따라, 독자 및 메시지에 대해 어떤 태도를 견지하느냐에 따라 작자의 자세가 결정된다.

3. 어떤 문체를 선택할 것인가를 결정한다.

문체란 글 속에 나타나는 작자의 독특한 개성이다. 문체는 문장의 길이에 따라, 수식어의 다소에 따라 나누어 선택할 수 있다. 이런 문제는 하찮은 것 같지만, 실제로 글을 쓸 때에는 매우 효과적인 도구가 될 수 있다.

4. 어떤 양식으로 기술할 것인가를 정한다.

글의 서술양식이란 글의 목적이나 방법에 따라 달라지는 서술상의 특성이다. 이는 서술 목적이나 방법에 따라 글도 설명 · 논설 · 묘사 · 서사문으로 나뉘지만 실제 글쓰기에서 어느 하나만 쓰이는 경우는 드물다.

5. 어떤 수사법을 어떻게 구사할 것인가도 중요하다.

수사법이란 글을 효과적으로 쓰기 위한 기교를 말한다. 수사법에는 비유 · 강조 · 변화법 등이 있는데 이러한 것들을 유용하게 써서 표현의 효과를 높일 수 있다.

(나) 서두의 표현 전략

서두는 글의 머리말로 어떻게 글을 전개하겠다는 것을 쓰는 부분이다. 글의 첫머리는 전체적인 글의 짜임에 영향을 미치므로 전략이 필요하다. 서두는 경험적 일화의 소개, 시사적이거나 일반적인 사실의 언급, 잘 알려진 명제의 제시, 수사적 표현으로 시작하기, 질문 또는 단정적 주장의 문제제기와 유명인의 말을 인용하며 시작하기, 속담이나 명언으로 시작하기, 주제의 개념을 정의하면서 시작하기, 사람들의 통념이나 기존 주장를 소개하며 시작하기, 논쟁적 이슈에 대한 문제제기 등 다양한 방법으로 시작하는데 항상 본론에서 펼쳐질 내용을 고려해야 한다.

(다) 본문 펼치기와 결말 완성하기

본문은 본격적으로 내용을 펼치는 부분인데 주제를 구체화하기 위한 글을 쓴다. 중심내용과 세부내용으로 나누고 제기된 주장과 적절한 근거를 제시하여 뒷받침하고 글을 전개한다.

결말은 글의 맺음말로 글의 내용을 마무리하는 것이다. 결말을 효과적으로 쓰기 위해서는 본문의 내용을 요약 정리하거나 문제의 해결책이나 과제 및 대안을 제시하기, 경구 또는 잘 알려진 명제 이용하기, 선택적 판단 및 부연하기, 일반화된 내용으로 마무리하기, 문제가 되는 상황의 중요성을 강조하며 문제 상황 환기시키기 등을 활용하는 것이 좋다.

(라) 제목쓰기

처음 계획하는 단계에서 가제목을 일단 만들어 보고 글을 준비하고 쓰면서 초고와 제목을 준비한다. 또 다 쓴 다음에 적절성을 검토하여 제목을 완성한다. 제목은 형태에 따라 단어, 어구, 문장을 표현하는 제목이 있고, 내용에 따라 문제제기, 주제표현, 소재부각, 부연설명형의 제목이 있다.

예 운동의 효과, 연애의 유형, 대학생이 등장하는 TV드라마나 영화에서 대학생의 이미지를 분석 등

인상적인 제목은 독자의 눈길을 끈다. 쉽고 재미있는 표현이 좋으며, 보고서를 제출할 때도 막연하고 광범위한 제목보다 적절하며 구체적인 제목이 좋다. 모든 제목에는 글쓴이의 생각과 의도가 내포된 상징성 있는 제목이 돋보일 수 있다. 심지어 자기소개서에서도 성장과정이나 성격의 장단점, 학창생활, 장래희망, 지원동기 등에 소제목을 단다면 효과적이다.

예 변화는 나의 힘, 머리는 차갑게 가슴은 뜨겁게, 오늘 할 일은 오늘 끝낸다, 안 되면 되게 하라, 노력하고 즐기는 자가 최고다. 등

◎ 다음은 여러 제목의 예시이다.

- 도시 공동화 현상과 도시 재생
- 혜성의 발견에 대하여
- 최근의 교회건축
- 연료 파동에 대한 정부의 대책
- 사라지는 토종 민물고기
- 안전운전 길라잡이
- 창동 예술촌 현재와 미래
- 나노융합 전문인력 양성 중요하다.
- 사막화, 우리나라도 안전지대 아니다.
- 불법촬영 범죄, 꼼짝마라.
- 웰빙을 넘어 웰다잉으로

활동 2.15 다음 글을 읽고 적절한 제목을 작성하여 보자. 정답은 없지만 주제나 내용을 잘 표현할 수 있는 제목으로 여러 가지 방식을 활용해 보자.

많은 사람이 '속설'에 대한 몇 가지 징크스를 믿는다. '까치가 울면 길조다', '네잎 클로버를 발견하면 행운이 찾아온다', '거울이 깨지면 불길한 징조다' 등이다. 실제로 이러한 속설을 대하는 두 가지 전형적인 사고법이 있다. 하나는 '속설 일정의 법칙'이고 다른 하나는 '속설이 속설을 부르는 법칙'이다.

전자는 '속설에는 일정한 양이 있어서 좋은 일이 계속되면 그것이 고갈되어 다음에는 나쁜 일이 일어난다'는 사고법이다. 단지로 예를 들면 일정한 수의 흰 공(길조)과 검은 공(흉조)이 들어 있는 단지에서 공을 꺼낼 때 계속해서 흰 공이 나오면 흰 공의 수가 점차 줄어 그 후에는 검은 공이 나올 확률이 커진다는 뜻이다.

한편 후자는 '좋은 속설에 얽히면 좋은 일이 일정 기간 이어진다'는 사고다. 단지가 두 개 있는데 단지 A는 검은 공보다 흰 공이 많이 들어간 단지, 단지 B는 그 반대라고 생각해 보자. 사람이 단지 A나 B중 하나를 가지고 있고 그로부터 공을 꺼내어 운명을 결정짓는데 어느 쪽 단지를 가지고 있는지 모른다고 하자. 따라서 꺼낸 공으로부터 어느 쪽 단지인가를 추리할 수밖에 없다. 흰 공이 나오면 단지 A일 것이라는 의심이 강해지며 검은 공이 나오면 단지 B일 것이라는 의심이 강해진다. 그러면 처음에 흰 공이 나왔다는 사실은 다음에 꺼낼 공도 흰 공일 가능성이 높다는 것을 시사하여 실로 '속설'이 속설을 부른다는 것을 의미한다고 하겠다.

'속설'에 대해 어떠한 입장을 취하느냐에 따라 해야 할 일이 달라진다. 전자라면 좋은 일이 일어난 뒤에는 그것을 사수하는 방향으로, 후자라면 반대로 공격적으로 나가야 하기 때문이다.

- 조지마 히로유키(2017), 『세상에서 가장 쉬운 베이즈 통계학 입문』, 지상사, 121.

(마) 인용하기

인용은 다른 글쓴이의 글 가운데 필요한 부분을 빌려오는 것이다. 인용에는 직접인용과 간접인용이 있는데 '직접인용'은 원문을 그대로 인용하는 것이고, '간접인용'은 다른 사람의 생각을 자신의 글의 목적에 맞게 활용하기 위해 자신의 표현으로 일부 수정하여 옮겨 적는 것이다. 대부분 요약을 통해 인용하거나 표현을 바꿔 인용한다.

인용시 주의할 점에는 꼭 필요한 경우에만 인용하고 모든 인용은 출처나 정보를 정확히 밝혀야 한다. 공식적으로 검증되었거나 권위를 인정받고 있는 자료를 인용하는 것이 좋다. 또 인용에는 이것 이외에 '생락인용'과 '가필인용'이 있는데 '생략인용'은 전체 인용 가운데 부분을 생략하는 것이며, '가필인용'은 인용자가 원문에 간단히 설명하거나 해석하는 것을 말한다. 이 경우에는 반드시 〔 〕 표시를 사용한다. 그리고 주석을 달 경우가 있는데 주석은 주장을 보다 효율적으로 전개하기 위해 관련된 논의를 보충할 때 본문과 별도로 삽입하는 내용이다. '참고주'는 자신이 참조한 글의 서지 사항만을 정해진 양식에 입각하여 기록하고, '내용주'는 본문 내용의 보충을 위해 관련 논의를 부여해 놓은 것이다.

* 주석 순서 : 저자, 논문제목, 책제목, 출판지, 출판사, 연도, 쪽수.

◎ **인용의 원칙**

1. 인용은 꼭 필요한 경우에만 하며 출처를 정확하게 구체적으로 밝혀야 한다.
2. 인용은 다른 연구자에 대한 존중의 태도에서 시작되어야 한다.
3. 인용은 공식적으로 검증되고, 권위를 인정받고 있는 자료를 이용해야 한다.
4. 인용은 주장의 맥락과 인용 자료가 관련 있어야 한다.

2.5. 수정 (Revision)

글쓰기의 마지막 단계는 수정하기이다. 집필이 끝났다고 해서 글쓰기가 끝난 것이 아니라 마지막으로 검토하는 작업이 남았는데 최종적으로 자기 글에 책임을 지며 마무리해야 한다.

대체로 글쓰기 과정의 마무리 단계에서 하는 작업은 바로 '퇴고'이다. 퇴고란 마지막으로 한 번 더 글을 점검하는 것을 말한다. 그런 점에서 퇴고야말로 글을 완성시키는 최후의 작업이라고 할 수 있다. 퇴고의 목적은 글을 좋게 다듬는 것이다. 좋게 다듬는다는 것은 글의 형식과 내용 모두에 관련된 것이라고 할 수 있다. 그런 점에서 글의 내용과 형식에 맞는 세밀한 평가의 기준을 살펴볼 필요가 있다.

(가) 퇴고하기

글의 전체 맥락을 고려하는 가장 일반적인 퇴고의 원칙으로 부가의 원칙, 삭제의 원칙, 재구성의 원칙이 있다.

1. 부가의 원칙

부가의 원칙이란 글에서 빠진 부분과 부족하다고 느껴지는 부분을 찾아 보완하는 것을 말한다. 즉, 빠진 것이나 모자란 것을 덧붙여서 글의 흐름을 자연스럽게 하고 내용을 풍부하게 하는 것이다. 설명이 부족하여 주제가 충분히 서술되지 못한 부분이나, 근거가 부족하여 논리적 비약이 있는 부분을 보충한다.

2. 삭제의 원칙

삭제의 원칙은 글에서 필요 없는 부분을 찾아 삭제하는 것을 말한다. 설명이 반복되는 부분이나 논리적 흐름에서 벗어난 부분 등을 빼는데 이러한 삭제의 과정을 거침으로써 문장은 긴장미와 압축미를 지닐 수 있게 된다.

3. 재구성의 원칙

재구성의 원칙은 씌어진 글의 순서를 바꾸어 놓았을 때 더욱 효과적일 수 있는 부분이 없는가를 살펴보고 문장 구성을 변경하여 주제 전개의 양상을 부분적으로 다듬는 것을 의미한다. 논리적 흐름에서 문단들의 순서를 재구성하고, 문장들이 소주제문(중심문장)을 중심으로 배열되지 않는 부분을 점검한다.

먼저 글의 내용과 관련한 퇴고의 기준으로 ①독창성, ②주제 선정의 적절성, ③논리적이고 효과적인 구성, ④문단 구성의 긴밀성 ⑤내용의 정확성과 풍부성, ⑥소재 선정의 합리성 등이 기준으로 제시될 수 있다. 다음으로 글의 형식과 관련된 기준으로는 ①문장의 문법성 ②맞춤법 ③어휘와 용어 선정의 적절성 등을 기준으로 삼을 수 있다.

(나) 수정하기

1. 글 전체

- 글의 주제나 목적의 타당성을 검토한다.
- 글의 짜임새를 살펴보고 논리적 흐름이 맞는지, 연결 단계가 논리적인지 검토한다.
- 서두에서는 문제 제기를 효과적으로 하였는지, 본문은 서두에서 제기한 문제가 충분히 논의되었는지, 결말에서는 글을 맺는 방식이 적절한지를 살펴본다.
- 제목이 적절한지 살펴본다.
- 전체적으로 필요 없는 내용은 삭제하고 설명이 부족한 부분은 내용을 첨가한다.

- 글의 분량을 검토하고 조정한다.

2. 문단

- 문단의 배열 순서가 적절한지 살펴본다.
- 각 문단의 소주제가 잘 서술되고, 명확하게 표현되었는지 검토한다.
- 논리적 흐름에 따라 각 문단이 연계되었는지 문단 사이의 연결성을 검토하고 유기적 통일성이 있는지 검토한다.
- 소주제문과 관련하여 뒷받침문장들이 잘 보충되었는지 살펴보고 관련 없는 부분을 생략한다.
- 각 부분의 중요도가 적당한 비율로 유지되었는지 살펴본다.
- 일반적 내용이 구체적 내용으로 뒷받침되었는지 살펴본다.

3. 문장

- 문장의 구성이 문법적으로 틀리지 않나 살펴본다.
- 길고 복잡한 문장이 없는지, 의미전달에 무리가 없는지 살핀다.
- 중의적이거나 뜻이 모호한 문장을 고치고, 문맥에 맞지 않는 부정확한 표현이 없는지 검토한다.
- 각 문장들이 자연스럽게 연결되었는지 문장들의 연결성을 확인한다.
- 주어, 서술어, 목적어 등 문장 성분들 간의 호응관계를 점검한다.
- 무의미한 단어, 상투어 사용, 속어와 유행어를 남발하지 않도록 주의한다.
- 맞춤법을 비롯하여 문장부호의 사용과 띄어쓰기를 점검한다.

(다) 고쳐 쓰기의 방법과 실제

고쳐 쓰기의 방법에는 다른 사람에게 자기 글을 읽혀서 의견을 제시하게 하고 토의 과정을 거쳐 내용을 수정하는 경우도 있고, 글쓴이 스스로 자기 글을 고쳐 쓰는 경우도 있다.

자기 글을 스스로 고쳐 쓰기 위해서는, 먼저 초고 작성 후 충분한 여백을 두고 인쇄한 후 그 글을 소리를 내어 읽어보거나, 그리고 고쳐 쓰기가 필요하다고 생각되는 부분에 표시를 한 후 습관적인 실수가 반복되지 않았는지 확인하는 과정을 거치게 된다.

앞부분에 핵심 주제(중심 주제)나 요점을 정확히 밝히고 주장과 관련 없는 거리가 먼 내용은 과감하게 없앤다. 그리고 모든 단락이 제 역할을 할 수 있도록 앞 뒤 문단의 연계성을 확인하고 모든 문장이 의사소통 단위로 의미를 지닐 수 있도록 검토한다. 문장의 순서는 자연스런 대화처럼 이어지는지 확인하며 바른 문장으로 완성도를 높인다.

이때 첨삭에 필요한 메모를 따로 작성하여 고쳐 쓴 내용과 대조하면서 작업을 하면 더 정확한 고쳐 쓰기를 할 수 있다. 이러한 퇴고의 원칙에 따라 어휘와 표현의 부분을 다듬어보고, 우리가 익숙하게 사용하고 있는 표현들 중 잘못된 것들을 고쳐보자.

㉠ 부정확한 어휘

우리가 글을 쓸 때 익숙한 표현에 빠져 정확한 단어가 아닌 대충 비슷한 단어를 쓰는 일이 있다. 우리가 자주 사용하는 표현들 중 부정확한 어휘를 사용하는 경우를 보자.

예시 2.16

- 난이도가 높다
- 오염도가 심하다
- 전문가의 자문을 구하다

여기에서 '난이도'는 쉽고 어려운 정도이다. 그러므로 어렵다는 의미로는 '난도가 높다'라고 해야 한다. '난이도'는 쉽고 어려운 정도라는 의미로서 '난이도를 재다', '난이도를 조절하다'와 같이 쓰면 문제가 없다. '오염도'는 '심하다'와는 잘 어울리지 않으며 '오염도가 높다'와 같이 써야 한다. 더 자연스러운 표현으로 '오염이 심하다'와 같이 쓰는 것이 가장 낫다.

'자문'은 어떤 일을 좀 더 효율적이고 바르게 처리하려고 그 방면의 전문가나 전문 기구에 의견을 묻게 될 때 쓰는 표현이다. '전문가에게 자문하다'가 맞는 표현이다. 이와 같이 정도나 비율 등을 나타내는 말의 의미를 정확히 몰라 서술어를 잘못 쓰는 일이 흔하다. 아래 예들도 오른쪽과 같이 고쳐야 한다.

예시 2.17

- 잠재력이 <u>높아졌다</u> → 커졌다
- 합격 비율이 <u>늘었다</u> → 높아졌다

- 발생 빈도가 매우 드물다 → 낮다
- 생활 수준을 증대시킨다 → 높인다
- 금속은 경도가 모자라기 때문이야 → 낮기

이렇게 단어의 구체적인 의미를 정확히 이해하면 이러한 잘못을 크게 줄일 수 있다. 다음 예 역시 단어를 잘못 사용한 글이다.

예시 2.18

- 우리 학교 발전의 장본인 → 주인공
- 역사적 과제에 큰 행보를 남기셨습니다 → 발자취
- 독재자이며 군사 쿠데타를 일으킨 인물로 비평받기도 한다 → 비판/비난
- 이러한 인물들을 기꺼이 보내주기로 한 것은 우리 사회의 자신감이 그만큼 성숙했다는 반증으로 여겨진다. → 증거
- 내가 교사로서 30여 년을 봉직하게 된 이유는 초등학교 6학년 담임 선생님의 한마디였다. → 계기

'장본인'은 흔히 범죄 등 부정적인 경우에 쓰는 말이다. 이 말을 공로가 있는 주인공의 뜻으로 쓰면 곤란하다. '행보'는 비유적으로 업적이라는 의미로 쓰이기도 한다. 그러나 '행보를 남기다'는 표현은 없다. '발자취(족적)를 남기셨습니다'와 같이 써야 할 것이다. '비평'은 '비판'과 의미가 다르다. 위 예는 '비판' 혹은 '비난'으로 써야 어울린다. '반증'은 반대가 되는 증거라는 의미이므로 위 예문에는 부적합하다. '증거'라고 해야 한다. 담임선생님의 한 마디는 '이유'가 아니라 '계기'라고 해야 자연스럽다.

ⓛ 중복 표현

글을 쓸 때 우리는 의미가 중복되는 표현을 쓰는 일이 많다. 퇴고의 원칙 중 삭제의 원칙을 활용하여 중복되는 표현 역시 삭제할 필요가 있다.

예시 2.19

- 상을 수상하다
- 과반수가 넘다
- 수확을 거두다
- 회의를 품다
- 스스로 자각하다
- 남은 여생
- 따뜻한 온정

'수상하다'에는 이미 '상'의 의미가 들어 있다. '과반수'에는 이미 '넘다'는 의미가 들어 있다. 그러므로 '상을'과 '넘다'는 의미상으로 중복된 표현에 불과하다. '수상하다' '과반수이다'로 충분하다. 다만 좀 생소하게 느껴지면 '상을 받다' '반수를 넘다'와 같이 쓰면 될 일이다.

또한 '수확을 거두다', '회의를 품다', '스스로 자각하다', '남은 여생', '따뜻한 온정' 등은 우리가 흔히 쓰는 표현이지만 의미적으로 중복되는 군더더기 성분들이 들어 있다. '수확하다' ,'회의하다', '자각하다', '여생', '온정'만으로도 충분하다.

ⓒ 표현 기법과 문체

지나치게 난해한 표현과 지나치게 구어적인 표현을 피한다. 지나치게 어려운 단어를 쓸 필요가 없다. 어려운 한자어 등을 쓰면 글의 수준을 높이고 필자가 돋보인다고 생각하는 일이 있으나 오히려 쉽고 명확한 단어를 쓴 글이 좋은 글이다.

예시 2.20

- 정서적 체험을 확충한다 → 정서적 체험을 넓힌다
- 자기를 칭할 때 → 자기를 가리킬 때
- 새 시대가 도래하였다 → 새 시대가 왔다
- 사람들이 다수 발생하고 있는데 → 사람들이 다수 생겨나고 있는데

이와 같이 누구나 잘 아는 쉬운 단어를 골라 쓰는 것이 글쓰기에서 중요하다. 글은 곧 자기 생각을 전달하는 것이므로 독자가 잘 이해하도록 쓰는 것이 무엇보다 중요한 것이다. 또한, 아무리 쉬운 단어를 골라 쓴다고 해도 글의 품위를 무시할 수는 없다. 때로는 지나치게 구어적인 단어를 사용함으로써 글의 품격을 떨어뜨리는 일이 있다.

예시 2.21

- 두바이 왕족들이 외모가 쩌는(→ 출중한) 이유는 무엇일까?
- 노래하는 중간에 삑사리가 났지만(→ 음 이탈이 일어났지만)
- 너는 오버하는(→ 지나친) 행동이었던 것으로 보인다.
- 심사위원들이 준 점수가 너무 짰다(→ 인색했다).

'외모가 쩔다'는 품위 있는 언어 사용과는 거리가 먼, 비속어에 가까운 표현이다. 무분별한 비속어의 사용은 독자에게 반감을 사거나 글의 신뢰성을 떨어뜨리므로 특별히 사용해야 할 이유가 있지 않다면 가급적 사용을 자제하는 것이 좋다. '삑사리 나다'는 비속어라고 할 정도로 문제가 있는 표현은 아니지만 공적인 글을 쓸 때는 '음이탈이 일어나다' 정도로 바꾸는 것이 더 좋다. '오버하는'과 같은 무분별한 외래어도 순화하여 쓰는 것이 좋다. 말과 글은 사람의 인격과 지적 수준을 보여주는 제2의 얼굴이기도 하다. 사회적 관계와 언어의 품격을 생각하여 글의 표현을 신중하게 선택하여 글을 쓰는 습관을 들이자.

㉣ 주어와 서술어의 호응

한 문장에서 주어와 서술어의 관계가 올바르게 맺어져 있는지 점검하는 것은 매우 중요하다. 그리고 문장 안에 서술어가 필요로 하는 말이 다 제시되고 있는지 확인해야 한다.

예시 2.22

- 술이 많이 취했다. → 술에 많이 취했다.
- 이 제도는 기업의 자기 자본을 유치하자는 취지이다. → 이 제도는 기업의 자기 자본을 유치하자는 취지로 도입하였다.
- 이 책은 교수님께 빌린 것인데, 가장 아끼는 것 중의 하나이다. → 이 책은 교수님께 빌린 책인데, 교수님께서 가장 아끼는 것 중의 하나이다.

고쳐 쓰기의 마지막 단계는 세밀하고 꼼꼼하게 글을 읽고 다듬는 교정 작업이다. 한 문장씩 글의 내용과 형식을 두루 검토하고, 표준어를 잘 구사했는지, 맞춤법에 맞게 썼는지를 확인해야 한다. 또한 띄어쓰기와 문장부호까지 잘 살펴서 글에 어색하거나 잘못된 부분이 없도록 다듬는다.

Chapter 3

글쓰기의 미세 과정

제2장에서는 글쓰기의 과정을 준비, 조사, 조직, 집필, 수정의 5단계로 나누어 거시적으로 살펴보았다. 글을 쓰는 상황에 맞추어 글의 목적을 달성하고 예상 독자의 마음을 의도한 방향으로 움직일 수 있는 효과적인 글을 쓰기 위해서는 글쓰기의 상황과 목적, 예상 독자를 파악하고 관련된 내용을 조사하고 고쳐서 쓰는 등의 거시적인 과정들도 필요하지만, 실제 글이 만들어지는 가장 최종적인 단계는 단어를 선택하고 문장의 구조를 조직하고 문단을 구성하는 작업을 통해 이루어진다. 결국 글쓰기의 미세 과정에서 실패하면 아무리 좋은 아이디어도 그 가치를 알아보기 어렵게 된다.

많은 사람이 '문법'은 언어 표현의 옳고 그름을 구분하게 해 주는 '규칙'이라고 생각한다. 하지만, 문법을 반드시 언어 표현의 적절성을 판단하는 기준으로만 이해하는 것은 바람직하지 않다. '맞춤법'이나 '언어 규범'은 표준적인 것과 표준적이지 않은 것을 구분하는 기준의 역할을 하지만, '문법'은 인간이 언어를 사용할 수 있는 능력, 혹은 언어의 형태(표현)와 의미(내용)가 어떤 식으로 관련되는지를 설명하는 것에 더 관심을 둔다. 문법은 우리가 글을 쓸 때 선택할 수 있는 적절한 패턴의 집합을 의미한다. 물론, 어떤 경우에 우리는 완전히 잘못되었다고 말할 수 있는 이상한 구조의 문장들을 보기도 한다. 하지만, 바른 글을 쓰는 것과 더 좋은 글을 쓰는 것은 서로 다른 층위의 활동이다. 우리는 잘못된 문장을 쓰지 않기 위해서 노력하기도 하지만, 다른 한편으로는 더 좋은 문장을 쓰기 위해서도 노력한다. 전자는 반드시 지켜져야 하는 것이며 후자는 영원히 도달할 수 없으나 끝없이 추구해야 하는 목표이다.

많은 경우 우리는 어떤 생각을 표현할 때 어떤 언어의 형식을 선택할지 고민하게 되는데, 그것이 바로 실제로 글을 쓸 때 가장 많이 겪게 되는 어려움들이라고 할 수 있다. 글을 쓰는 사람 치고, 단지 자신이 쓴 글이 문법적으로 틀리지 않았다는 것만으로 만족하는 사람은 없을 것이다. 글을 쓸 줄 아는 사람은 독자의 관심을 끌고 내용을 잘 전달할 수 있는 효과적인 단어와 문법적 구조를 선택하기 위해 심혈을 기울인다.

▌활동 3.1▐ 효과적인 표현 선택하기: ㉠~㉢의 세 가지 표현 중 하나를 선택해야 한다면 무엇을 고르겠는가? 다른 학생들과 함께 토론해 보자.

㉠ 일하기 싫어증에 빠진 대한민국
㉡ 일하기 싫어하는 대한민국
㉢ 일하기 싫어하는 병에 걸린 대한민국

㉠~㉢의 세 가지 표현 중에 어떤 것이 특별히 문법적으로 잘못되었다고 말하기는 어렵다. 다만, 세 가지 중에서 어떤 것을 선택하느냐에 따라서 글이 독자에게 주는 효과는 크게 달라질 수 있다. ㉠은 '일하기 싫어증'과 '실어증'의 음운적 유사성에 착안하여 글쓴이가 전달하고자 하는 내용에 독자가 흥미를 느낄 수 있는 표현을 선택하였다. 그리고 '-에 빠진'이라는 은유적인 표현은 ㉡의 직설적인 표현보다 생생하고 풍부한 이미지와 의미를 전달할 수 있다. 이처럼 문법적인 선택을 옳고 그름의 영역이 아닌 효과의 측면에서 탐구한다면, 자신만의 문법에 대한 지식을 글쓰기에 보다 적극적으로 활용할 수 있는 도구로 발전시켜 나갈 수 있게 될 것이다. 글쓰기의 과정을 세분화하면, 결국 집필의 과정에서 어떤 표현이나 구조적 패턴을 선택하는 미세 조정 과정이 최종적인 글의 모습을 결정하게 된다. 그러므로 글쓰기란 다양한 가능성 속에서 가장 좋은 선택을 만들어가는 과정이라고 해도 과언은 아닐 것이다. 그 선택은 단어와 관용어와 같은 구, 문장, 그리고 문장 이상의 다양한 층위에서 복합적으로 이루어진다.

3.1. 단어의 선택

(가) 적절한 틀(frame)을 불러일으키기

적절한 단어나 표현을 선택하는 능력은 사실 작가나 글을 쓰는 사람이 갖추어야 할 모든 것이라고 해도 과언이 아니다. 어떤 상황이나 개념, 대상을 어떤 단어로 표현할 것인가? 그것을 표현하는 데 가장 적합한 단어는 이 세상에 하나밖에 없다는 주장이 바로 일물일어설이다. 그러면, 내가 전달하고자 하는 의미를 표현할 수 있는 최적의 단어는 어떻게 찾을 수 있을까? 단어의 선택을 적절히 하기 위해서는 먼저 그 단어가 사용되는 상황과 맥락, 그 단어의 의미가 발생한 전체적인 틀(frame)이 적합한지 고려해야 한다.

언어의 형식, 즉 표현은 그것을 통해 나타내고자 하는 개념과 해석을 반영한다. '땅과 바다'라는 표현과 '대지와 바다'라는 표현 중 어떤 것이 더 적절한가? 이 선택은 글을 쓰는 이가 어떤 개념을 전달하고자 하느냐에 따라 달라질 수 있다.

▮활동 3.2▮ ㉠~㉤에서 어떤 것을 글의 제목으로 정하고 싶은가? 그 이유는 무엇인가?

㉠ 땅과 바다 ㉡ 대지와 바다 ㉢ 육지와 바다 ㉣ 뭍과 바다 ㉤ 토지와 바다

'땅', '대지', '육지', '뭍', '토지'는 모두 비슷한 의미의 단어들이지만 저마다 그 대상에 대한 관점과 해석의 차이를 내포하고 있다. '땅'이 '하늘'과 대조되는 경험의 틀에서 발생하는 개념이라면 '육지'는 '바다'와 대조되는 틀 속에서 존재하는 개념이라 할 수 있다. 또한, '육지'는 '섬'을 포함하지만, '뭍'은 일반적으로 '섬'이 아닌 '본토'를 나타낸다. '토지'는 소유의 대상이 되는 땅으로 인식되지만 '대지'는 대자연의 일부로 존재하는 땅의 의미로 인식될 가능성이 높다. 이처럼 유사한 의미를 가진 단어들이라 할지라도 그것이 불러일으키는 틀과 해석은 미묘한 차이를 발생시킬 수 있으므로, 선택된 단어가 독자에게 어떤 경험의 틀을 불러일으킬 것인지를 예상해 보는 것이 필요하다.

다음 사진은 '루빈의 꽃병'으로 잘 알려진 형상인데, 이 사진에서 어떤 사람은 서로 마주보고 있는 두 사람을 볼 수도 있고, 사람이 아닌 꽃병을 볼 수도 있다. 이처럼 같은

것을 관점에 따라 다른 것으로 해석하는 것이 가능하기 때문에 같은 내용을 다룬 글이라도 글쓴이의 표현 방식에 따라 전혀 다른 개념과 해석을 전달할 수 있다.

물이 반쯤 담긴 컵을 보았을 때, 어떤 사람은 "컵에 물이 반이나 남았다"라고 말하는 반면 어떤 사람은 "컵에 물이 반밖에 안 남았다"라고 말하는 경우가 있다. 동일한 대상에 대하여 전자는 긍정적 인식을, 후자는 부정적 인식을 표출하고 있는 것이다.

사람들은 대개 살아가면서 특정한 경험과 해석을 공유하게 되고, 이러한 과정을 반복하면서 고정관념의 두꺼운 틀을 다져나가게 된다. 하지만, 세상은 계속 변하고 있고 새로운 것을 요구하고 있으며, 새로운 관점을 필요로 하고 있다. 나이가 들면서 더 많이 새로운 것을 받아들이고 만들어내는 사람들이 있는가 하면 새로운 것들을 모두 거부하며 자신이 쌓아온 경험과 생각의 벽에 둘러싸여 인생을 마감하는 사람들도 있는데, 글을 쓰는 것도 마찬가지다. 글을 창의적으로 쓴다는 것은 글을 통해 새로운 생각과 해석을 만들어낸다는 것을 의미한다. 이를 위해서는 관습에 매몰되지 않으면서 끊임없이 새로운 해석과 표현의 방법을 탐색하고 그런 노하우들을 관리하고 활용하기 위한 노력을 쉬지 말아야 한다.

'어린이'라는 단어가 지금은 모두에게 익숙하지만, 이 단어는 원래 어린 사람을 가리키는 마땅한 말이 없다는 것을 안타깝게 여긴 소파 방정환 선생이 처음으로 만든 말이다. 옛날의 어린이는 지금처럼 보호와 관심의 대상이 아니었기 때문에 '어린이'라는 말이 만들어지기 전까지 '아해', '어린놈', '애새끼'처럼 어감이 좋지 못한 표현이 사용되는 경우가 많았다. 언어는 단순한 기호일 뿐만 아니라 정신적인 실체이자 실체에 대한 이해를 어느 정도 결정해 주는 역할을 한다. '어린이'에 대해 어떤 표현을 쓰느냐에 따라서 그 대상에 대한 실제의 이해는 크게 달라지고, 그것이 나중에는 어린이를 대하는 태도에도 영향을 줄 수 있다. 우리가 5세~9세 사이의 아이들을 볼 때 주로 어떤 표현을 쓰고 있는지 한번 생각해 보자.

같은 헤어짐이지만, '이별'과 '작별', '고별', '석별', '결별' 등이 불러일으키는 경험의 틀은 서로 다르다. '작별'은 인사를 나누고 헤어지는 상황을 떠오르게 하지만, '고별'은 작별이 보다 공식적으로 이루어지는 상황을 불러일으킨다. 또한, '석별'은 헤어짐에 대해서 당사자들 서로가 애틋한 감정을 가지고 있음을 알려주고, '결별'은 의도적으로 철저히 관계를 끊은 심각한 상황을 떠올리게 한다.

▌활동 3.3▐ '석별', '결별', '고별', '이별', '작별' 중에서 다음 ㉠~㉢의 (　　)에 들어갈 적절한 단어를 골라보자.

㉠ 1999년 빅딜 이후 사실상 전경련에 발을 끊었던 구본무 회장이 (　　)을 택했다.
㉡ 향기로운 새 날을 위하여 (　　)의 잔을 든다
㉢ 제8대 유엔 사무총장직에서 12월 31일 10년 만에 퇴임하는 반기문 유엔 사무총장은 12월 12일 미국 뉴욕 유엔본부에서 열린 유엔총회에서 193개 회원국을 상대로 (　　)연설을 했다.

단어 선택은 해석과 태도를 결정짓는 데서 그치는 것이 아니라, 사회적 차별이나 편견을 불러일으키고 고착화시키는 요인이 될 수도 있으므로 단어 선택에 대한 각별한 인식이 요청되는 경우가 있다. '장애우(障碍友)'라는 용어와 관련한 논쟁은 차별적 단어 사용에 대한 사회의 민감성을 보여주는 좋은 예이다. '장애우'라는 용어는 한때 권장되기도 했지만, 1인칭으로 쓸 수 없을 뿐 아니라 단어 자체의 뜻이 장애인에 대한 시각을 제한한다는 비판을 받았다. 장애인차별금지추진연대 대표인 박김영희는 JTBC와의 인터뷰에서

"장애우는 장애인을 타자화하는 것이다. 누구의 친구라고 불리는 게 아니라 존재를 분명히 밝히고 장애를 가진 사람으로서의 정체성을 가지기 위해서 '장애우'가 아니라 '장애인'으로 불려야 한다."라고 밝힌 바 있다. 또한 한국장애인단체총연합회에 따르면 장애인들은 '장애우'를 '장애인'이라는 용어보다 훨씬 싫어한다. 이처럼 글을 쓸 때는 표현의 효과를 위해서뿐만 아니라 독자에게 잘못된 관점을 심어주는 것을 막기 위해 사소한 단어의 선택 하나에도 주의를 기울일 필요가 있다.

활동 3.4 다음 자료는 차별적 언어 표현을 고친 예들이다. 이와 같은 변화를 요청하는 이유가 무엇인지 생각해 보자.

정신 지체 (X) ☞ 지적 장애 (O)
간질병자 (X) ☞ 뇌전증 환자 (O)
불구자 (X) ☞ 신체장애인 (O)
장님, 소경, 애꾸눈, 외눈박이. 사팔뜨기 (X) ☞ 시각장애인 (O)
병신, 앉은뱅이, 외팔이, 난쟁이, 절름발이, 불구 (X) ☞ 지체장애인 (O)

귀머거리, 벙어리 (X) ☞ 청각장애인 (O)
정상인 vs 비정상인 ☞ 장애인 vs 비장애인

활동 3.5 다음 자료가 차별적 언어 표현인지 생각해 보고, 차별적 언어 표현인 경우 어떻게 고치면 좋을지 토론해 보자.

개미허리, 명품복근, 성형녀
된장녀, 홀아비, 김여사
처녀작, 처녀항해, 처녀비행
집사람, 안사람, 바깥양반
다소곳하다, 가녀리다, 앙칼지다

더욱 정확하고 효과적인 표현을 위해, 더 나아가서 타인의 인격과 품위를 존중하고 사회적인 공정성을 실현하기 위해 적절한 단어를 선택하는 힘을 기르는 것은 매우 중요하다고 할 수 있겠다.

(나) 공학적인 용어와 주제에 특화된 어휘의 사용

공학자들은 공학과 관련된 전문적인 연구 영역에 갇혀서 살기 때문에 의외로 사용하는 어휘의 수가 많지 않고 문체도 한정되어 있다. 아래의 글은 재료공학 분야의 학술논문으로 재료공학에 대한 지식이 없는 사람이 이 글을 제대로 이해하기는 매우 어렵다. 그 이유는 재료공학이라는 전문적인 영역에서만 사용되는 용어들이 많이 사용되고 있기 때문이다.

> <그림 5>는 어닐링 또는 가공경화에 의한 경도 차이, grain size에 의한 경도값의 변화, 하중에 의한 경도값의 변화를 복합적으로 보여주고 있다.
>
> 위의 <그림 7>은 인덴테이션 기법에 의한 잔류응력 측정 방법이다. 일반적으로 압축이나 인장응력이 발생하면 격자의 변형이 생겨서 일정한 깊이에 따른 최대하중의 변화가 생긴다.
>
> 그림 8은 하중을 가하는 동안 재료 표면의 거동을 나타낸 모식도이다. Pile-up이 모든 재료에서 다 일어나는 건 아니다. 하지만 Pile-up이 발생하면 탄성모델로 예상했던 것보다 접촉 면적으로 더 커진다.
>
> -홍주화 외(2004), "나노인덴테이션법의 원리와 응용", 『열처리공학회지』 17(6), 375-379.

그런데 이 글에서 전문적인 용어를 제외하면 문장이나 표현들이 그렇게 어렵거나 복잡하지 않고 오히려 문학적인 글보다 훨씬 더 단순한 형식의 문장들이 주로 사용되고 있는 것을 볼 수 있다. 그러므로 공학적인 글을 잘 쓰기 위해 위대한 소설가가 되는 것처럼 길고 험난한 수행이 필요한 것은 아니다. 다만 관심 분야의 글을 많이 읽음으로써 관습적으로 사용되는 공학적인 용어와 단어에 익숙해지고, 그것을 의미에 맞게 정확하게 선택하여 사용하는 능력을 기를 필요가 있다.

▌활동 3.6 ▌ 자신의 전공 분야에서 사용하는 용어들을 3가지만 조사해 보고, 그 용어들을 전문용어가 아닌 일반적인 언어로 바꾸어서 적어 보자.

공학적인 글을 쓸 때 전문적인 용어나 어휘의 특수한 사용에도 신경을 써야 하지만, 글을 읽을 독자가 전문가가 아닌 일반적인 교양을 갖춘 비전문가인 경우에는 읽기 쉬운 평이한 언어를 사용하는 것이 좋다. 1970년대와 1980년대를 거치면서 컴퓨터가 상용화되면서 방대한 기술적 정보를 컴퓨터를 통해 제작하고 수용하는 것이 용이해졌고, 그로 인해 과학이나 공학 글쓰기도 독자가 친근하게 접근할 수 있는 방식이 선호되기 시작했다. 과학과 공학 글쓰기의 언어는 점차 입으로 하는 말과 유사해지고 있으며, 고등교육을 받은 사람도 이해하기 어려운 말들을 쓰기보다는 의미가 분명하고, 직접적이며, 단순한 언어를 사용하는 방향으로 변해가고 있다. 그러므로 글을 쓰려고 할 때, 너무 어려운 말이나 전문적인 용어를 무리해서 쓰려고 애쓸 필요는 없다. 특히 공학 관련 기사나 칼럼 등을 쓸 때는 대중이 사용하는 친근하고 단순한 말을 쓰는 것이 오히려 더 독자가 다가오기 쉽게 만들어 줄 수 있다.

활동 3.7 다음 글에서 공학에서 사용되는 어려운 단어나 개념을 일반인들에게 이해시키기 위하여 어떤 전략을 사용했는지 이야기해 보자.

자주적 신원 시스템은 블록체인, 즉 분산 원장을 사용하므로 중앙 디렉토리가 없어도 분산된 식별자를 조회할 수 있다. 블록체인 자체는 신원 문제를 해결하는 것이 아니라 그동안 없었던 연결 고리를 제공할 뿐이다. 덕분에 수십 년 전부터 알고 있던 암호화를 실제로 사용할 수 있게 된 것이다. 사람들은 오프라인에서와 같이 분산된, 확인 가능한 자격 증명을 사용해서 스스로를 입증할 수 있다.

원리를 이해하기 위해 술집에서 운전면허증을 제시하는 예를 다시 보자. 도로교통공단은 주장(claim) 발행 기관이며 주장 소지자에게 운전면허증의 디지털 표식을 제공한다. 도로교통공단은 블록체인의 분산된 식별자와 연결된 키를 사용해 주장에 서명하여 흔적을 만든다. 따라서 이 주장을 받은 사람은 누구나 그 발행자가 도로교통공단임을 알 수 있다. 사용자는 지갑에 주장을 넣고, 블록체인에서 자신이 제어하는 분산 식별자에 연결된 키를 사용해 디지털 운전면허증에 부서(countersign)한다. 술집에서 손님이 법적 성인임을 확인해야 하는 경우 손님이 디지털 운전면허증을 제시하면 술집은 이것이 변경되지 않았는지, 도로교통공단이 그 손님에게 발행했는지, 이를 제시하는 사람과 동일인인지를 확인할 수 있다. 누구나 블록체인을 사용해서 분산 식별자를 조회하고 연결된 공용 키를 가져올 수 있다.

물론 모든 조직 또는 개인은 원하는 주장을 발급할 수 있다. 어느 주장이든 자유롭게 지갑에 보관할 수 있다. 또한 주장 확인자는 어떤 주장을 신뢰할지를 직접 선택할 수 있다.

이러한 선택을 분산함으로써 필요한 유연성을 확보하면 거의 모든 용도로 자주적 신원 시스템을 사용할 수 있다.

Phillip Windley, CIO 2018.01.15

원문보기: http://www.ciokorea.com/column/36930#csidxcfbada967c27365be76e5677e2a4ae3

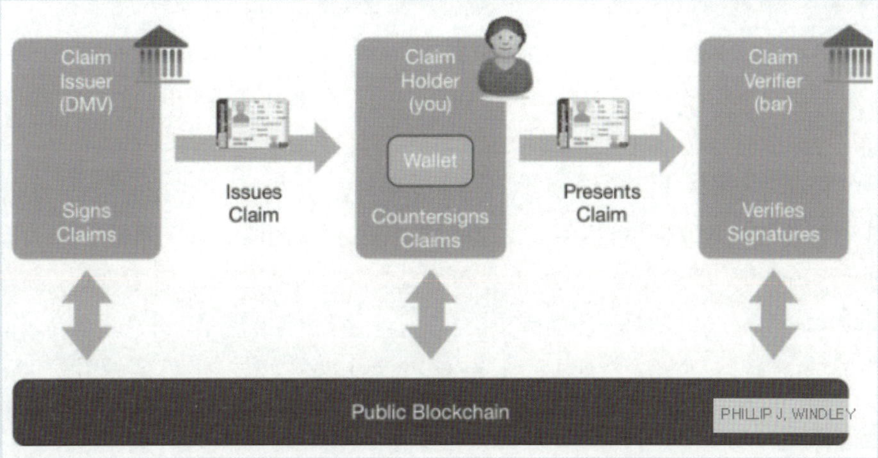

(다) 정밀하고 정확한 정보의 전달을 위한 단어 선택

언어학자 블룸필드는 과학적인 의사소통 방식의 이점을 다음과 같이 설명하고 있다. "과학 분야의 언어 사용은 특별하기도 하고 이상하기도 하다. 보통 사람들이라면 아주 장황하게 해야 할 말을 과학자들은 매우 간단하게 전달할 수 있다. 과학적인 예측의 범위와 정밀성은 일상생활에서 요구하는 현명함의 수준을 초월한다. 과학자의 언어는 이상하리만큼 효과적이고 강력하다." 공학적인 의사소통에서는 정확하고 정밀한 정보를 간결하게 전달하는 것을 중요시한다. 어떤 경우에는 특정한 용어나 단어의 의미를 정확히 규정하기 위해 많은 설명이 요청되기도 한다.

▮활동 3.8▮ 다음 글에서 개념을 정확하게 규정하고자 하는 용어(단어)는 무엇이며, 그것은 왜 중요한지 생각하고 토론해 보자.

'게임'에 대한 수많은 정의가 있다. '게임 이론'이라는 분야도 있는데, 게임보다는 심리학과 더 관련이 많고, 심지어 수학과 더 관련이 깊으며, 게임 디자인과는 전혀 상관없는 분야다. 게임 이론은 경쟁자들이 어떻게 최적의 선택을 하는지 설명하는 이론이며, 자주 잘못된 결과를 내기도 하는 정치학이나 경제학에서 주로 사용된다. 사전에서 '게임'을 찾아보는 것도 별 도움이 되지 못한다. 게임의 정의를 찾으러 나선다면 온 사방을 헤매야 할 것이다. 취미나 오락거리, 시합의 개념이 명확하게 분리되지 않고 뒤섞여 있다. 흥미롭게도 이 정의들 중 어느 하나도 재미를 게임의 필수 요소로 가정하지 않는다. 기껏해야 오락이나 여흥 정도를 요소로 포함할 뿐이다. 게임을 정의하고자 했던 소수 학자들의 이야기도 다양한 방향으로 살펴보았다. 로제 카유아의 '자발적이고, 불확실하며, 비생산적이며, 규칙에 따라 지배되며, 만들어진 믿음 체계', 요한 하위징어의 '자발적 행동… 일상생활에서 벗어난…', 예스퍼 율의 좀 더 현대적이고, 더 정확한 '게임은 변화할 수 있는, 정량적인 결과물을 가진 규칙 기반의 형식 시스템이다. 다른 가치를 어떻게 배분하느냐에 따라 결과물이 다르게 나오므로 플레이어는 결과물에 영향을 주기 위해 노력을 들이며, 그로 인해 결과물에 애착을 느낀다. 따라서 행동의 결과물은 선택적이며 협상할 수 있다'라는 정의까지 말이다. 이 중 어떤 것도 게임 디자이너가 '재미'를 찾는 데 도움이 되지 않는 건 마찬가지다.

-라프 코스터(2013), [유창석 · 전유택(2017) 역], 『라프 코스터의 재미이론』, 길벗출판사.

▌활동 3.9▐ 다음 글에서 '게임'의 의미는 어떻게 규정되고 있는지 동료에게 설명하고, '게임'에 대해 자신이 생각한 대로 새롭게 정의하여 써 보자.

컴퓨터 게임의 명작 <문명>을 디자인한 시드 마이어는 게임은 '흥미로운 선택의 연속'이라는 유명한 정의를 내린 바 있다.

<앤드류 롤링스와 어니스트 애덤스의 게임 디자인>이라는 책을 쓴 앤드루 롤링스와 어니스트 애덤스는 시드 마이어의 정의를 좀 더 좁혀서 '가상 환경에서 하나 또는 그 이상으로 가볍게 연결된 도전의 연속'이라고 하였다.

케이티 살렌과 에릭 짐머만은 저서 <놀이의 규칙>에서 게임은 '플레이어들이 규칙이 정해진 인공적인 갈등에 참여하여 측정 가능한 결과물을 내는 시스템'이라고 하였다.

이런 식으로 하다 보면 게임을 분류하며 트집 잡는 일에 말려버릴 것 같다. 간단한 것도 깊게 파다 보면 얼마든지 복잡해질 수 있지만, 재미는 본질적인 것이니만큼 더욱 근원적인 개념을 찾을 수 있지 않을까?

이에 대해 나는 뇌의 작동 방식에 관한 자료를 읽으면서 답을 찾았다. 내가 읽은 바에 따르면, 사람의 뇌는 주로 게걸스럽게 패턴을 먹어 치우는 존재로, 말하자면 개념을 먹어 치우는 회색의 부드럽고 포동포동한 팩맨이라 할 수 있다. 게임은 그저 정말로 맛있어 보이는 패턴이다.

아이들이 학습하는 걸 관찰해보면 분명한 패턴이 있음을 볼 수 있다. 우선 한 번 시도해본다. 이러한 행동을 보면 아이들은 단순히 말로 가르쳐줘서는 배우지 못하는 것 같다. 반드시 실수를 해봐야 한다. 아이들은 한계까지 테스트 해보고, 한계의 경계를 확인해 본다. 아이들은 같은 비디오를 보고 또 보고, 그리고 보고 또 보고, 보고 또 본다.

-라프 코스터(2013), [유창석 · 전유택(2017) 역], 『라프 코스터의 재미이론』, 길벗출판사.

3.2. 문장 만들기

(가) 적절한 문법 범주 선택하기

글을 쓸 때 동사, 명사 등 어떤 문법적 범주를 선택하느냐에 따라 부각되는 의미와 효과가 달라질 수 있다. 예컨대, 동사인 '폭발하다'는 사건이 발생하는 과정을 부각시키는 반면, 명사인 '폭발'은 사건의 분리성과 개별성을 부각시킨다.

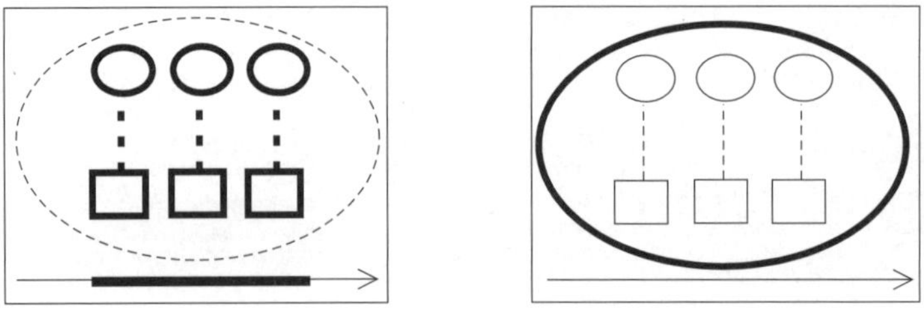

(a) 동사 (b) 명사

아래의 예문 ㉠, ㉡에서 사건을 동사로 표현한 문장과 명사로 표현한 문장의 효과를 비교해 보자. 명사는 지시 사건을 전체 사건을 시간의 흐름에 따라 전개되는 과정으로 파악하지 않고 분리된 하나의 고정된 대상으로 파악하게 하는 효과를 만든다. 따라서 '김 씨의 출근'은 김 씨가 출근했다는 사실에 독립적인 가치를 주고 그것을 부각시킨다(정병철 2011: 566).

㉠ 사고 직후 김 씨가 출근해서 사람들을 놀라게 했다.
㉡ 사고 직후 김 씨의 출근은 사람들을 놀라게 했다.

또한 아래 예문에서 '그대가 여기 있음'과 같은 명사화는 사건을 고정되고 분리된 대상으로 받아들이게 만들어 그것의 독자적인 가치에 대한 인식을 증폭시킨다.

㉠ 그대가 여기 있어서 얼마나 기쁜지 모르겠다.
㉡ 그대가 여기 있음이 얼마나 큰 기쁨인지 모른다.

다음의 ㉠, ㉡처럼 문장을 용언으로 끝마치는 것과 명사로 마무리하는 것 역시 수사학적으로 다른 효과를 유발한다.

㉠ 무능한 인간 밑에서 살아가는 개가 충격적인 고백을 한다. 그 개는 태어나고 얼마 되지 않아 머리가 둥근 아이에게 입양되었다고 한다.
㉡ 무능한 인간 밑에서 살아가는 개의 충격 고백… 태어나고 얼마 되지 않아 머리가

둥근 아이에게 입양되었다.

㉠에서 두 문장이 동등하게 순차적으로 해석되는 것과 달리, ㉡의 후반부에는 바로 이어지는 고백의 내용이 나올 수 있다. ㉡의 명사 '고백'은 이어지는 독백에 의해 그 내용이 구체적으로 밝혀진다. 그로 인해 ㉠의 두 번째 문장에는 간접 인용법이 사용되었고 ㉡에는 인용법이 사용되지 않았다. 이는 인용법이 사용되지 않고도 고백한 내용에 직접 접근하게 해주는 징검다리의 역할을 '고백'이라는 명사가 제공하고 있기 때문이다.

우리는 여기서 문장을 동사나 형용사로 끝맺는 것과 명사로 끝맺는 것이 어떤 효과의 차이를 가져오는지 살펴보았는데, 이는 어떤 문법 범주를 선택하느냐에 따라서 다른 효과가 나타난다는 것을 보여주는 수많은 예 중 하나일 뿐이다.

▌활동 3.10▐ 다음과 같이 동사 중심의 문장을 명사 중심의 문장으로 바꾸었을 때 어떤 효과가 발생하는지 토론해 보자.

어떤 사물을 그릴 때 실제 그 사물을 보고 그리면 머릿속에서 상상해서 그리는 것보다 더 상세하고 구체적으로 그리게 된다.

⇩

사물을 실제로 보고 그리는 그림은 머릿속에서 상상해서 그린 그림보다 더 상세하고 구체적이다.

(나) 개조식(個條式) 문장 만들기

동사나 형용사와 같은 서술어를 중심으로 문장을 구성하는 것보다 동사나 형용사가 명사를 수식하는 구조를 활용하는 것이 더 문장을 간결하게 해주며, 의미 관계도 더 명확하게 해주는 경우가 많다. 이른바 '개조식(個條式)'이라는 것은 모든 문장을 명사형으로 종결짓는 방식으로, 명사를 중심으로 문장을 구성하는 방식의 가장 극단적인 형태라고 할 수 있다. 사실, 이 말은 '개조(個條)'라는 한자어에 '방식'의 뜻을 더하는 접미사 '-식(式)'을 결합하여 만들어진 것으로 자연스러운 우리말이라고 보기는 어렵다. 하지만, 개조식은 간결한 정보전달을 목적으로 하며, 필요 없는 사족을 제거하여 글의 분량을 줄이고 가독성을 높이는 효과가 있다. 개조식은 어미가 없기 때문에 높임법이나 사회적 관계, 느낌과 태도 등을 표출하지 않고 사실적인 내용 자체에만 집중할 수 있게 만들어 준다. 개조식은 문체가 건조하기 때문에 제한된 시간 안에 내용을 위주로 건조하게 전달해야 하는 공적인 상황, 예를 들면 회의, 세미나, 학술 발표, 평가회 등에서 사용된다.

개조식 문장을 사용하는 글에 대한 표준적인 규범은 존재하지 않으며, 언뜻 보면 한국의 개조식 문장은 통일된 것 같아 보이지만 다양한 형태가 존재한다. <예시 3.1>에서 ②~④는 일반적인 서술식 문장인 ①을 개조식으로 변환한 것인데, 마지막으로 갈수록 더 형태가 간결해진다. 실상 국내에서 사용되는 개조식은 ②~④의 세 유형 가운데 하나에 속한다. 필요에 따라 적절한 개조식을 택하여 문장을 만들 수 있지만, 일단 하나의 방식을 택했으면 일관성 있게 그 방식을 글이 끝날 때까지 유지하는 것이 좋다. 한 가지 유의할 사항은 개조식이라도 ②와 같이 동사나 형용사, 서술격 조사 '이다'와 같은 서술어가 명사형으로 끝난 경우(예를 들면 '생존이 어려움.', '난이도가 높음.', '성이 김가임.'과 같은 경우) 마침표를 찍어야 한다.

예시 3.1

① 뇌는 우리가 생각하는 것보다 더 많은 정보를 인식한다.
② 뇌는 우리 생각보다 더 많은 정보를 인식함
③ 뇌는 우리 생각보다 더 많은 정보 인식
④ 뇌: 생각보다 더 많은 정보 인식

▌활동 3.11▐ 다음 문장을 위에서 설명한 세 가지 유형의 개조식 문장으로 바꾸어 써보자.

근육은 전류를 흘리면 풀었다 감았다 하는 거대한 스프링 덩어리에 불과하다.

①
②
③

▌활동 3.12▐ 다음 단락의 내용을 개조식 문장을 사용해서 간결하게 제시해 보자.

몸의 많은 부분이 자율신경계에 기반을 두어 작동하는데, 자율신경계란, 신경계가 자기 혼자 결정을 내린다는 것을 그럴듯하게 표현한 용어다. 이 중에는 심장 박동수처럼 의식으로 통제하는 방법을 배울 수 있는 것도 있다. 불에 뎄을 때 손가락을 잡아채는 반사 신경도 학습이 가능한 것에 속한다. 그리고 몸을 노련하게 다루도록 단련하는 것도 자율신경계 영역에 포함된다.

⇩

(다) 화제/주어 선택하기와 피동 표현

글쓰기의 효과를 위해 문장 구조를 선택할 때 무엇을 주어, 혹은 화제로 선택하느냐는 가장 중요한 문제라고 할 수 있다. 아까 루빈의 꽃병을 통해 본 것처럼, 하나의 문장도 더 중요하게 부각되는 부분과 그것의 배경으로 물러나 주변적인 역할을 하는 부분으로 나누어질 수 있다. 일반적으로 주어는 그 문장에서 가장 중요하다고 여겨지는, 부각되는 부분을 나타낸다. <예시 3.2>에 제시된 세 개의 문장 ㉠~㉢은 주어로 선택된 부분이 서로 다르지만 같은 비슷한 내용을 가지고 있다.

예시 3.2

㉠ 우리 민족이 이처럼 훌륭한 역사와 문화를 발전시킬 수 있었던 원동력은 무엇일까?
㉡ 무엇이 이처럼 우리 민족이 훌륭한 역사와 문화를 발전시킬 수 있었던 원동력이 되었을까?
㉢ 이처럼 훌륭한 역사와 문화가 우리 민족의 것이 될 수 있게 해준 원동력은 무엇일까?

㉠에서는 '우리 민족', ㉡에서는 '무엇', ㉢에서는 '이처럼 훌륭한 역사와 문화'가 가장 관심을 받는 요소로 부각되어 주어로 선택된 것이다. 일반적으로 한 편의 글은 여러

개의 문장이 이어져서 만들어지기 때문에 각각의 문장이 주어로 무엇을 선택하는지는 글의 전체 요소들을 퍼즐 조각처럼 구성하고 연결하는 데 매우 중요한 요인이 된다.

▮활동 3.13▮ 다음 글의 (　　　)에 들어갈 알맞은 문장의 구조는 ㉠~㉢ 중에서 어떤 것인가?

보통 커피를 마시면 잠이 달아난다고 한다. (　　　　　　　　　　　　　　　　　　). 이것은 몸에 좋지 않다. 생체의 에너지 생성 회로에 필요 이상으로 자극을 주어 일시적으로 원기가 생기는 것에 불과하기 때문이다. 심장의 근육에 부하가 걸려 부정맥을 초래할 수 있으며 또한 에너지를 과잉 생산하기 때문에 흥분이 가라앉으면 피로를 느끼게 된다.

㉠ 카페인에 중추신경을 흥분시키는 성분이 있기 때문이다.
㉡ 중추신경을 흥분시키는 성분이 카페인이기 때문이다.
㉢ 중추신경은 카페인의 성분에 의해 흥분되기 때문이다.

피동은 문장에서 부각되는 요소인 전경과 배경을 역전시켜 문장의 구조를 전환시켜주는 효율적인 문법적 선택의 하나이다. '사자가 코끼리를 물었다.'라는 문장은 '사자'에 일차적인 관심을 둔 것인데, 코끼리를 더 부각시키기 위해서는 '코끼리가 사자에게 물렸다'라는 피동표현을 선택하면 된다.

(a)　　　　　　　　　　(b)

행위의 주체보다 행위를 입는 대상이 더 많은 관심을 받아 주어로 선택된 것을 피동이라 한다. '모기가 철수를 물었다.'는 (a)처럼 모기가 화자의 일차적인 관심을 받는 경우에, '철수가 모기에게 물렸다.'는 (b)처럼 철수가 화자의 일차적인 관심을 받는 경우에 적절히 사용될 수 있다.

-정병철(2016), "동기화에 기초한 피동 표현의 교육 내용 연구", 『청람어문교육』 57, 166.

동사 어근에 '-이-, -히-, -리-, -기-'가 붙어 만들어진 피동문은 '-어지다'가 붙어 만들어진 피동문과 의미 차이가 있다. 아래의 ㉠처럼 '-이-, -히-, -리-, -기-'가 붙어 만들어진 피동문은 주어가 아무런 행위의 의지를 나타내지 않지만, ㉡과 같은 '-어지다' 피동은 주어의 의도가 개입된 행위를 나타낼 수 있다.

> ㉠ 철수가 나뭇가지에 긁혔다(*긁어졌다).
> ㉡ 철수는 팔이 길어서 등이 잘 긁어졌다(*긁혔다).

또한, 다음과 같이 '-게 되다' 피동은 외부의 영향에 의해 발생하는 상태의 변화를 나타내는 데 적절하게 사용된다.

> 식물을 키우는 사람은 익히 아는 사실이지만, 식물은 시들기 전에 정기적으로 물을 줘야 한다. 시들고 난 뒤에 물을 줘도 원기를 회복하지만 그런 일이 되풀이되면 점점 식물은 약해져서 결국은 말라 비틀어져서 <u>죽게 된다</u>.
>
> 술을 마시면 날숨을 통해 알코올이 배출되며 이에 따라 호흡할 때마다 목과 코의 점막에서 수분이 <u>증발하게 된다</u>.

다양한 피동의 방식들은 형식에 따라 의미가 다르기 때문에 미묘한 의미의 차이를 잘 드러낼 수 있도록 적절하게 선택되어야 한다.

과학이나 공학적인 글쓰기에서 피동문은 가급적 사용하지 말아야 한다는 주장도 있지만, 과학이나 공학 계열의 논문에서는 오히려 피동이 자주 사용되고 있는 것이 현실이다. 무조건 피동을 사용하지 않는 것보다는 피동 표현의 효과가 무엇인지 이해하고 적절하게 사용하는 능력을 갖출 필요가 있다.

피동문은 앞에서 말한 것처럼 행위자가 아닌 행위의 결과나 사건 자체를 부각시켜주기 때문에 어떻게 보면 사실이나 사건 자체에 집중하게 해주는 효과가 있다. 다음 예를 보면, 첫 번째 문장이 새로운 사실을 밝혀낸 연구팀의 존재를 강조하는 데 반해 피동문으로 변환된 두 번째 문장은 밝혀진 연구의 내용이 더 부각되고 있다. 그러므로 행위의 주체보다는 사건이나 내용을 더 부각시키고자 하는 경우에 피동문은 적절히 사용될 수 있다.

연구팀은 이번 연구를 통해 "동물 화석 뼈의 마이크로구조와 나노구조 어느 한 쪽이 잘 보존됐다고 해서 반드시 다른 쪽도 잘 보존되는 것이 아니며 초기의 골밀도 화석화과정 등에 따라 크기 단계별 보존상태가 다르다"는 사실을 밝혀냈다.

⇩

이번 연구를 통해 "동물 화석 뼈의 마이크로구조와 나노구조 어느 한 쪽이 잘 보존됐다고 해서 반드시 다른 쪽도 잘 보존되는 것이 아니며 초기의 골밀도 화석화과정 등에 따라 크기 단계별 보존상태가 다르다"는 사실이 밝혀졌다.

하지만, 다음과 같이 피동문 변환함이 책임의 소재를 감추는 부작용을 야기하기도 한다.

李의원은 이날 국회교통위 질의자료에서 "교통부 신공항건설기획단과 한국공항공단이 영종도 신공항 항공예상수요 예측과정에서 그 규모를 잘못 산정하여, 최소 7백억 원 이상의 사업비를 낭비했다"라고 주장했다.

⇩

李의원은 이날 국회교통위 질의자료에서 "영종도 신공항 항공예상수요 예측과정에서 그 규모가 잘못 산정되어, 최소 7백억 원 이상의 사업비를 낭비되었다"라고 주장했다.

피동 표현은 적절하게 사용하면 좋은 효과를 발휘할 수 있지만, 습관적으로 사용되는 과도한 피동 표현은 피해야 한다. 피동 표현은 동사에 '깍이다, 잡히다, 열리다, 뜯기다' 처럼 동사 어근에 '-이-, -히-, -리-, -기-'와 같은 접사가 붙어서 만들어지는 경우도 있고, '-게 되다', '-어지다'와 같은 구성으로 만들어지는 경우도 있다. 예를 들어 '열려지다'는 '열-'이라는 어근에 피동접사 '-리-'와 '-어지다'가 함께 붙어 과도한 피동 표현이고, '되어지다'도 피동 표현인 '되다'와 '-어지다'가 합쳐진 말이기 때문에 어색하지만, 종종 습관적으로 사용하는 경우가 있으므로 주의할 필요가 있다.

▌활동 3.14▐ 다음 피동 표현들을 살펴보고 문제가 있다면 적절하게 고쳐 보자.

① 제어판에 어떤 프로그램들이 설치가 되어져 있는가를 살펴야 합니다.
② 이 신발은 매듭이 잘 풀려진다.
③ 근무 환경이 좋으니 열심히 일하게 되어졌다.

⇩

①
②
③

피동 표현뿐만 아니라 사동 표현도 불필요하게 사용할 필요는 없다. '문제점을 개선시키자'라는 문장은 '문제점을 개선하자'와 같이 고쳐서 쓰면 더 간결하고 의미도 분명해진다.

▌활동 3.15▐ 다음 예 중 필요 없는 사동 표현들을 적절하게 고쳐서 써 보자.

① 열악한 환경을 개선시키기 위해 힘쓴다.
② 독재자는 국민을 세뇌시키는 작업에 몰두한다.
③ 두 문제를 연결시켜 생각할 필요가 있다.

⇩

①
②
③

(라) 문장 성분들 간의 호응 관계

올바른 구조의 문장을 쓰기 위해서는 언제나 문장의 성분들과 서술어의 관계가 잘 맺어져 있는지 점검하는 습관을 지닐 필요가 있다. 보통 한 문장에는 하나 이상의 서술어가 있으며, 그 서술어는 주어, 목적어, 보어, 부사어와 같은 다양한 문장 성분과 적정한 관계를 맺으며 결합한다. 예를 들어, '먹다'라는 서술어에는 주어인 '먹는 사람', 목적어인 '먹는 음식'이 적절하게 결합되어야 한다. 하지만, 글을 쓸 때 문장 성분들 간의 관계를 적절하게 표시하지 못하여 어색한 문장이 만들어지게 되는 경우가 적지 않다. 이런 오류는 무심코 글을 쓸 때 실수로 생기기도 하지만, 평소에 문장 성분들 간의 관계를 제대로 살피지 않거나 그 관계를 정확하게 파악하는 통찰력이 없어서 반복적으로 발생하기도 한다.

▌활동 3.16▐ 다음 문장에서 문장 성분 간의 관계가 어색한 부분을 찾아 올바르게 고쳐 보자.

이렇듯 오토파지는 다양한 질병과 연결되어 있으며 오토파지 기능 개선만으로도 질환 호전 및 치료 가능성이 입증되면서 오토파지 작동 기전을 표적으로 하는 약물들을 개발하기 위해 많은 과학자들과 기업들이 연구를 진행하고 있다.

⇩

위 문장에서 '오토파지 기능 개선만으로도 질환 호전 및 치료 가능성이 입증되면서'는 '오토파지 기능 개선만으로도 질환 호전 및 치료가 가능하다는 것이 입증되면서'로 고쳐야 한다. 서술어 '입증되면서'에 알맞은 주어, 즉 입증된 내용은 '오토파지 기능 개선만으로도 질환 호전 및 치료가 가능하다는 것(사실)'이기 때문이다.

▌활동 3.17▐ 다음 문장에서 서술어와 문장 성분 간의 관계가 잘못된 부분을 모두 찾아서 바르게 고쳐 보자.

국가는 청소년 게임 중독 상담소를 운영 확대하는 것이, 가정에서는 자녀에 대한 더 많은 관심이 이 문제의 해결점이 될 수 있을 것으로 본다.

⇩

<활동 17>의 문장에서는 '상담소를 운영 확대하는 것'과 '자녀에 대한 더 많은 관심'

이 하나의 서술어와 관련된 대등한 두 개의 주어인데, 두 주어의 형식과 내용이 서로 너무나 이질적이다. 두 번째 주어를 '자녀에게 더 많은 관심을 베푸는 것'으로 바꾸면 두 주어의 형식과 내용이 비슷해진다. 그리고 이 문장의 서술어인 '본다'는 주어와 적절히 호응할 수 있도록 피동표현인 '보인다'로 고쳐야 할 것이다.

활동 3.18 다음 문장에서 서술어와 문장 성분 간의 관계가 잘못된 부분을 모두 찾아서 바르게 고쳐 보자.

부모는 아이들의 사고 능력 발달이나 적성, 또는 재능의 발견을 위하여 노력한다.

⇩

<활동 18>의 예문에서는 서술어 '위하다'의 목적어인 '사고 능력 발달'과 '적성, 또는 재능의 발견'이 서로 이질적이다. 사고 능력 발달은 그 주체가 '아이들'이지만, 적성이나 재능을 발견하는 것은 그 주체가 부모이기 때문이다.

활동 3.19 다음 문장들을 밑줄 친 부분과 서술어의 관계에 유의하여 바르게 고쳐 보자.

박찬호 선수의 국내 복귀에 대해 이야기 하려고 모인 자리에서 모든 구단장들이 프로야구의 흥행과 박찬호 선수의 업적이 있으므로 특별법을 제정해야 한다는 입장을 밝혔습니다.

⇩

이렇게 정부는 이 지표에 따라 우리나라를 물 부족 국가로 단정짓고 이 지표의 유용성에 대한 많은 문제 제기가 있었다.

⇩

(마) 구성 요소들을 적절하게 배열하기

글을 쓸 때는 문장 성분들 간의 올바른 관계를 고려하는 것도 중요하지만 문장을 구성하는 요소들 간의 배열이 적절한지도 꼼꼼히 확인해 보아야 한다. 다음 글을 보면 문장 성분들 간의 관계가 잘못된 것 같지는 않은데 무언가 쉽게 이해되지 않고 어색한 느낌이 든다. 그것은 바로 구성 요소들 간의 배열이 자연스럽지 않기 때문이다.

> 온난화론자들은 이러한 현상들이 인간 활동에 의해 지구 온난화가 가속화되어 발생한다고 주장하는 반면 반온난화론자들은 인간 활동과 지구 온난화는 무관하다고 주장한다.

위의 예문에서 '인간 활동'은 '지구 온난화의 가속화'의 원인이고 '지구 온난화의 가속화'는 '이러한 현상들'의 원인이기 때문에 '인간 활동 → 지구 온난화 → 이러한 현상들'의 일관성 있는 흐름으로 원인과 결과를 배열하는 것이 더 자연스럽다. 다음은 이러한 점을 고려하여 위의 예문을 수정한 것이다.

> 온난화론자들은 인간 활동에 의해 지구 온난화가 가속화되어 이러한 현상들이 발생한다고 주장하는 반면 반온난화론자들은 인간 활동과 지구 온난화는 무관하다고 주장한다.

▌활동 3.20▐ 구성 내용들 간의 적절한 배열 관계를 고려하여 다음 문장들을 고쳐 보자.

> 이에 반대하는 사람들이 생각하는 지구 온난화의 원인은 위 내용으로부터 기후 변동 주기라는 것을 알 수 있다.

⇩

> 동화책보다 영어책이나 수학책 같은 각종 아이들을 위한 교육용 도서가 더 많이 눈에 들어왔다.

⇩

최근 보건복지부가 일반의약품의 판매를 슈퍼마켓과 편의점에서 할 수 있도록 허가하여 논란을 빚고 있다.

⇩

(바) '은/는'과 '이/가'의 정확한 구분

'은/는'과 '이/가'는 서로 바꿔서 쓸 수 있는 경우도 있지만, 그 의미는 서로 다르다는 것을 인식할 필요가 있다. 기본적으로 '는'은 필자가 어떤 대상에 능동적으로 관심을 가지고 접근하면서 그 관심을 증폭시켜 나가는 경우에 사용되기 때문에, 주어뿐만 아니라 목적어, 부사어 등 다양한 성분이 '는'과 결합할 수 있고, '는'은 화제 표시나 대조, 강조의 기능을 할 수 있다는 점에서 '가'와 다르다. <예시 3.3>에서 ㉠의 '가'는 '엄마'가 주어라는 것을 표시하는 데서 그치지만, ㉡의 '는'은 '엄마'에 대한 능동적인 관심을 이끌어 화제로 만들어준다. ㉢에서는 '오늘'에 '은'이 결합하여 '오늘'이 더 부각된다. 여기서 '은'의 사용으로 인해 엄마가 다른 날에는 아마 오실 거라는 추론을 하게 된다. ㉣에서 '는'은 엄마와 아빠를 대조하는 기능을 하고 있다.

예시 3.3

㉠ 엄마가 오늘 안 오신다.
㉡ 엄마는 오늘 안 오신다.
㉢ 엄마는 오늘은 안 오신다.
㉣ 엄마는 오늘 안 오시고, 아빠는 오신다.

'이/가'는 말하는 사람이 예상하지 못했던 현상을 나타낼 때 사용되기 때문에 새로운 정보를 나타내는 표지라고 말하기도 한다. <예시 3.4>에서 '이/가'는 모두 예상하지 못했거나 새로운 정보와 결합하고 있으며, 이때 '이/가'를 '은/는'으로 바꾸면 문장이 어색해진다.

예시 3.4

㉠ 바다를 찾고 있는데, 갑자기 호수가 나타났다.
㉡ 책을 읽고 있었는데, 불이 꺼졌다.
㉢ 밥을 먹는데, 숟가락이 떨어졌다.
㉣ 철수: 누가 그랬니? 영수: 영희가 그랬어.

▌활동 3.21▐ '은/는'과 '이/가'의 의미 차이에 유의하여 다음 문장을 적절하게 고쳐 보자.

우리가 소비자의 입장이기에 불법 다운로드를 하여 무료로 손쉽게 컨텐츠를 얻기를 원한다.

⇩

위의 문장에서 '우리가'는 질문의 답이나 새로운 정보로 주목을 받는 요소가 아니기 때문에 '우리는'으로 고치는 것이 자연스럽다.

한편, 문장 A가 문장 B에 종속적으로 연결되어 있는 경우에 문장 A의 주어는 '이/가'가 아닌 '은/는'으로 표시되는 것이 자연스럽다. '은/는'은 한 문장에 하나밖에 없는 화제를 표시하기 때문에, 종속절에 있는 주어에는 결합될 수 없고 주절에서만 사용될 수 있다.

철수는 영희의 레포트를 대신 써 주어서, 영희가 매우 기뻐했다.

⇩

철수가 영희의 레포트를 대신 써 주어서, 영희가 매우 기뻐했다.

▌활동 3.22▐ '은/는'과 '이/가'의 특성에 유의하여 다음 문장을 적절하게 고쳐 보자.

이렇게 정부는 이 지표에 따라 우리나라를 물 부족 국가로 단정짓고, 물이 부족하므로 수자원을 개발하여야 한다는 논리로 비약시킴에 따라, 많은 전문가들이 이 지표의 유용성에 대해 문제를 제기했다.

⇩

이렇게 정부가 이 지표에 따라 우리나라를 물 부족 국가로 단정짓고, 물이 부족하므로 수자원을 개발하여야 한다는 논리로 비약시킴에 따라, 많은 전문가들이 이 지표의 유용성에 대해 문제를 제기했다.

(사) 불필요하게 중복되는 표현 피하기

한 문장에서 단어나 형태가 중복되는 것은 가급적 피하는 것이 좋다. <예시 3.5>에서는 '실시간으로'와 '인터넷으로'에 조사 '으로'가 두 번 반복되었다. 여기서 조사 '으로'는 의미상으로는 적절하게 쓰였지만, 한 문장에 두 번 반복되었기 때문에 어색한 느낌을 준다. 각각의 표현은 서로 다른 의미를 전달하고자 하는 동기로 사용되기 때문에 동일한 표현의 반복은 독자에게 혼란과 피로감을 줄 수 있다.

예시 3.5

국민건강보험공단과 같은 기관에서 실시간으로 전화나 인터넷으로 상담을 해줄 수 있는 사이트를 개설하여 소비자들의 상태를 확인해 준다면 소비자들은 더 옳은 판단을 할 수 있게 될 것이다.

<예시 3.6>은 위의 글을 동일한 표현이 반복되지 않도록 고친 것이다. '실시간으로'를 '실시간'으로 바꾸고 위치를 배열함으로써 문장이 더 자연스러워졌다.

예시 3.6

국민건강보험공단과 같은 기관에서 전화나 인터넷으로 실시간 상담을 해줄 수 있는 사이트를 개설하여 소비자들의 상태를 확인해 준다면 소비자들은 더 옳은 판단을 할 수 있게 될 것이다.

▮활동 3.23▮ 동일한 표현이 반복되는지 유의하여 다음 문장을 적절하게 고쳐서 써 보자.

이에 반해 반대측은 일반의약품이 시중 판매되면 의약품 오남용 문제가 발생할 수 있고, 이에 따른 부작용에 관한 문제가 발생할 수 있다고 주장한다.

⇩

<활동 3.23>의 예문에서는 '문제가 발생할 수 있-'이라는 표현이 불필요하게 반복되고 있다. 뿐만 아니라 '부작용에 관한 문제'에서 '에 관한'이라는 표현이 부정확하게 사용되었으므로, 이것을 '와 관련된'으로 고치는 것이 좋다.

▮활동 3.24▮ 동일한 표현이 반복되는지에 유의하며 다음 문장들을 적절하게 고쳐 보자.

실제로 몰디브와 같이 해수면 아래로 나라가 잠겨 사라질 위기에 처한 나라들이 있다.

⇩

어린이에게 '지식' 그 자체보다 '지식을 어떻게 얻는가?'를 가르쳐 주는 것이 아이의 미래를 위한 것이 될 것이다.

⇩

원전의 사고의 발생 가능성이 낮아졌다고 해서 사고가 발생하지 않으리라는 보장은 없다.

⇩

이로 미루어 보았을 때, GMO 식품이 우리에게 미치는 영향이 좋지 않을 것이라는 것을 알 수 있다.

⇩

(아) 중의적 해석이 발생하지 않는지 살피기

어떤 경우에 필자는 독자의 관심을 끌거나 풍자, 해학과 같은 문학적 효과를 얻기 위해 의도적으로 다양한 해석이 발생하도록 글을 꾸미는 경우가 있다. 다음은 오시이 마모루 감독이 회사원들이 보고 교훈을 얻을 만한 영화를 소개하고 해설하기 위해 펴낸 책의 한국판 번역서 제목이다. 여기서 '영화'는 극장에서 보는 영화가 아닌 '부귀영화'의 영화로도 해석될 수 있어 독자의 흥미를 유발하고 여러 가지 생각에 잠기게 하는 효과가 있다.

무슨 영화를 보겠다고 회사를 다니나

하지만, 일반적인 경우에 의도하지 않았던 중의성이 발생하는 것은 피하는 것이 좋다. 독자가 글을 어떻게 해석해야 할지 고민에 빠지게 된다면, 필자가 글을 통해 이루고자 하는 목적이 달성되기 어렵기 때문이다. 다음 예문을 살펴보자.

우리는 아이들의 사고 능력 발달을 위해 조기 교육을 하지 않는다.

위의 문장은 아이들의 사고 능력 발달을 위해 조기 교육을 한다는 말인지, 아니면 하지 않는다는 말인지 파악하기가 어렵다.

▌활동 3.25▐ 다음 예문들이 어떤 중의적 해석을 발생시키는지 이야기해 보고, 중의성이 발생하지 않도록 고쳐서 써 보자.

① 귀여운 동생의 병아리가 자고 있다.
② 아내는 나보다 아기를 좋아한다.

③ 철수와 영희는 내년에 결혼을 할 것이다.
④ 나는 친구에게 오렌지와 귤 두 개를 주었다.
⑤ 그 사람은 건방지게 인사를 하지 않았다.

(자) 문장의 적절한 연결과 마침

좋은 글을 쓰기 위해서는 글을 이루는 문장들 간의 연결 관계가 적절하게 표시되어야 하고, 하나의 문장이 끊어져야 하는 부분이 어딘지도 면밀히 살펴야 한다. 다음 문장은 세 개의 문장으로 구분되어야 하는 내용들이 모두 뭉뚱그려져 있어서, 구성 내용들 간의 구분이 명확하지 않을 뿐 아니라 그것들이 서로 어떤 관계를 맺고 있는지도 이해하기 어렵다.

현대 사회에 정보의 격차가 있는데, 컨텐츠도 돈 없으면 이용하지 못하는 상황이면, 사회적 불평등을 초래할 수 있다.

다음은 위의 문장을 적절하게 고친 것이다. 적절한 문장으로의 변환이 어떤 과정을 통해 이루어졌는지 살펴보자.

ⓐ현대 사회에는 정보의 격차가 있다. ⓑ컨텐츠도 돈 없으면 이용하지 못하는 상황이 많이 발생하기 때문이다. ⓒ이러한 정보의 격차가 존재한다면, 그로 인해 사회적 불평등이 초래될 수 있다.

먼저 이 문장을 구성 내용에 따라 ⓐ, ⓑ, ⓒ의 세 문장으로 나눈다. 내용을 잘 분석해 보면, ⓑ는 ⓐ의 현상이 발생하는 원인이기 때문에 '-기 때문이다'로 이런 관계를 표시해 준다. 그리고 ⓐ의 내용은 사회적 불평등이 생기는 조건이므로 ⓒ에 '이러한 정보의 격차가 존재한다면'이라는 말을 넣어 ⓐ와 ⓒ의 관계를 표시해 줄 수 있다.

아래의 문장도 역시 너무 많은 내용들이 한 문장으로 연결되어 있어 구성 내용들 간의 관계를 고려하면서 적절히 문장을 나누어 주는 것이 좋다. 문장을 나눌 때는 문장과 문장, 그리고 문장의 구성 요소들 간의 관계를 어떻게 맺어줄지를 동시에 생각해야 한다.

> 우라늄은 석유, 석탄과 달리 전 세계 곳곳에 매장되어 있으며, 매장량도 많아 단가가 저렴해 많은 연료비를 절감할 수 있다.

위의 문장은 크게 우라늄의 매장량이 많다는 내용 ⓐ와 우라늄을 에너지원으로 이용하면 연료비를 절감할 수 있다는 내용 ⓑ로 구분할 수 있다. 이어서 ⓐ는 ⓑ의 원인이 되므로 '따라서'라는 연결 표지를 사용하여 그 관계를 명확하게 나타내주면 될 것이다. 다음은 이런 과정을 통해서 고친 문장의 예시이다.

> ⓐ우라늄은 석유, 석탄과 달리 전 세계 곳곳에 많은 양이 매장되어 있어 단가가 저렴하다. ⓑ따라서 우라늄을 에너지원으로 이용할 경우 많은 연료비를 절감할 수 있다.

활동 3.26 문장의 적절한 연결과 마침을 고려하여 다음 글을 적절하게 고쳐 보자.

> CCTV는 우리가 생활하는 어느 곳에나 자리 잡고 있어서 CCTV 설치가 신경 쓰이고 부담을 주는 것은 사실이다. 그리고 CCTV 영상의 관리도 중요하다. CCTV에 찍힌 영상물은 사생활을 침해할 수 있다. 그렇다고 사생활 침해와 인권만을 내세워 CCTV 설치를 무턱대고 반대할 수도 없다.

⇩

3.3. 문단 만들기

(가) 긴밀성: 적절한 방식으로 문장 이어주기

하나의 글은 특정한 중심 생각을 가진 문단들로 이루어지고, 하나의 글은 조직화된 여러 개의 문장으로 이루어진다. 기계의 부품들이 서로 적절하게 연결되어 있어야 올바르게 작동할 수 있듯이, 하나의 문단을 이루는 문장들도 서로 적절하게 연결되어야 문단이 중심 생각에 기여할 수 있다. 따라서 한 문단을 이루는 문장들은 서로 연결되어 있고 특정한 흐름으로 진행하고 있어야 한다. 아래의 글을 보면, 문장들이 일정한 흐름과 방향에 따라 순서대로 연결되어 있는 것을 확인할 수 있다.

> 나는 누구나 구입할 수 있는 가격대의 컴퓨터를 만들기 위해 고민했다. 그리고 책에서 뭔가 실마리를 찾으려고 노력했던 것 같다. 당시에는 인터넷이라는 게 존재하지 않았다. 부품들을 구해다가 그걸 어떻게 연결해야 원하는 것을 손에 넣을 수 있을지 고심했다. 결합된 부분들이 너무 많으면 그 설계는 폐기해 버렸다. 작고 짧고 단순해야 했다. 사물을 단순화시켜 바라보는 것, 그것이야말로 내 창조성의 가장 큰 원동력일지도 모른다.
>
> - 허버트 마이어스 · 리처드 거스트먼(2008), [강수정 역], 『크리에이티브 마인드』, 에코리브르, 154.

위의 글에 드러나는 사고의 흐름은 대략 다음과 같다. 위의 글이 적절하게 이어진 것 같은 느낌을 주는 이유는 이처럼 자연스러운 생각의 흐름을 타고 있기 때문이다.

> 저렴한 컴퓨터를 만들기 위해 고민했다 → 먼저 책에서 방법을 찾으려 노력했다 → 왜냐하면, 당시에는 인터넷이 없었으니까 → 무작정 부품들을 구해서 연결해 보았다 → 그러다 보니 작고 단순할수록 좋다는 것을 깨달았다 → 사물을 단순화시켜 보는 것은 창조성의 원동력이다

이처럼 좋은 글, 좋은 문단은 기본적으로 그것을 이루는 문장들이 자연스러운 생각의 흐름을 반영해 줄 때 만들어질 수 있다. 필요한 경우 '그리고', '그런데', '그러나', '그래

서' 등과 같이 다양한 연결표지(접속사, 혹은 접속부사)를 통해 문장들 간의 연결 관계를 더 뚜렷하게 표시해주거나 보완해 줄 수 있다. 하지만, 좋은 흐름을 가진 글은 필요한 부분에서만 적절히 연결표지를 사용하는 것으로 족하며, 연결표지를 너무 과도하게 사용하거나 적절치 않게 사용하면 오히려 글이 어색해질 수 있다.

아래의 두 글 (A)와 (B)를 보면, (A)가 다양한 연결표지들을 성실하게 활용했음에도 불구하고 연결표지들을 생략한 (B)가 더 자연스럽게 느껴진다.

(A) 그는 어리둥절한 눈빛으로 내가 하는 행동을 바라보았다. <u>그리고</u> 그는 웃음을 지었다. <u>그런데</u> 나는 그 웃음의 의미를 알지 못했다. <u>그리고</u> 우리는 각자의 목적지를 향해 떠났다.

(B) 그는 어리둥절한 눈빛으로 내가 하는 행동을 바라보았다. 그는 웃음을 지었다. 나는 그 웃음의 의미를 알지 못했다. 잠시 후 우리는 각자의 목적지를 향해 떠났다.

기본적으로 우리는 특별한 연결표지가 없어도 이어진 문장들을 최대한 적절하게 연결시켜 해석하고 통합된 의미를 추론할 수 있는 인지적 능력을 가지고 있다. 따라서 아래와 같이 뚜렷한 연결표지를 사용하지 않은 글이 오히려 더 자연스럽게 읽히는 경우도 있다.

뭐라 뭐라고 혼자 중얼거리던 아주머니가 새로운 돌멩이를 가지고 온다. 이번에는 단단한 대리석 조각이다. 언뜻 보기에도 꽤 강력한 힘을 발휘할 것 같다. 아주머니는 그 돌을 우리에게 보이며 이번에는 문제없을 것이라는 듯 싱긋 웃는다. 도리 없이 우리도 따라 웃는다. 달리 무슨 방법이 있겠는가?

하지만, 논리성을 중시하고 문장 간의 관계를 명확히 표시해 주어야 할 필요가 있는 글에서는 연결표지들을 보다 적극적으로 사용하기도 한다. 아래의 글은 천안함 사건의 원인을 규명하는 것을 목적으로 쓴 글이므로 문장들 간의 관계를 연결표지를 통해 자세히 드러내고 있다.

하지만 나는 이 보도야말로 천안함 사건의 핵심을 찌른 가장 중요한 열쇠라고 직감했다. 그리고 그 진실을 밝히기 위해 오랫동안 많은 시간과 노력을 쏟아 부었다. 결국 그 실체가 세상에 드러나게 된다. 먼저 보도 내용을 보자. 그런데 이것만으로는 결과를 이끌어내기에 부족해 보였다. 연결고리가 없었다. 뭔가 결정적인 증거가 있어야 했다. 그래서 우선 한 준위의 작업에 대한 단초를 얻기 위해 검색을 해 보았다.

▌활동 3.27▌ 다음 글에서 문장의 연결이 자연스럽지 않은 이유를 생각해 보고, 같은 내용을 연결이 자연스러운 글로 고쳐서 써 보자.

요즘 많은 청소년들이 늦게까지 게임을 한다. 그로 인해 충분한 수면이 이루어지지 않으며 그것은 다음날 수업 시간에까지 영향을 준다. 그렇다면 어떤 방법으로 해결해야 할까? 정부에서 내놓은 대책은 '셧다운제'였다. 이미 우리나라는 학원, 노래방, PC방, 찜질방 등 청소년을 위한 셧다운제가 적용되고 있는 곳이 많다. 또한 어느 정도의 효과를 보고 있다. 같은 맥락으로 인터넷에서도 효과를 볼 수 있을지도 모른다고 보는 것이다.

⇩

(나) 응집성: 일관성 있고 하나의 주제로 통일된 문단 만들기

한 편의 글은 하나의 주제를 가지고 있다. 한 권의 책도 하나의 목적이나 주제를 가지고 있으며, 그것을 이루는 장과 하위의 절들을 가지고 있다. 하나의 글을 이루는 문단들도 각각 하나의 주제를 가지고 있기 때문에, 하나의 문단이 가진 중심 생각은 대부분 하나의 주제문으로 표현할 수 있다. 다음 글의 두 문단 (A)와 (B)가 각각 어떤 주제문으로 요약될 수 있는지 생각해 보자.

(A) 역사적으로 윌리엄 틴데일만큼 영어 성경에 큰 영향을 준 인물은 없었고 그만큼 큰 희생을 치른 사람도 없었다. 그는 문자 그대로 자기 생명을 바쳤다. 그 성경으로 말미암아

나무에 묶인 채 교살되었고 그 몸은 화형에 처해졌던 것이다.

(B) 존 위클리프는 틴데일에 앞서 150년 전에 이미 성경을 번역했지만, 그 성경은 중세 영어로 씌어 있어서 초서의 ≪캔터베리 이야기≫처럼 오늘날에는 읽기가 어렵다. 위클리프와 초서 이전에는 린디스판 복음서의 라틴어 행간에 옛 영어 번역문이 삽입된 적이 있었다. 그리고 735년에 영국사의 아버지라고 불리는 비드라는 수도사가 생애 말기에 요한복음을 옛 영어로 번역하기도 했었다.

(A)는 "윌리엄 틴데일이 영어 성경에 가장 큰 영향을 끼친 인물이다."라는 문장으로 요약될 수 있고, (B)는 "틴데일에 앞서 영어 성경을 번역한 사람들도 있지만, 현대 영어 성경에는 틴데일만큼 영향을 끼치지 못했다."라는 문장으로 요약된다. 각 문단의 주제문은 개별 문단뿐만 아니라 문단들이 이어진 전체 흐름을 봐야만 온전하게 파악할 수 있다. 동일한 (A)의 주제문은 그것에 이어지는 (B)의 내용에 따라 달라질 수도 있다. 다음 예문을 보면 (A)의 내용은 위의 글과 같지만, (B)의 내용이 달라졌다. 이렇게 (B)의 내용이 달라짐으로 인해 글의 흐름이 바뀌어 (A)의 주제도 달라진다. (B)는 여러 내용을 포함하고 있지만, 결국 위클리프가 틴데일보다는 희생을 치르지 않았다는 말로 귀결된다. (A)와 (B)는 어떤 인물이 더 희생했는지를 다루는 흐름을 보이고 있기 때문에, 이를 고려하면 아래 글 (A)의 주제문은 "틴데일이 영어 성경 번역을 위해 가장 많이 희생한 인물이다." 정도로 파악될 수 있다.

(A) 역사적으로 윌리엄 틴데일만큼 영어 성경에 큰 영향을 준 인물은 없었고 그만큼 큰 희생을 치른 사람도 없었다. 그는 문자 그대로 자기 생명을 바쳤다. 그 성경으로 말미암아 나무에 묶인 채 교살되었고 그 몸은 화형에 처해졌던 것이다.

(B) 존 위클리프(John Wycliffe, 1320~1384)는 영국의 기독교 신학자로 옥스퍼드 대학을 졸업하였으며, 라틴어로 된 성서를 영어로 번역하여 마침내 1382년에 완성하였다. 위클리프는 성경이 '국민의, 국민에 의한, 국민을 위한 정부'를 만들어낼 것이라고 주장했는데, 오늘날 사람들은 이 말의 저작권이 링컨에게 있는 것으로 알고 있다. 그가 죽은 후 31년이 지난 1415년, 콘스탄츠 공의회에서 그는 이단으로 판결하고 그의 무덤을 파헤치기로 결정했지만, 그가 살아 있는 동안에는 틴데일만큼 고생을 겪지는 않았다.

▌활동 3.28▐ 다음 문단을 읽고 중심 생각을 파악하여 주제문을 써 보자.

창조성에는 사실상 뚜렷한 정의가 없다. 일정한 기질이나 스타일을 공유한 예술가들이 함께 모이는 경우도 있지만, 창조성은 전부 제각각이다. 미술계에서는 그런 모임에 추상표현주의라거나 다다이즘 따위의 이름을 붙일 때도 많다. 하지만 같은 유파 안에서도 사고방식과 화풍과 재료와 그 밖의 모든 점에서 어찌나 각양각색인지, 그들의 창조 활동을 정의하려는 시도는 하나같이 공허하기만 하다.

⇩

한 문단은 하나의 중심 생각으로 요약되기 마련이다. 반대로, 한 문단을 쓸 때는 그 문단의 주제문을 중심으로 그것에 기여할 수 있는 내용의 문장들이 그 문단에 포함되어 효과적으로 배열되어야 한다. 한 문단에 포함된 문장들 중에 중심 생각에서 벗어난 것이 있거나 주제에 기여하지 않는 것이 있을 때 그 문단은 일관성을 잃게 되고 통일성과 응집성이 무너지게 된다. 그러므로 한 문단 안에서 서로 충돌하거나 중심 생각에서 멀어져 방황하는 문장이 있지 않은지 세심하게 확인해 볼 필요가 있다.

▌활동 3.29▐ 다음 문단을 읽고 글의 일관성을 해치는 부분이 있다면 찾아서 이야기해 보자.

찰스 다윈은 1859년 펴낸『종의 기원』에서 생존 경쟁을 통한 자연선택이 생물종의 진화를 결정한다고 주장했다. 다윈의 진화론은 당시 '자유주의'와 같은 사회철학에도 큰 영향을 미쳤고, 허버트 스펜서는 진화의 생존경쟁이 인간에게도 적용되기 때문에 약자를 돕는 복지 정책은 자연법칙에 위배된다는 주장을 폈다. 마침내 1883년, 우생학을 창시한 다윈의 사촌 프랜시스 골턴은 인위적인 결혼을 통해 천재를 배출해야 하고 월급이 적은 사람들의 출산을 제한해야 한다고 주장하기에 이른다. 이러한 우생학은 독일과 미국에도 퍼지는데, 그 결과는 끔찍했다. 제1차 세계대전 독일 우생학자들은 아리안 민족의 우월성을 강조하는 태도를 드러냈으며, 독일 민족이 가장 우수하다고 주장했고, 이런 주장은 나치즘의 형성에도 중요한 몫을 하게 된다. 그렇다면, 우리도 우수한 한국인의 혈통을 보존하고 발전시키기 위한 방안을 모색해야 할 것이다.

(다) 효과적인 문단 구성의 원리: 실패가 두렵지 않은 글의 구성법

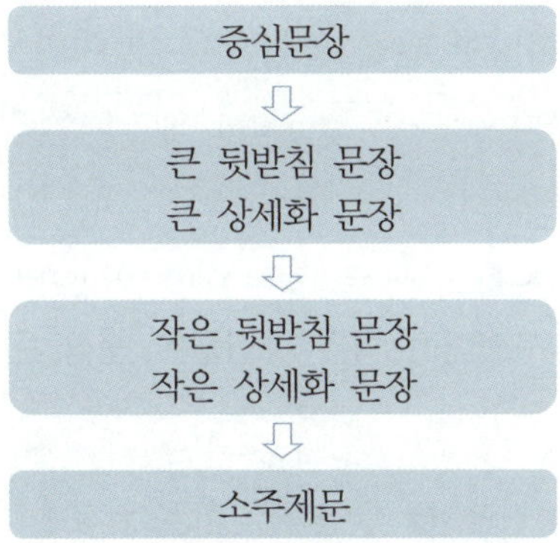

문단을 구성하는 방식은 사람에 따라 다를 수 있지만, 소설가를 제외한 위대한 고전의 작가들의 글을 조사한 결과 중심 생각(main idea)이 먼저 제시되고 세부 사항(details)이 이를 뒷받침하는 구조로 문단이 진행된다는 것을 발견했다(Sparks 1982). 실용적인 글에서는 아래 그림과 같이 문단의 중심 생각이 담긴 문장을 가장 앞에 제시하고 이를 뒷받침하거나 상세화하는 문장들을 뒤에 덧붙여나가는 '두괄식'의 구조가 가장 많이 사용된다.

필자의 견해나 입장이 들어 있는 중심 문장이 제시된 후에는 이를 뒷받침하거나 상세화하는 내용들이 이어지는데, 뒷받침하는 문장과 상세화하는 내용은 더 일반적인 것뒤에 더 세부적인 것으로 전개된다. 문단이 끝날 때는 중심 생각을 한번 더 언급하면서 필자의 주장, 혹은 생각을 강조하는 것도 효과적일 수 있다. '걸으면서 담배를 피우는 것은 좋지 않다'라는 주제 문장을 가지고 있는 아래 문단을 살펴보자.

> ❶ 걸으면서 담배를 피우는 것은 좋지 않다. ❷ 담배를 피우는 사람의 뒤를 지나가는 사람은 자신이 원하지 않는 담배 연기를 마시면서 불쾌감을 느낄 뿐 아니라 건강에도 손해를 본다. ❸ 걸으면서 담배를 피우는 것은 본인에게도 좋지 않은데, 그 이유는 가만히 서있을 때보다 폐의 활동이 활발해져 폐의 말단 세포까지 니코틴과 타르가 스며들기 때문이다. ❹ 그러므로 담배를 꼭 피우고 싶다면 돌아다니며 피우는 것보다 앉아서 피우는 것이 자신과 남을 위해 좋다.

위 글에서 필자의 주장을 담은 주제 문장은 ❶이며, ❷와 ❸은 그 주장에 대한 근거이다. 필자의 주장은 뒷받침 문장들에 의해 강화되는 과정을 거쳐 ❹에서 다시 한번 강조되고 있다. 하지만 실제로 다양한 글을 쓰는 경우에 이와 같은 단순한 패턴이 그대로 나타나는 경우는 매우 드물다.

▌활동 3.30▐ 다음 문단에서 ❶~❺의 각 문장들은 어떤 방식으로 구성되어 있는가? 여기서 중심 문장은 무엇인가? 이어진 다른 문장들은 중심 문장과 어떤 관계를 이루는가?

> ❶ 모든 제품은 안전해야 한다. ❷ 안전의 기준은 목적에 따라 달라질 수 있다. ❸ 한 예로 기계적인 동작이 필요한 기기에 대해서는 물리적 관점에서의 안전이 기준이 될 수 있으며, ❹ 식료품에 대해서는 첨가물의 유해성과 관련된 안전 기준이 수립되어야 한다. ❺ 또한 어린 아이들이 가지고 놀 장남감은 아이들의 입에 닿아도 인체에 해가 없는 물질로 만들어야 한다.

위 문단의 중심 문장은 ❷이다. ❸~❺는 목적에 따라 안전의 기준이 달라지는 각각의 예들을 상세하게 설명하고 있다. 이와 같은 짧은 문단에서는 굳이 중심 생각을 한번 더 제시할 필요가 없다. ❶은 ❷라는 중심 문장이 성립할 수 있는 배경, 혹은 전제의 역할을 한다. 모든 제품은 안전해야 하기 때문에 안전의 기준을 다양하게 마련해야 하는 것이다. 이와 같은 문단의 구조를 그림으로 나타내면 아래와 같다.

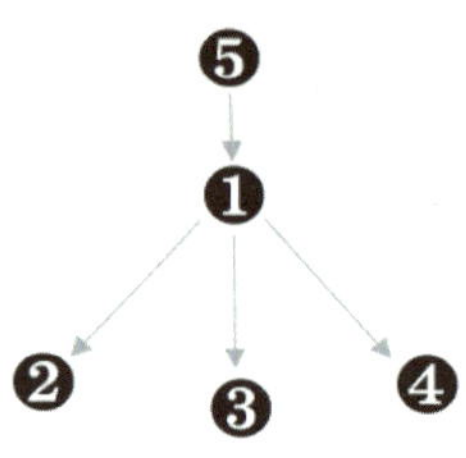

뒷받침 문장들은 중심 생각과 관련된 개념의 정의나 분석, 예시, 경험, 세부 사항, 근거, 이유, 비교 등을 통해 화제를 더 자세히 설명하거나 입증하거나 풍부하게 만들어 준다.

▌활동 3.31▐ 다음 문단에서 각 문장들은 어떤 방식으로 구성되어 있는가? 여기서 중심 문장은 무엇인가? 이어진 다른 문장들은 중심 문장과 어떤 관계를 이루는가?

> ❶ 비록 신경세포는 한 번 죽고 나면 재생되지 않지만 인간이나 동물의 뇌는 성인이 된 뒤에도 기능이나 구조가 얼마든지 변할 수 있다. ❷ 그런데 이제는 누구나 알고 있는 이 사실이 실험을 통해 검증된 것은 불과 40여 년 전인 1978년의 일이다. ❷-① 미국 UC 샌프란시스코의 마이클 머제니치(Michael Merzenich) 교수는 올빼미원숭이의 오른손 중지를 칼로 자른 뒤 중지 대신 검지와 약지를 계속 사용하게 했다. ❷-② 그러자 놀랍게도 원래 원숭이 뇌에서 중지를 담당하던 영역을 검지와 약지가 대신 사용하는 현상을 관찰할 수 있었다. ❸ 이처럼 뇌의 기능이 뇌를 어떻게 사용하느냐에 따라 바뀌는 현상을 '신경가소성(Neuroplasticity)' 또는 '뇌 가소성(Brain Plasticity)'이라고 한다. ❸-① 후천적으로 시력을 잃어버린 이후 청각이나 촉각과 같은 다른 감각이 더 발달하는 것도 모두 신경가소성 때문이다. ❸-② 신경가소성은 뇌의 기능뿐만 아니라 구조를 바꾸기도 한다. ❸-③ 반복해서 특정한 뇌 기능을 자주 사용하면 이를 관장하는 해당 뇌 영역에 있는 신경세포의 축삭돌기를 감싼 지방질 조직인 수초가 발달하고, 이는 신경세포의 정보 전달 속도를 더욱 빨라지게 한다. ❹ 이런 훈련이 지속적으로 반복되면 뇌의 특정한 영역의 부피가 커지거나 대뇌피질의 두께가 두꺼워지기도 하고 뇌 영역 사이를 연결하는 신경섬유의 수가 증가하는 등의 드라마틱한 변화도 일어난다.
>
> -임창환(2017), 『바이오닉맨』, MID, 32-33.

문단이 길어지는 경우 그 구조는 훨씬 더 복잡해진다. 마치 장기의 말이 어디로 진행할지 예상하기 어려운 것처럼 다음에 어떤 문장이 올지는 필자만이 알고 있다. 실전적인 글은 정해진 루트가 없다. 필자는 독자가 무엇을 궁금하게 여길지, 어떤 정보가 독자의 이해를 돕는 데 필요할지를 상상하면서 문단을 전개하기 때문에 그 구조에는 필자와 독자의 내면적인 대화가 깃들어 있다고 할 수 있다. 한편으로 필자는 독자를 위해 자신이 다루는 문제에서 중요하다고 생각되는 개념이나 내용에 대해서 더 상세한 설명을 제공하고자 노력한다.

위 문단에서 중심 문장은 ❶이다. 신경세포는 한 번 죽고 나면 재생되지 않지만 기능이나 구조가 얼마든지 변할 수 있다는 것이다. 그렇다면 그것은 언제, 누구에 의해, 어떻게 증명되었는가? 이는 독자라면 누구나 궁금해 할 수 있는 질문이며, ❷와 ❷-①, ❷-②에서는 이 질문에 대해 단계적으로 상세하게 설명하고 있다. 그리고 ❸에서는 주제 문장에서 중요한 개념인 '신경가소성'에 대하여 정의하고 ❸-①, ❸-②, ❸-③에서 신경가소성의 작용 양상을 더 자세히 설명한다. 이와 같은 신경가소성에 대한 상세한 설명은 주제 문장에 다시 이어진다. ❹에서는 문단의 주제가 한번 더 강조된다.

활동 3.32 다음의 문장들을 재배열하여 하나의 문단을 만들어 보자. 그리고 완성된 문단에서 중심 문장을 찾아보자.

(가)

① 감정표현을 할 때 왼쪽 얼굴의 근육이 훨씬 민감하게 반응한다.
② 특별히 왼쪽에 자신 있기 때문일까?
③ 반면 남성의 경우 감정을 잘 드러내지 않는 경향이 있기 때문에 왼쪽 얼굴을 보이는 경우가 상대적으로 적다.
④ 이 때문에 여자들은 사진을 찍을 때 무의식적으로 왼쪽 얼굴을 보인다.
⑤ 왼쪽 얼굴은 감정 표현을 관장하는 우뇌의 지배를 받기 때문에 오른쪽에 비해 감정변화가 쉽게 나타난다고 한다.
⑥ 모나리자 초상화를 비롯해 초상화나 사진 속 주인공들은 대부분 왼쪽 얼굴을 보여준다.

(나)

① 승용차나 고속버스, 비행기 등 고속으로 달리는 것에는 안전벨트가 필수품처럼 붙어 있다.
② 기차에만 안전벨트가 없는 이유는 무엇일까?
③ 기차는 엄청나게 무겁기 때문에 트럭이나 승용차와 부딪쳐도 충격이 매우 작다.
④ 달리는 차에 탄 사람이 위험해지는 것은 충돌로 인해 속력이 갑자기 줄어들기 때문이다.
⑤ 그러나 기차는 상대적으로 아주 작고 가벼운 자동차가 부딪친다고 해서 속도가 줄지 않는다.
⑥ 기차의 경우 급브레이크를 밟아도 제동거리가 길어 자동차끼리 부딪쳤을 때와 같이 충격이 크지 않다.
⑦ 따라서 기차 안에서는 굳이 안전벨트를 할 필요가 없다.

3.4. 표현과 전달의 미학

(가) 글의 해상도 조절하기

일반적으로 우리는 해상도가 높은 영상을 선호한다. 해상도가 높은 TV나 스마트폰이 잘 팔리는 이유다. 글에도 해상도가 있다. 어떤 부분을 더 상세하게 기술할수록 더 현장감과 생동감이 커지기 때문에, 상황에 맞는 적절한 수준의 상세함을 만들어내는 방법을 알아둘 필요가 있다.

'딸기 주스'는 '주스'보다 상세성이 높고, '주스'는 '음료수'보다 상세성이 높다. 또한, '달리다', '기다' 등은 '움직이다'보다 상세성이 높다. 또한 '손가락'은 '손'보다, '손'은 '팔'보다 좁은 범위를 나타낸다. 상세성과 범위 수준의 차이는 수사학적으로 다른 효과를 발생시킨다. ㉠과 ㉡은 똑같은 장면을 묘사한 두 개의 다른 표현이지만, ㉠은 ㉡에 비해 대상이나 행동에 대한 묘사의 상세성이 더 높고, 더 미세한 범위를 다루고 있어 현실감을 높여준다.

㉠ 그녀는 튤립 모양의 잔을 긴 손가락으로 감싸듯 잡은 채로 부르고뉴 레드를 홀짝였다.

㉡ 그녀는 손으로 잔을 붙잡고 포도주를 마셨다.

▌활동 3.33▐ (A)와 (B)는 코넌 도일의 소설 '바스커빌 가의 사냥개'의 한 장면을 원작과 약간 다르게 고친 글이다. (A)와 (B) 중에서 어느 것이 원작에 가깝다고 생각되는가? (A)와 (B) 중에서 어느 것이 더 현장감을 높여주고 있으며 그 원인은 무엇이라고 생각되는가?

(A)

㉮ 홈즈는 의자에 등을 기대고 주저앉더니 손가락 끝을 맞대며 할 수 없다는 듯이 눈을 감았다. 모티머 의사는 서류를 밝은 쪽으로 돌리고서, 떨리는 높다란 목소리로 다음과 같은 괴상한 옛날이야기를 읽기 시작했다.

㉯ 공포에 짓눌린 그녀는 드디어, 어떤 용감하고 민첩한 사내라 할지라도 주저할 만한 일을 감행했다. 즉 남쪽 벽을 덮고 있던-지금도 덮고 있는-담쟁이덩굴을 타고 처마 밑으로 해서 내려와 집 쪽으로 달려간 것이다. 바스커빌관에서 그녀 아버지의 농원까지는 15킬로미

터나 떨어져 있었는데 그 사이엔 황무지가 있었다.

㉰ 그러나 이 악마도 무서워하지 않는 세 주정꾼들의 머리끝을 쭈뼛하게 한 것은 처녀의 시체도 아니요, 그 옆에 쓰러져 있는 휴고 바스커빌의 시체도 아니었다. 형태는 사냥개이면서도 이 세상의 어떠한 사냥개보다도 덩치가 큰 새까만 짐승이 휴고의 시체를 내려다보며 그의 목구멍을 물어뜯고 있는 것을 보았기 때문이었다. 그리고 그 짐승이 이글거리는 눈과 피가 뚝뚝 떨어지는 턱을 그들에게 돌렸을 때, 그들은 공포의 외마디 소리를 지르고 죽을힘을 다하여 비명을 지르며 황무지로 도망쳤다.

(B)

㉮ 홈즈는 의자에 앉더니 할 수 없다는 듯이 눈을 감았다. 모티머 의사는 떨리는 목소리로 다음과 같은 괴상한 옛날이야기를 읽기 시작했다.

㉯ 공포를 느낀 그녀는 드디어, 아주 용감한 일을 감행했다. 즉 남쪽 벽을 덮고 있던 어떤 덩굴을 타고 내려와 집으로 달려간 것이다. 바스커빌관에서 그녀 아버지의 농원까지는 15킬로미터나 떨어져 있었는데 그 사이엔 황무지가 있었다.

㉰ 그러나 이 세 주정꾼들의 머리끝을 쭈뼛하게 한 것은 커다란 사냥개였다. 덩치가 큰 새까만 짐승이 휴고의 목구멍을 물어뜯고 있는 것을 보았기 때문이었다. 그리고 그 짐승이 그들에게 고개를 돌렸을 때, 그들은 비명을 지르며 황무지로 도망쳤다.

▌활동 3.34▐ 다음 글을 상세성이 더 낮은 글과 상세성이 더 높은 글로 고쳐 보고, 그 결과 어떤 효과가 발생하는지 이야기해 보자.

어느 날, 동물원장인 내 친구와 조련사 등 동물원 식구들은 초조한 기색으로 사자 우리 앞을 서성이고 있었다. 암사자의 출산이 임박해 있었기 때문이다. 출산의 고통으로 암사자는 성난 발톱과 어금니를 드러내며 울부짖었고, 종종 쇠창살 밖의 인간들을 향해 격렬하게 돌진했다. 사자가 몸을 날려 쇠창살에 부딪칠 때마다 동물원에 울려 퍼지는 쩡쩡거리는 무서운 쇳소리는 동물원의 모든 사람들을 공포의 도가니에 몰아넣기에 충분했다.

⇩

▌활동 3.35▐ 다음 글의 상세성 수준을 조정하여 현실감이 높아지도록 고쳐보자.

날씨가 흐린 어느 날, 은행에서 돈을 찾아 밖으로 나오던 김 박사는 문밖에서 기다리고 있던 강도에게 돈을 빼앗기고 오른쪽 어깨와 손목에 자상을 입는 전치 3주의 부상을 입었다.

⇩

(나) 비유의 적절한 사용

은유를 포함한 비유적인 표현은 문학적인 글에만 사용되는 것이 아니라 일상적인 의사소통에서도 광범위하게 사용될 수 있다. 과거에는 비유적인 표현이 의미 전달의 정확성을 훼손시키거나 왜곡시킨다는 우려가 있었지만, 최근에는 인간의 사고와 의사소통 방식이 본질적으로 비유적이라는 주장이 설득력을 얻어가고 있다. "이별의 시간이 다가오고 있다."와 같은 시간적 개념은 공간적인 이동에 기대지 않고 표현하거나 생각하는 것이 불가능하다. 분자생물학 분야에서도 DNA와 관련된 다양한 개념들을 정보, 신호전달, 번역, 편집과 같은 은유적인 개념에 기대어 표현하고 있다. 만약 비유적인 표현을 금지한다면 의사소통은 더 정확해지는 것이 아니라 의사소통의 가능성이 제약되는 결과가 초래될 것이다.

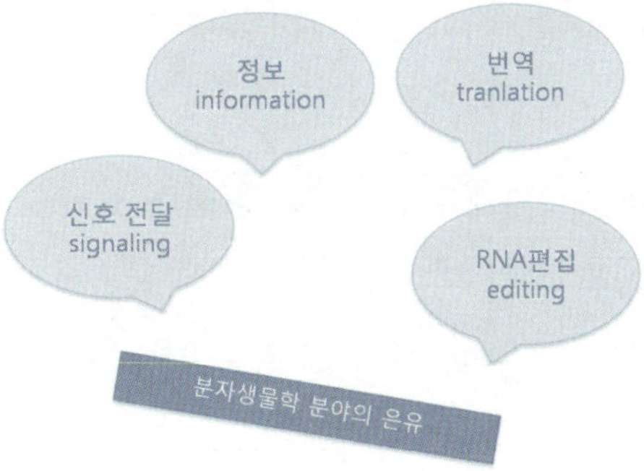

▌활동 3.37▐ 다음 표현이 사용하고 있는 은유적 표현의 효과가 무엇인지 생각해보자.

㉠ 울타리가 농장을 돌아 집까지 달려간다.
㉡ 고속도로가 산을 자르고 지나간다.
㉢ 통증은 대퇴 전면부를 따라 내려가 하퇴를 거쳐 발바닥까지 퍼지며
㉣ 찌가 슬그머니 잠겨드는 걸 보고 낚싯대를 챘더니 '덜컥!' 바늘이 박히는 느낌이 온몸으로 퍼졌다.

㉠은 울타리가 실제로 농장을 돌아 이동하면서 움직인다는 것을 뜻하지 않는다. 하지만, 울타리를 보는 사람의 시선이 그런 움직임을 경험하기 때문에 이와 같은 가상적인 이동은 자연스럽게 느껴진다. ㉡도 마찬가지다. 고속도로는 실제로 공간 이동을 하지 않지만, 고속도로를 관찰하는 우리의 눈은 고속도로를 따라 움직이며 그것이 마치 산을 자르는 것처럼 느끼게 된다. ㉢과 ㉣처럼 통증이나 느낌도 마치 몸을 관통하며 이동하는 물질처럼 개념화된다.

▌활동 3.38▐ 비유를 사용하여 다음 예문들의 표현 효과를 살려 다시 써 보자.

㉠ 참을 수 없는 고통이 온몸에 느껴졌다.
㉡ 오래된 철길이 벌판의 이쪽 끝과 다른 끝을 연결하고 있다.
㉢ 강물 위에 다리가 놓여 있다.
㉣ 김 비서는 매우 명석한 두뇌와 정확한 기억력을 소유하고 있다.

⇩

은유는 우리에게 익숙한 것에 기대어 생소하거나 지각하기 어려운 것을 이해하기 쉽게 해준다. 그런데 은유는 어떤 목표 개념을 더 쉽고 정확하게 이해할 수 있는 지름길을 열어주기도 하지만, 대상의 본질에 대한 왜곡을 발생시킬 수도 있다. 흔히 인간의 두뇌를 컴퓨터에 비유하곤 하지만, 컴퓨터는 기본적으로 모든 것을 기호로 표시하는 정확성이 높은 저장 장치 덕분에 이진법과 알고리즘을 사용하여 반복적이고 정확한 연산을 빠르게 수행하는 반면 인간은 기호가 아닌 신체의 경험과 유연한 기억을 사용하여 직관적이

고 창의적인 사고를 수행한다. 따라서 바둑이나 체스와 같은 경우의 수를 다루는 게임에서는 컴퓨터가 유리하지만, 그 외의 영역에서 컴퓨터와 인간은 비교하기 어렵다. 구글은 2012년 유튜브 영상 1000만 개를 통해 강화학습을 거친 고성능 컴퓨터에게 동영상이 고양이 얼굴인지 아닌지를 식별하도록 학습시켰지만, 컴퓨터는 뇌 역할을 하는 중앙처리장치(CPU) 1만6000개를 활용해 약 75%의 정확도밖에 달성하지 못했다. 컴퓨터는 엄청난 속도의 연산 능력을 가지고 있지만, 경우의 수를 다루는 영역 밖에서는 고양이와 개를 구분하는 간단한 작업도 제대로 처리하지 못하는 것이다. 그러므로 "김 비서는 고성능의 CPU를 탑재하고 있다"와 같은 은유는 컴퓨터와 다른 특성을 가진 인간의 능력을 왜곡하거나 은폐시키는 부작용을 낳을 수도 있다.

활동 3.39 다음 글에 사용된 은유적 표현들을 모두 찾아보고, 그것이 적절한 효과를 발생시키고 있는지 평가해 보자.

잘 닦은 잿빛 눈동자가 불만을 보였다. 소름이 달렸던 자리로 솜털이 바짝 일어섰다. 찬수는 간신히 평소처럼 웃었다. 언젠가부터 묘한 연민이 새어나오기 시작한 눈을 거울처럼 마주하고 있는 영수의 눈에 접속시켜 두었다. 영수는 말을 삼켰다. 목구멍 어딘가에 깔깔한 느낌이 들러붙어 불편하게 했다. 하지만 핏기가 가셔 거의 새까매진 얼굴을 마주하고 있으니 아무런 말도 뱉을 수가 없었다. 마지못해 건넨 말에 희미한 안도가 피었다.

활동 3.40 다음 자료에서 은유적으로 사용되는 바둑 용어들을 찾아보고, 바둑 은유를 활용한 문장을 하나 만들어 보자.

㉠ 김 의원은 사드의 국내 배치 결정에 대해 "정부의 패착이자 실수"라며 반대 입장을 분명히 밝혔다.
㉡ 아무리 머리를 쥐어짜도 인구 문제를 해결할 묘수가 없다.
㉢ 강물 위에 다리가 놓여 있다.
㉣ 김종민은 "녹차라떼 녹차 빼고 주세요"라는 무리수 개그를 투척했다.

활동 3.41 적절한 어휘와 효과적인 비유를 사용하여 다음의 장면들을 묘사해보자.

 ▲ 고속도로 무료통행 직후 중국의 고속도로 톨게이트	
 ▲ 인도네시아의 화산재	
 ▲ 필리핀의 감옥	

활동 3.42 비유는 사물이나 개념을 묘사하기 위하여 사용되기도 하지만, 어떤 현상을 이해하는 것을 돕기 위해 사용되기도 한다. 다음 두 글을 읽고, 필자가 설명하는 현상을 이해하는 데 비유가 어떤 도움을 주는지 생각해 보자.

(A) 1990년대 중반까지 대학 진학률 10~15퍼센트로도 세계 최고의 국민 생산성을 기록한 스위스의 사례를 고려할 때 그보다 더 높은 대학 진학률은 사실 불필요하다는 추측을 할 수 있다. 설령 지식 경제의 부상으로 기술 요건이 많이 올라 스위스의 현재 대학 진학률 40퍼센트대를 하한선으로 친다 하더라도 (나는 이 하한선 수준이 너무 높다고 생각한다) 미국, 한국, 핀란드 같은 나라에서는 대학 교육의 절반 정도는 기본적으로 제로섬 게임인 '분류' 과정을 위해 낭비되고 있다는 말이다. 이 나라들의 고등 교육 현실은 영화관에서 화면을 더 잘 보려고 자리에서 일어서는 장면을 생각나게 한다. 한 사람이 서기 시자가면 그 뒷사람도 서게 되고, 그러다가 일정 비율 이상의 사람들이 서면 결국 모두가 서서 영화를

보지 않으면 안 되는 상황 말이다. 영화관에 있는 사람들은 이제 화면을 더 잘 볼 수도 없으면서 앉아서 보지도 못하는 불편을 감수해야 한다.

-장하준 저, 김희정 · 안세인 옮김(2010), 『그들이 말하지 않는 23가지』, 부키, 248-250.

(B) 장기를 잘 두는 방법에는 두 가지가 있다. 하나는 책을 통해서 장기의 포진법을 배우고, 고수들의 기보를 외워서 필요할 때 활용하는 방법이다. 또 하나의 방법은 일단 대국을 많이 경험해 보는 것이다. 이기기도 하고 지기도 하면서, 어떤 상황에서 어떻게 두면 이길 확률이 높아지는지를 하나하나 체득해 가는 방식이다. 글을 잘 쓰는 방법 두 가지도 이와 상당히 유사하다. 글쓰기에 대한 강의를 듣거나 책을 읽고 배운 것을 활용하여 글을 쓰는 방법도 있고, 일단 닥치는 대로 글을 쓰면서 가장 효과적인 방법을 스스로 체득해 가는 방법도 있다. 그런데 이 두 가지 방법 중에 하나에만 의존할 필요가 있을까? 두 가지 방법을 모두 쓰면 더 효과적일 것이다. 그러므로 글을 잘 쓰기 위해서는 좋은 글의 패턴을 공부하는 것도 필요하지만, 고정된 패턴에 머무르지 않고 새로운 패턴을 찾아보려는 노력도 필요하다. 이 두 가지는 함께 가는 것이다.

3.5. 미세 과정의 점검: 맞춤법과 띄어쓰기

(가) 혼동하기 쉬운 맞춤법 정리

1. '-던지'와 '-든지'
얼마나 울었던지 눈이 퉁퉁 부었다. 공부를 하든지 말든지 알아서 해라.

2. '안되다'와 '안 되다'
저 사람은 참 안됐다. 집이 아직 완성이 안 되었다.

3. '못되다'와 '못 되었다'
아직 결혼을 못한 것은 성격이 못되었기 때문이다. 호랑이는 사람이 못 되었다.

4. '왜'와 '웬' ☞ '웬'은 '어찌 된'이라는 의미이다.
그건 왜인지 알 수 없다. 웬 사람이 이렇게 말이 많은가?

5. '되-'와 '돼-' ☞ '돼-'는 '되어-'를 줄인 말이다.
선생님이 되려고 합니다. 선생님이 됐습니다(되었습니다). 먼저 인간이 돼라(되어라).

6. '-데'와 '-대'
그 사람은 안 보이던데. 그 사람은 내가 싫지 않대.

7. '걷잡다'와 '겉잡다'
일이 걷잡을 수 없게 커졌다. 겉잡아 3일은 걸릴 것 같다.

8. '그러므로'와 '그럼으로(써)'
철수는 남자다. 그러므로 군대에 간다. 철수는 열심히 일해서 돈을 번다. 그럼으로써 가족을 부양한다.

9. '늘이다'와 '늘리다'
끈을 더 길게 늘였다. 먹는 양을 더 늘렸다.

10. '부딪치다'와 '부딪히다'
화물차와 트럭이 부딪쳤다. 여객선이 잠수함에 부딪혔다.

11. '안치다'와 '앉히다'
밥을 안쳤다. 상전을 윗자리에 앉혔다.

12. '반드시'와 '반듯이'
반드시 살아서 돌아오너라. 그는 의자에 반듯이 앉아 있었다.

13. '률'과 '율' ☞ 받침이 있는 말 다음에는 '률', 모음과 'ㄴ' 받침 뒤에는 '율'
법률 / 취업률 / 공정률 / 명중률 / 합격률 원주율 / 선율 / 출산율 / 비율 / 규율

14. '량'과 '양' ☞ 한자어 뒤에는 '량', 고유어와 외래어 뒤에는 '양'
노동량 / 분량 / 강우량 / 할당량 구름양 / 칼로리양 / 알칼리양

(나) 띄어쓰기의 원리

1. 조사는 그 앞의 말에 붙여서 쓴다.
그는 "알았다"<u>라고</u> 말하며 얼굴을 붉혔다. 민수는 반성하기는<u>커녕</u> 오히려 화를 냈다. 나도 너<u>만큼</u> 절실하다.

2. 의존 명사는 그 앞의 말과 띄어서 쓴다.
허기를 면할 <u>만큼</u>만 먹어라. 하고 싶은 <u>것</u>을 하고 살아라. 떠난 <u>지</u>가 사흘 <u>만</u>에 돌아왔다. 세 <u>번째</u> 받은 청혼이었다. ('번째'는 의존명사임)

3. 두 말을 열거하거나 이어주는 다음의 말들은 띄어서 쓴다.
국장 <u>겸</u> 과장 / 열 <u>내지</u> 스물 / 청군 <u>대</u> 백군 / 책상, 걸상 <u>등</u>이 있다 / 이사장 <u>및</u> 이사들

4. 보조용언은 띄어서 쓰는 것이 원칙이지만, 붙여서 쓸 수도 있다. (왼쪽과 오른쪽 둘 다 허용)	
날이 저물어 간다. 힘으로 막아 냈다. 부탁을 거절해 버렸다. 비가 올 듯하다. 그 일은 할 만하다.	날이 저물어간다. 힘으로 막아냈다. 부탁을 거절해 버렸다. 비가 올듯하다. 그 일은 할만하다.

일이 될 법하다. 비가 올 성싶다. 아는 척한다.	일이 될법하다. 비가 올성싶다. 아는척한다.

5. 보조용언의 앞말이 조사가 있거나 합성동사인 경우 띄어서 쓰는 것만 허용한다. (왼쪽만 허용)	
긁어도 보고 약을 발라도 보았다. 무작정 달려들어 보았다. 강물에 떠내려가 버렸다. 곧 올 듯도 하다. 잘난 체를 한다.	긁어도 보고 약도 발라도보았다. 무작정 달려들어보았다. 강물에 떠내려가버렸다. 곧 올 듯도하다. 잘난 체를한다.

6. 의존 명사 '양, 척, 체, 만, 법, 듯' 등에 '-하다'나 '-싶다'가 결합하여 된 보조 용언(으로 다루어지는 것)의 경우도 앞말에 붙여 쓸 수 있다. (왼쪽과 오른쪽 둘 다 허용)	
학자인 양한다. 모르는 척한다. 놓칠 뻔했다.	학자인양한다. 모르는척한다. 놓칠뻔했다.

▌활동 3.43▐ 다음 예문에서 띄어쓰기가 잘못된 부분을 찾아서 고쳐 보자.

① 이와같은 개인적인 생각으로 자가진단을 하여 생기는 문제도 무시할 수 없다.
② 반대하기 보다는 문제의 발생을 막는데 힘써 더욱 좋은 방안을 낼 수 있을것이라 본다.
③ 부모들은 어릴때부터 교육이 중요하다고 말하면서 사교육에 의존한다.
④ 그 사람의 첫번째 이름은 가온이었다.
⑤ 자식들의 학력이 자신들의 학력인 것 처럼 생각한다.
⑥ 그러므로 의약품 안전 관리는 약국에서 해야한다.
⑦ 대형마트에서 약 판매가 이루어 질 텐데, 그렇게 되면 소규모 상권이 위협을 받을 것이다.
⑧ 나도 너 만큼 잘 할 수 있다.
⑨ 나무는커녕 풀 한 포기 없었다.
⑩ 그는 "다 되었다." 라고 웃으며 말했다.

Chapter 4

글의 조직과 전개 방식들

3장에서 우리는 문단이 주제문과 이를 뒷받침하는 문장들로 조직된다는 것을 알아보았다. 4장에서는 문단이 조직되거나 여러 개의 문단으로 확장, 전개되는 더 다양한 방식들에 대하여 더 자세히 살펴보도록 하겠다. 문단이 조직되는 방식은 셀 수 없이 많지만, 어떤 조직 방식이나 패턴은 독립적으로, 혹은 다른 조직 방식과 결합되어 매우 자주 사용된다. 정의, 묘사, 분할과 분류, 비교와 대조, 상세화와 일반화 등은 글의 조직과 전개 방식에 나타나는 대표적인 패턴들이다. 이런 패턴들은 전개의 방법(methods of development)이라 불리기도 하며 한 문단의 주제를 더 심화하고 발전시키기 위하여 사용된다. 이러한 조직이나 전개의 방식이 수학 공식처럼 낯설게 느껴질지도 모르지만, 사실 이러한 방식들은 우리가 인간이 생각하는 자연스러운 순서와 방식을 반영하고 있기 때문에 그 원리를 이해하는 것은 어렵지 않다.

4.1. 예시와 비유

예시는 가장 자주 사용되는 문단의 조직 방식이다. 그도 그럴 것이 어떤 게 잘 이해되지 않을 때 사람들이 가장 먼저 묻는 것이 그것의 본보기나 사례이기 때문이다. 3장에서 이미 설명한 비유도 독자가 어려워하거나 낯설어하는 것을 이미 잘 이해하고 있거나 친숙한 것을 통해 이해하게 만드는 방식의 하나다.

아래의 문단에서 주제문은 '낯선 사람이 친구가 될 수도 있다'이다. 다음은 일상생활과 관련된 글에서 개인적인 일화를 활용하여 문단을 확장시켜 나가는 예를 보여준다.

때로는 낯선 사람이 진정한 친구가 될 수도 있다. 내가 어제 집에 오는 길에 만난 한 남자가 그 예이다. 계속해서 야근을 하느라 차량 점검을 한 동안 받지 못했는데, 고가도로를 주행하던 중 갑자기 차 오른쪽으로 타이어가 하나 굴러가는 것이 보였다. 그 바퀴는 다름 아닌 내 차에서 빠져나온 것이었다. 그런데 잠시 후 내 뒤를 따라오던 차가 멈추더니 바퀴가 빠진 내 차의 상태를 보고 도움의 손길을 내밀었다. 이 생면부지의 남자는 군대에서 정비공으로 일했던 경험이 있는 동갑내기였다.

▌활동 4.1▐ 아래의 주제문을 예시의 방법을 통해 발전시켜 하나의 문단을 완성하시오.

나의 취미는 _____이다.

일상생활뿐만 아니라 공학과 관련된 전문적인 영역에서도 예시는 어떤 개념에 대하여 설명하거나 특정한 주제를 발전시키는 데 자주 사용된다. <예시 4.1>의 (A)~(C)에서 예시가 공학적인 개념이나 주제가 들어 있는 문단을 조직하는 데 어떻게 기여하고 있는지 살펴보자.

예시 4.1

(A) 묘사는 어떤 것이 작동하는 방식을 독자들이 이해하는 데 도움을 주는 절차나 과정에 대한 짧은 설명이다. 테크니컬라이터(technical writer)가 온실 가스 효과나 자전거의 브레이크가 어떤 식으로 작동하는지를 설명하는 것이 그 예이다.

(B) 당신은 문명이 세계의 도처에 있는 기계와 구조들을 얼마나 끊임없이 설계하고, 만들고, 향상시키고 있는지 생각해 본 일이 있는가? 어떤 대도시의 하늘을 보아도 높은 빌딩들과 거대한 다리, 그리고 수많은 장치들을 돌리고 있는 엔진들이 있다. 우리 모두는 이러한 발명품들이 현대인의 삶에 중요하다는 것을 알고 있지만 그러한 혁신을 창조하기 위해 요구되는 지식이 어떤 것인지 이해하고 있지는 않다. 이것이 바로 공학자들이 담당해야 하는 역할이다.

(C) 공학설계는 체계화된 과정을 거치며, 이것을 통해 사람들이 필요로 하는 것에 대한 해답을 얻는다. 설계는 공학에 있어서 가장 핵심적인 것이며, 각 분야와 환경에 따라 적용되는 규모와 비용 면에서 절차와 복잡도가 달라질 수 있다. 한 예로 기계공학자는 효율적인 기계를 개발하기 위해 설계 프로세스를 적용하고, 전기공학자는 크기가 작고 휴대가 용이한 통신 장비 등과 같은 장치를 개발하기 위해 설계 프로세스를 적용한다.

- 노승환(2011), 『창의적 공학설계』, 한빛미디어, 53

한편, <예시 4.2>는 컴퓨터 파일을 처리하는 방식을 사람들에게 더 친숙한 사전 찾기 과정을 통하여 이해할 수 있도록 설명하고 있다. 이런 방식은 3장에서 공부했던 비유에 해당되지만 어떤 낯선 개념을 더 친숙한 개념이나 경험에 기대어 이해하게 한다는 점에서 비유는 예시와 비슷한 효력을 발휘한다.

예시 4.2

색인 순차 접근 방식은 사전에서 특정한 단어를 찾는 것과 비슷한 방식이다. 당신은 사전의 가장 첫 페이지 제일 위에서부터 마지막 페이지의 맨 아랫줄까지 찾고 있는 단어를 포함한 핵심어를 순서대로 훑어보는데, 이 방식은 컴퓨터 파일을 처리할 때도 동일하게 적용된다.

▌활동 4.2▐ 아래의 문단은 무엇을 설명하기 위하여 조난당한 사람들의 예화를 활용하였는가? 그것은 그 대상을 이해하는 데 도움을 주었는가? 이 물음에 대하여 생각해 보고 그 결과를 동료와 함께 이야기해 보자.

저주파는 하나의 주파수에 출력을 집중시켜 뻗어나가기 쉬운 소리를 만드는 것을 용이하게 해준다. 예를 들어 밀림에서 조난을 당한 사람들이 멀리 구조대가 지나가는 소리를 듣고 제각각 다른 방향으로 소리를 지르며 구조를 요청한다면 어떻게 될까? 그것은 그렇게 효율적이지 않을 것이다. 하지만, 모든 사람들이 구조대가 있을 것으로 추정되는 방향으로 소리를 지른다면 탐사대가 그들을 발견할 가능성이 더 높아질 것이다.

▌활동 4.3▐ 다음 만화를 참고하여 '대체제'의 개념을 비유의 방식으로 설명해 보시오.

[출처] 조립식(2016), 『만화 경제 상식 사전』, 길벗, 25.

▌활동 4.4▐ 자신의 전공 분야에서 소개하고 싶은 개념을 하나 선정하여 예시나 비유의 방식으로 설명하는 글을 한 문단 분량으로 작성해 보시오.

4.2. 정의

정의(definition)는 많은 경우 명료성과 정확성을 높이는 데 기여한다. 중요한 용어나 핵심적인 개념을 정의하는 방식이 가장 일반적이다. 정의는 목표로 하는 개념을 일반적인 범주로 분류한 후에 그것이 같은 범주에 속하는 다른 구성원과 어떻게 구분할 수 있는지 알게 해 주는 변별적인 속성을 기술하는 방식으로 이루어진다. 예를 들어 "한해살이는 일 년 이내에 싹이 나고 자라서 시들어 죽는 풀이다."라는 정의는 다음과 같은 구조를 가지고 있다.

목표 개념	범주	변별적인 속성
한해살이는	식물이다	일 년 이내에 싹이 나고 자라서 시들어 죽는 풀

정의는 위의 예처럼 한 문장으로 끝난다면 문단이 될 수 없지만 예시, 유추, 구성요소나 기원, 역사적 변천에 대한 설명 등을 통해 하나 이상의 문단으로 확장될 수 있다. <예시 4.3>은 우리가 이미 잘 알고 있는 '집'이라는 주제가 필자에 의해 얼마나 다양한 각도에서 확장될 수 있는지를 보여준다. '집'은 모든 사람에게 익숙한 개념이기는 하지만, 관점에 따라 다층적이고 다양한 의미로 이해될 수 있다. 이러한 설명은 모두 '집'이라는 개념을 필자의 관점에 따라 더 정확하고 명료하게 만들어내는 데 기여한다.

예시 4.3

'집'이란 지리학적인 의미가 아닌 존재론적인 의미로 세상의 중심을 의미한다. 집이란 실존하는 것들의 심장이다. 전통적인 사회에서 세상의 모든 의미 있는 것들은 실존하는 것이었고, 그것을 둘러싼 혼돈은 위협적인 것이었지만 그러한 위협은 실제로 존재하는 것이 아니었다. 실제로 존재하지 않는 것만이 우리를 위협할 수 있기 때문이다. 누군가 집이 없다면 실존의 중심이 없는 것이며, 그것은 방어막이 없다는 것만이 아니라 잃어버린 존재가 되었다는 것을 의미한다. 집이 없으면 모든 것은 파편화되고 만다.

- John Berger(1983), And Our Faces, My Heart, Brief as Photos, Pantheon Books.

어떤 개념을 그것을 구성하는 요소들로 쪼갬으로써 그 개념을 정의하는 일이 더 수월해질 수도 있다. <예시 4.4>는 불이 만들어지는 데 필요한 요소 세 가지를 각각 분리하여 설명함으로써 불에 대해 정의하는 하나의 문단이 조직된 것을 보여준다.

예시 4.4

불은 연료의 급격한 산화에서 방출되는 가시적인 열에너지이다. 산화 과정에서 방출되는 열에너지가 눈으로 볼 수 있는 수준에 도달했을 때 물질에 불이 붙는다. 불을 만들기 위해서는 산소, 열, 연소 가능한 물질이라는 세 요소들이 필요하다. 공기는 충분한 산소를 제공해야 하고, 연소 가능한 물질의 특성에 따라 적절한 강도의 열이 가해져야 불이 발생할 수 있다.

예시나 비유와 마찬가지로 정의는 아래와 같이 공학과 관련된 영역에서도 문단을 조직하고 전개하는 데 적절하게 사용될 수 있다. <예시 4.5>의 (A)~(C)에서 각각의 용어나 개념의 정의가 어떤 방식으로 확장되고 있는지 살펴보자.

예시 4.5

(A) 공학은 우리 사회가 직면한 기술적 문제들을 효과적이고 저렴하게 해결할 수 있도록 수학과 과학이라는 도구를 이용하는 실용적인 노력이라 할 수 있다. 공학자, 즉 엔지니어들은 사람들이 인식하지는 못하는 과정을 통해 그들이 매일 사용하는 많은 생산품들을 설계하고 만들어낸다.

(B) 생태건축이란 "자연환경과 조화되며 자원과 에너지를 생태학적 관점에서 최대한 효율적으로 이용하여 건강한 주생활 또는 업무가 가능한 건축"이다. 생태건축은 자연생태계의 일부로서 자연화경에 해를 주지 않고 자연자원을 활용하며, 환경의 4대요소(태양, 토양, 공기, 물)로 구성된 자연의 순환체계에 건축이 연계되어 자연생태계와 더불어 인간이 안정된 생활을 하도록 하는 데 그 이상적 목표가 있다. (구성 요소에 대한 설명▶) 이런 바탕에서 건축 각 분야에서 생태건축들이 시도되고 있으며, 이 중에서 건축에 유입되는 에너지, 자원 수요의 최소화와 태양에너지의 이용, 자연조건을 이용한 실내기후 조절, 식물을 이용한 외벽 등의 자연조건을 이용한 핵심적인 방법을 이룬다.

- 대한건축학회 부산 · 울산 · 경남지회 편(2009), 『친환경건축의 이해』, 기문당, 11-12.

(C) 공학설계 프로세스란 하나의 프로젝트를 수행하기 위해 따라야 하는 절차의 모델이다. 공학은 개념적인 아이디어를 제품 또는 시스템과 같이 물리적으로 표현하는 창조적인 과정이다. (공학설계와 예술 활동의 비교와 대조▶) 창조적인 과정이라는 관점에서 공학설계와 예술 활동은 비슷할 수 있지만, 공학자는 인간의 요구를 만족시키는 제품이나 시스템을 생산하기 위해 창조적인 활동을 한다는 점에서 화가, 시인 또는 조각가와 구별된다. 이러한 공학자의 창조적인 활동을 설계(design)라고 한다. (공학설계 개념의 역사적 변천▶) 공학

설계의 개념은 지난 수십 년 동안 많은 변화를 겪었다. 1960년대에 설계라는 개념은 단순히 제도판에서 도구를 이용하여 그림을 그리는 것으로 정의되었는데, 당시에는 분석이 설계보다는 높은 수준의 작업으로 인식되었다. 따라서 설계는 제도사들이 하는 작업이라고 인식되어 공학자들에게는 선망되는 직업이 아니었다. 그러나 현재 설계자는 핵심적인 지위를 얻게 되었으며, 분석은 설계 과정에서 필요할 때 제공되는 하나의 지원 절차가 되었다. 설계를 담당하는 공학자는 자신의 설계에 적용할 수 있는 기술적인 결정을 내리고 다른 개별적인 요소와 조화시켜 설계를 완성한다. 따라서 설계공학자는 공학과 기본적인 경영을 동시에 수행해야 하며 조직의 구성원과 경영자의 중간적인 지위에 놓이게 된다.

- 노승환(2011), 『창의적 공학설계』, 한빛미디어, 53.

(C)에서는 공학설계에 대한 정의를 예술 활동과 비교하고 그 개념의 역사적인 변천을 기술하면서 확장해 나가고 있다. 이처럼 예시와 비유, 비교와 대조, 기원과 역사적 변천에 대한 기술 등은 그 자체가 하나의 문단 조직 방식이지만 어떤 개념을 명료하고 정확하게 만드는 데 기여하기 때문에 확장된 정의의 한 방식으로 볼 수도 있다. 앞서 말한 것과 같이 글의 조직과 전개 방식은 독립적으로 나타나기도 하고 다른 것과 뒤섞여 사용되기도 한다.

다양한 글의 전개 방식들이 섞여있는 경우에 그 순서가 정해져 있는 것은 아니다. 필자는 자신이 중요하다고 여기거나 독자가 필요로 하는 내용을 상상하면서 논리적이고 자연스러운 생각의 흐름에 따라 글을 전개해 나가면 된다. 이렇듯 어느 정도의 틀은 있지만 완전히 정해져 있는 틀이 없다는 점이 바로 글쓰기의 묘미이기도 한다.

활동 4.5 다음에 나열된 개념 중 하나를 선택하여 정의의 방식으로 전개하는 글을 한 문단만 작성해 보자.

(1) 사이코 패스
(2) 클라우드 기술
(3) 사물 인터넷

▌활동 4.6▐ 자신의 전공 분야에서 관심 있는 주제를 선정하여 확장 정의의 방식으로 문단을 작성해 보시오.

4.3. 묘사

묘사(description)는 언어로 그림을 그리는 것과 같다. 묘사에는 정적인 묘사와 동적인 묘사가 있는데, "그것이 어떻게 생겼는가?"라는 질문에 답하는 것이 정적인 묘사라면 "그것이 어떻게 작동하는가?", "그것이 왜 이렇게 작동하는가?"라는 질문에 답하는 것은 동적인 묘사다. 정적인 묘사와 동적인 묘사는 구분되지 않고 뒤섞여 사용되는 경우가 많다.

효과적인 묘사의 첫 번째 힘은 관찰력이다. 눈앞에 있는 기구, 건물, 시설 등에 대하여 면밀하게 관찰하지 않으면 성공적인 묘사를 이끌어내기 어렵다. 묘사는 도서관에서 책을 본다고 얻어질 수 없다. 그것은 눈을 중심으로 신체의 오감을 활용하여 직접 관찰하는 과정을 반드시 필요로 한다.

효과적인 묘사의 두 번째 힘은 세부적인 것을 정확하게 보여주는 것이다. 세부적인 사항에 대한 묘사는 주제에 친숙하지 않은 독자들이 필자가 전달하고자 하는 대상이나 개념을 시각화하여 이해할 수 있게 해준다.

> 친구의 생일을 챙겨주기 위해 시계를 하나 구입했다. 그것은 둥글고 유리로 된 앞면에 금테가 둘러져 있고, 검은색 초침과 분침, 시침이 들어 있다. 고전적인 방식을 따라 시간을 나타내는 숫자가 있고 뒷면에는 제품에 대한 정보가 새겨진 은색의 알루미늄 캡이 덮여 있다. 방수 기능이 있는지 확실하지는 않지만 꽤 견고해 보였으며 시곗줄은 메탈이 아닌 가죽 재질로 되어 있어서 풍미를 더해준다.

대상에 대하여 묘사할 특성은 필자나 필자가 예상하는 독자의 관심과 목적에 따라 다르게 결정될 수 있다. 다음은 중고 시계를 판매하는 한 온라인 사이트에서 사용하는 제품등급표의 예이다. 다음의 표는 중고 시계를 거래하는 사람의 관점에서 중요하다고 생각되는 특성을 기준으로 각 등급을 묘사하고 있다.

제품등급표(GRADE)

NS	신품에 가까움
S	미세한 사용감만 있음
SA	사용감이 적고, 전체적으로 양호함
A	전체적으로 사용감이 있지만, 상처나 얼룩이 적음
AB	사용감은 있지만, 일반적으로 신경이 쓰이지 않을 정도임
B	스크래치, 얼룩, 구김 등 사용감이 있고, 외관상 중고 느낌이 있음
C	오래된 제품으로 사용감이 많고, 상처나 얼룩이 심함

어떤 물건에 대해 묘사할 때 가장 기본적인 접근은 인간의 오감(시각, 청각, 촉각, 후각, 미각)을 나타내는 단어들을 적절하게 사용하여 색상, 크기, 모양, 냄새, 맛, 재질 등에 대한 정보를 제공하는 것이다. 인간은 일차적으로 신체의 감각을 통해 대상을 인지하고 이해하기 때문이다.

활동 4.7 자신이 가지고 있거나 구매할 계획이 있는 (휴대폰, 노트북, 악기 등의) 물건들 중 하나를 다음과 같은 특성에 초점을 맞추어 묘사해 보자.

크기
무게
모양
색상
닮은 것
그 외의 중요한 특성

묘사의 전개 방식은 크게 단계적(step-by-step)으로 과정(process)을 설명하는 순차적(sequential) 전개 방식과 대상이나 과정을 구성요소들의 물리적인 배열에 따라 묘사하는 공간적(spatial) 전개 방식으로 나뉜다.

순차적 전개는 단계(step-by-step)적으로 과정(process)을 설명하거나, 작동의 메커니즘을 묘사하는 방식이다. 순차적 전개는 많은 경우 연대기적인 전개나 인과관계를 통한 전개에 동반되는 경향이 있다.

공간적 전개는 어떤 대상에나 과정을 그 속성들의 물리적인 배열에 따라 묘사하는 방식이다. 대상의 특성에 따라 아래에서 위, 측면에서 다른 측면, 동에서 서, 밖에서 안 등 다양한 방향으로 묘사를 진행할 수 있다. 차원(높이, 넓이, 길이), 방향(위, 아래, 북쪽, 남쪽), 모양(타원, 사각형, 직각), 비율 등을 고려하여 적절하게 묘사한다. 묘사에는 그림과 같은 시각 자료가 첨부되면 더욱 효과적일 수 있다.

<예시 4.6>은 상이 인지되는 과정을 주로 순차적 전개 방식에 기대어 묘사하고 있다. 각막, 동공, 홍채, 수정체, 모양체근, 시신경 등이 나오고 있지만, 이것은 광선이 지나가는 순서에 따라 차례대로 그 역할이 묘사되고 있다.

예시 4.6

자세히 살펴보면, 우리가 상(像)이라고 눈으로 인지하는 것은 각 사람이나 물체에서 반사광의 형태로 나오는 광선이 있기 때문이다. 만약 사람이나 물체에서 광선이 나오지 않는다면, 그냥 검게 전체 외곽 형태만 보일뿐 그 외에는 알 수 없을 것이다. 이 광선이 눈에 들어갈 때, 그 광선을 꺾이게 하는 투명한 막으로 되어 있는 눈의 각막(角膜, cornea)을 처음으로 지나게 된다. 각막을 지난 광선은 동공(瞳孔, pupil)이라고 불리는 눈알의 홍채(iris)에 있는 트인 구멍을 지난다. 홍채의 움직임에 따라 동공의 크기가 변하고, 이 동공의 크기가 눈의 뒤쪽에 들어가는 빛의 양을 조절한다. 각막과 동공을 지난 광선은 그 다음, 눈알의 수정체(lens)를 지난다. 눈의 망막(retina)에 상(像)이 잘 맺히도록 수정체의 두께를 모양체근(毛樣體筋, ciliary muscle)이 조절한다. 여기서 상은 수정체를 지나면서 원래의 위아래가 180도 바뀐 상태가 된다. 망막은 눈의 가장 안쪽에 있는 층으로, 망막에서 상을 전자신호로 바꿔서 시신경(視神經, optic nerve)을 통해 뇌까지 전달한다. 뇌에서는 위아래가 180도 바뀐 상을 다시 180도 바꿔서 상을 바르게 한다.

- 정무웅 외(2009), 『건축디자인과 인간행태』, 문운당, 119-120.

'방아두레박'에 대한 <예시 4.7>의 묘사도 그것의 전체적인 모습과 구성요소들의 모습을 공간적 전개 방식으로 묘사한 후에 그것의 작동 원리와 구성요소들의 작동 방식을 순차적으로 묘사하고 있다.

예시 4.7

방아두레박은 물을 쉽게 퍼올리기 위해서 고대로부터 사용해온 수동으로 작동되는 균형추시스템이다. 이 시스템은 중심 지주를 중심으로 회전하는 수평빔으로 구성되어 있다. 빔의 한 쪽에는 물을 담을 수 있는 두레박이 부착되어 있고, 다른 한 쪽에는 균형추가 부착되어 있다. 두레박을 강이나 혹은 호수에 두레박을 내릴 때에는 균형추 때문에 더 많은 에너지를 소모해야 하지만 두레박에 물을 채워 들어 올릴 때에는 평형추가 무게의 일부를 상쇄하여 들어 올리는 것을 더 쉽게 하여 가까이에 있는 영구저장물통에 물을 담는다.

- 전영록 외(2009), 『공학문제해결을 위한 공학설계』, 교보문고, 106.

묘사하고자 하는 대상에 친숙하지 않은 독자를 위하여 효과적인 비유를 개발하는 것도 좋다. <예시 4.8>에서는 사람의 눈알을 전지에 빗대어 그것의 움직임이 기록되는 과정을 이해하기 쉽게 묘사하였다.

예시 4.8

사람의 눈알은 일종의 전지이다. 각막 사이에 전압 차이가 있으므로 안구에서 전기신호가 발생한다. 눈의 움직임에 따라 일어나는 전기신호는 안전도(EOG)로 기록된다. 몇 개의 전극으로 눈의 움직임을 감지하여 컴퓨터로 보내면 소프트웨어가 분석하여 EOG 신호에 따라 작동한다.

- 이인식 외(2012), 『따뜻한 기술』, 고즈윈, 216.

▌활동 4.8▐ 다음 글에서 '녹로(轆轤)'를 묘사할 때 사용된 전개 방법이 무엇인지 이야기해 보자.

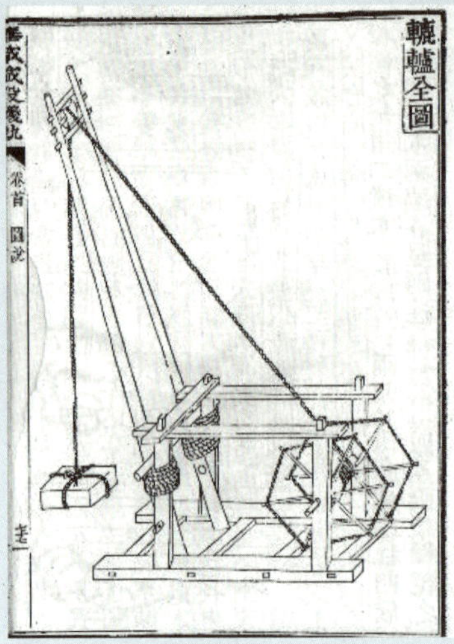

『화성성역의궤(華城城役儀軌)』의 녹로

녹로(轆轤)는 오늘날 사용하는 고정식 지브 크레인과 구조와 기능이 유사하다. 높이 세운 간주 꼭대기에 활차를 달고 동아줄을 걸어 물건을 매단 후 녹로를 감아 줄을 끌어당기는 구조이다. 여덟 사람이 좌우로 나뉘어 얼레를 감는데 물건을 적당한 높이로 올리면 줄을 갈고리로 끌어서 원하는 자리로 조준한 다음, 녹로를 풀어 물건을 내리는 방식으로 사용하였다. 녹로는 기복(상하운동)과 선회(회전 운동)가 불가능하고 무게 중심이 간주 쪽으로 치우쳐 있기 때문에 사용에 많은 제약이 있었다. 나무로 만든 활차(도르래)가 견디는 무게에 한계가 있으며, 앞부분에 치우친 무게 중심을 조정하기 위한 장치가 전혀 없다는 점에서 녹로는 작은 돌이나 목재를 높은 곳으로 올리는 데 사용한 장비로 추정된다.

- 김평원(2017), 『엔지니어 정약용』, 다산초당, 118-120.

묘사는 정적인 사물, 사람, 상황 등을 대상으로 할 수도 있고, 일련의 연속된 사건이나 과정이 그 대상이 될 수도 있다. 많은 경우에 묘사는 사물, 사람, 상황에 대한 묘사와 정적, 동적 묘사가 뒤섞여 이루어진다. 독자들은 대상의 모양, 크기, 무게뿐만 아니라 그것의 작동 방식과 작동 과정, 장점과 단점, 그것이 분포하는 지역 등을 종합적으로 알고 싶어 하기 때문에 묘사도 다양한 특성에 대해 이루어지는 것이 효과적인 경우가 있다. <예시 4.9>가 바로 그와 같은 전개 방식을 잘 보여준다.

예시 4.9

남아프리카공화국의 피에트 헨드릭스 형제는 1993년 아이와 여성이 목과 척추에 손상을 입게 하는 물 나르기의 고역을 덜어 줄 획기적인 기술을 개발했다. '큐드럼'이라 이름지은 이 발명품은 아주 단순하다. 도넛 모양의 플라스틱 통에 물을 부은 뒤 마개를 막고 끌면 물통이 굴러서 이동하는 얼개이다. 물동이로는 기껏 15리터 정도 운반하는 게 고작이지만 이 물통엔 50리터가 들어가고 아이라도 몇 킬로미터쯤 거뜬히 굴려서 갈 수 있을 정도로 힘이 덜 든다. 저밀도 폴리에틸렌 재질의 물통은 견고하고 가벼우며, 손잡이도 금속으로 만든 부속물도 없어 망가질 우려가 없는 단순함도 미덕이다. 지름 50센티, 높이 36센티, 두께 4밀리로, 물을 다 채운 무게가 54.5킬로그램인 이 큐드럼을 굴리는 주민을 케냐, 나미비아, 에티오피아, 르완다, 탄자니아 등에서 볼 수 있다. 수동 세탁기로 쓰거나 곡물을 나르는 데, 또는 땅을 고르는 데도 쓸 수 있다.

- 이인식 외(2012), 『따뜻한 기술』, 고즈윈, 263.

활동 4.9 자신의 전공 분야에서 관심 있는 주제를 선정하여 묘사의 방식으로 한 문단의 글을 작성해 보시오.

4.4. 분할과 분류

복잡한 주제나 대상에 대하여 설명할 때, 그것을 다루기 쉬운 부분으로 분할하거나 분류하여 따로따로 접근하면 더 효과적으로 이해할 수 있는 경우가 있다. 분할(division)과 분류(classification)는 정의의 또 다른 방식이라 할 수 있는데, 그 이유는 분할과 분류가 대상의 적절한 범주나 그것을 구성하는 부분을 명확하게 함으로써 그것의 속성을 더 분명하게 만들어주기 때문이다.

복사기의 구성품, 회사의 조직, 인터넷의 시스템 등은 전체를 한꺼번에 보는 것보다 구성요소들을 따로 분할하여 놓고 보면 순차적으로 이해하기가 쉽다. <예시 4.10>은 구들의 구조를 설명하기 위하여 분할의 방법을 적절하게 사용한 예이다. 구들을 연소부, 채난부, 배연부로 나눈 후에 그것에 대하여 하나씩 세부적으로 묘사함으로써 구들의 전체적인 모습과 작동 원리를 더 쉽게 파악하게 해준다.

예시 4.10

구들의 구조는 크게 연소부, 채난부, 배연부 이렇게 세 부분으로 나뉜다. 연소부는 공기와 연료를 제공하는 곳이다. 산소의 공급을 원활히 하기 위해 아궁이는 되도록 부엌 지면의 높이와 같게 맞춘다. 채난부는 거실로 구들방을 가리킨다. 온돌의 난방효율을 높이기 위해 실내는 좁히고, 천장의 높이도 2미터 전후로 낮춘다. 바닥, 벽, 천장에는 한지(장판지)를 틈새없이 붙여 보온효과를 더욱 높이게 된다. 바닥 밑은 고래가 있다. 이 고래바닥은 경사를 두어 실내의 아궁이 가까운 곳과 먼 부분과의 온도차를 줄여, 먼 곳에 있는 구들장까지도 열이 잘 전달될 수 있도록 고안되었다. 배연부는 일종의 굴뚝이다. 대부분 건물에서 떨어져 있지만 때로는 건물과 맞닿아 있기도 하고, 굴뚝이 전혀 없이 고래개자리 위에 구멍만 뚫려 있는 것도 있다. 이 배연부의 온도는 손을 대어도 그다지 뜨겁지 않을 정도로 온도가 낮다. 배연부 안을 두꺼운 나무판으로 사각을 만든 것이나 속을 파낸 통나무를 원통으로 맞춘 것이 있다. 연소부를 통해 불을 때서 배연부로 연기가 나올 때까지 열은 방바닥의 고래를 통해 골고루 전달된다.

*고래: 방고래. 방의 구들장 밑으로 나 있는, 불길과 연기가 통하여 나가는 길

- 황훈영(1999), 『우리 조상들은 얼마나 과학적으로 살았을까』, 청년사, 94.

▌활동 4.10▐ 위의 글을 읽고 구들의 모양을 상상하여 그림으로 그려보자.

공학적인 개념, 과정, 절차 등을 설명할 때도 적절한 분할의 방법을 사용할 수 있다. <예시 4.11>은 동력 설비를 설계하는 과정을 세 개의 영역으로 분할하여 설명하고 있다.

예시 4.11

동력을 생산하고 소비하는 설비를 설계하는 관점에서는 ①화학 에너지를 열로 변환시키는 과정과, ②열을 기계에너지로 변환시키는 과정, ③에너지를 2위치 간에 이동시키는 과정이 특히 중요하다. 예를 들어, 자동차 엔진에서는 가솔린이 연소되어 저장되어 있던 화학 에너지가 열로서 방출된다. 이어서, 엔진은 이 열을 기계에너지, 즉 엔진 크랭크의 회전으로 변환시켜서 궁극적으로는 자동차의 운동으로 변환시킨다.

분류를 할 때는 분류해야 할 범주에 속하는 대상들이 공유하는 속성들이 무엇인지 찾아내고, 그것을 분류의 기준으로 활용할 수 있다. 예를 들어 도구는 사용의 목적에 따라 절삭 도구인 칼, 톱, 가위와 측정 도구인 줄자, 막대자, 곡척자 등으로 분류하는 것이 가능하다. 적절한 분류를 위해서는 분류의 기초를 이루는 각 대상의 본질적 특징을 파악해야 하는데, 그 본질적 특징의 성격에 따라 자연적 분류와 인위적 분류가 이루어진다. 자연적 분류는 대상들 간의 본질적인 유사점과 차이점에 근거한 것이며, 인위적 분류는 관찰자가 나름대로 파악한 대상들 간의 관계에 근거한 것이다. 자연적 분류와 인위적 분류 간의 경계는 명확하지 않은데, 예를 들어 태양계나 멘델레예프의 원소주기율표는 절대적인 것처럼 여겨져 왔지만 새로운 발견과 지식의 확장에 따라 위상이 변하고 있다.

적절한 분류를 위해서는 여러 기준을 뒤섞지 말고, 전체에 적용될 수 있는 기준을 하나씩 순차적으로 적용해야 한다. 메밀국수 중에서도 비빔국수인 것과 비빔국수가 아닌 것이 있기 때문에 <예시 4.12>에서 (A)는 체계적인 분류라고 보기 어렵다. (A)는 여러 기준이 뒤섞어 단번에 분류를 시도했다는 점이 문제가 된다. 반면에 (B)에서는 국수를 만드는 방법, 면의 굵기와 같은 기준을 하나씩 정하여 적절한 분류가 이루어지고 있다.

예시 4.12

(A) 국수는 칼국수, 메밀국수, 콩국수, 가락국수, 비빔국수 등으로 나뉜다. 칼국수는 칼로 썰어 만든 국수를 말한다. 메밀국수는 메밀가루로 만든 국수를 말하고, 콩국수는 콩국에 말아서 만든 국수를 말한다. 가락국수는 가락을 굵게 뽑아 만든 국수를 말한다. 그리고 비빔국수는 국물 없이 고기나 나물 따위와 여러 가지 양념을 넣어 비벼서 만든 국수를 말한다.

(B) 대표적인 가루붙이 음식인 국수는 만드는 방법에 따라서 세 가지로 나뉜다. 칼로 썰어 만드는 칼국수, 반죽을 틀에 넣어 뺀 틀국수, 손으로 만든 손국수가 그것이다. 수타(手打) 자장면에 쓰이는 국수가 손국수인 것이다. 또 굵기에 따라서는 굵게 뽑은 가락국수와 가늘게 뽑은 실국수가 있다. 우동은 일본말이니까 앞으로는 가락국수라고 하자.

- 장승욱(2004), 『재미나는 우리말 도사리』, 하늘연못, 48.

▌활동 4.11▐ 다음 도형들을 일정한 기준에 따라 분류해 보시오.

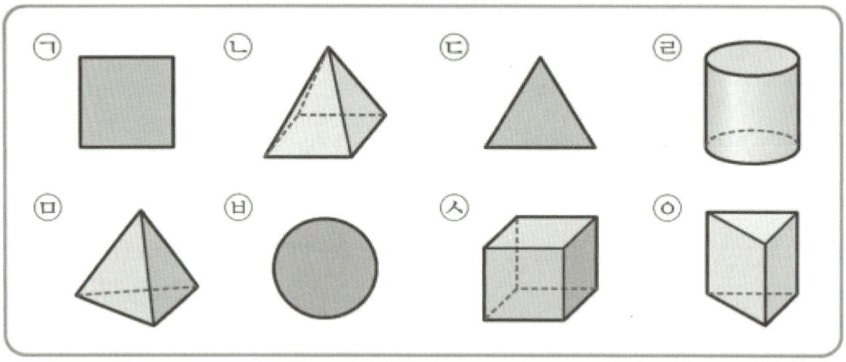

▌활동 4.12▐ 생물 분류 방식에 대해 설명한 다음 글을 읽고 이어지는 분류구조도의 빈칸에 적절한 내용을 채워 넣으시오.

> 생물은 크게 동물과 식물, 미생물로 분류할 수 있다. 동물은 척추(등뼈)의 유무에 따라 척추동물과 무척추동물로 분류할 수 있다. 척추동물에는 포유류, 조류, 파충류, 양서류, 어류가 있으며, 무척추동물에는 극피동물, 절지동물, 환형동물, 연체동물, 편형동물, 강장동물 등이 있다. 한편 식물은 꽃이 피고 씨로 번식하는지의 여부에 따라 꽃식물과 민꽃식물로 분류할 수 있다. 꽃식물은 다시 밑씨가 씨방 속에 들어 있는 속씨식물과 밑씨가 겉에 드러나 있는 겉씨식물로 분류할 수 있으며, 속씨식물은 다시 쌍떡잎식물과 외떡잎식물로 분류할 수 있다.

자연과학이나 공학 분야에서도 분류는 매우 중요한 역할을 한다. 공학적인 개념이나 범주들을 체계적으로 분류함으로써 독자가 대상의 성격과 개념을 더 분명하게 이해할 수 있도록 도움을 줄 수 있다.

▌활동 4.13▐ 다음 글에서 분류된 내용을 구조화하여 분류 구조도를 작성해 보시오.

연료가 실린더 안에 들어가면, 연료를 연소시키는 데는 두 가지 방법이 있고, 그 차이에 따라 휘발유 엔진과 디젤 엔진이 구분된다. 에탄올(혹은 휘발유)처럼 휘발성 액체는 기화기에서 공기와 혼합된 후에 실린더에 들어가 기화되면 전기 점화 플러그로도 점화될 수 있다. 반면에 디젤처럼 무거운 탄화수소 분자 혼합물은 압축행정이 끝난 후에 열은 안개처럼 실린더 안에서 뿜어지면, 공기의 극단적인 가압에 따른 온도의 급격한 상승으로 자연스럽게 기화되고 점화된다.

- 노승환(2011), 『창의적 공학설계』, 한빛미디어, 53.

연습 4.1 자신의 전공 분야에서 하나의 주제를 선택하여 분류의 방식으로 한 문단의 글을 작성해 보시오.

4.5. 비교와 대조

비교(comparison)와 대조(contrast)는 어렵거나 친숙하지 않은 개념을 더 쉽고 친숙한 것과의 유사성이나 차이점을 통해 이해할 수 있도록 해 주는 글쓰기의 전개 방법이다. 일반적으로 비교는 유사성, 대조는 차이점에 초점을 맞추지만, 실제로 두 개념의 유사성과 차이점이 동시에 탐색되는 경우가 많기 때문에 비교와 대조는 동시에 적용되는 것이 다반사다. <표 5-1>은 오프라인 공동체와 사이버 공동체를 비교 · 대조한 표이다. 이 표에서는 두 공동체 간의 비슷한 점도 확인되지만, 차이점이 더 많이 탐색되고 있다. 많은 경우 사람들은 비교와 대조를 혼동하거나 구분하지 않고 사용하는 경향이 있다.

〈표 5-1〉 오프라인 공동체와 사이버 공동체 (이향우 외 2011: 74)

	오프라인 공동체	사이버 공동체
비슷한 점	성원들 간의 경험과 감정, 가치를 공유하는 집단 성원의 지속성과 의례(ritual) 행위가 있고, 일정한 통제가 존재 특정한 관계 속에서 도움을 주고받음	
속성	지역성을 띠는 경우가 많음 운명적, 귀속적, 자연적	시공간의 한계를 벗어남 자발적, 임의적 선택 가능
인간관계	직접적, 대면적 전인격적	간접적, 비대면적 익명성 보장
규제	상대적으로 강한 규제	상대적으로 약한 규제
사회적 도움	이미 잘 알고 있는 지인들에게 특정 공동체의 성격과 관련 있는 한정된 유형의 도움 제공	비교적 자유롭고 다양한 유형의 도움 제공 일반화(관례화)된 상호성에 따라 모르는 사람과 상호 도움 제공
성원 간 유대	대체로 강한 유대(strong ties) 사회적으로 유사한 사람들일 가능성이 높음	대체로 약한 유대(weak ties) 서로 상이한 성원들이 다양한 사회집단에 연결된 약한 유대를 통해 새로운 정보를 습득하는 데 용이

비교에는 한 대상의 속성을 모두 설명한 후에 다른 대상의 속성을 설명하는 전체 비교 방식과 유사성이나 차이를 한 번에 하나씩 설명하는 부분 비교 방식이 있다. 전자의 방식을 따라 위의 표를 설명할 경우 오프라인 공동체의 특성을 모두 열거한 후에 온라인

공동체의 특성을 이야기하면 되고, 후자의 방식을 따를 경우 오프라인 공동체와 온라인 공동체의 비슷한 점을 비교한 후에 속성을 비교하고, 그 후에 인간관계의 측면에 대해서 설명하는 식으로 진행하면 된다.

▌연습 4.2▐ 다음에 나열된 묶음들 중 하나를 선택하여 표를 완성하고, 이를 바탕으로 비교 · 대조의 전개 방식으로 한 문단의 글을 써 보자.

A. 배드민턴과 탁구
B. 자전거와 오토바이
C. 여행과 인생

	배드민턴	탁구
유사성		
차이점		

과학과 공학(engineering)이 서로 어떻게 다른지는 설명하기 어렵다. 공학이 과학과 어떤 점에서 다른지 알아보는 것은 공학의 개념을 이해하는 데 도움을 줄 것이다. 아래 소개된 『노벨상과 수리공』이라는 책은 공학을 과학과 대조하면서 글을 전개하는 방식을 잘 보여준다. 이 글을 읽어보면 공학에 대해 이해하기 위해 과학을 참조하고 있다는 것을 알 수 있다. 대조의 초점이 과학에 맞추어져 있기 때문이다.

과학과 기술을 서로 대비시킬 때의 과학에는 사물의 근본적 원리라고 하는 의미가 강하게 내포되어 있다. 세상에 우연이란 없고 개개의 사건들을 관통하여 지배하는 원리가 있기 마련이라는 세계관이 자리 잡고 있는 것이다. 그러한 원리는 법칙 혹은 이론이라는 형태로 표현되며, 복잡해 보이는 세상사도 그러한 법칙과 이론을 깨닫고 나면 더 이상 거칠 것 없이 통달한 상태가 된다고 보는 것이다.

반면, 과학에 대비되는 개념으로서의 기술은 과학보다는 하위의 지적 상태를 지칭하는 의미가 꽤 강하다. 기술은 유용한 것이긴 하지만 과학이라고 부를 정도의 근본적인 원리에까지는 도달하지 못한 것들을 나타낸다. 과학 지상주의의 입장에서 보자면 기술이 과학보다 하위인 이유는 과학은 자신의 내적인 논리를 따르는 반면 기술은 실제적인 응용을 염두에 두는 것이기 때문이다. 쓸모 있어야 한다는 전제가 있기에 열등한 상태라는 것이다. 이러한 관점은 서구에서보다 유독 우리나라에서 더욱 지지를 받는 관점이기도 하다. 실용적 가치를 천한 것으로 규정한 채, 당파적 이론 놀음으로 수백 년을 허송했던 조선 중·후기의 소모적 전통의 그림자가 아직도 우리에게 짙게 드리워져 있는 것인지도 모른다.

연구와 개발, 영어로 'research'와 'development'라고 하는 것도 유사한 맥락을 가진다. 앞의 과학과 기술의 비교가 지적 수준의 상대적 우열을 나타낸다면 연구와 개발의 대비는 행위의 선후관계와 둘 간의 상대적 우열을 함축하고 있다. 연구는 사물의 근본 원리를 찾고자 하는 근원적 행위로 인식된다. 반면에 개발은 연구에 의해 발견된 원리를 단순 적용하는 낮은 차원의 행위로 간주된다. 개발을 통해서 연구가 가능하다고 생각하기보다는 연구가 우선 선행되고 이를 통해 원리를 파악하고 난 다음에야 개발이 가능하다는 식의 논리를 당연한 것으로 여긴다. 그렇기에 과학의 영역에서 행해지는 행위들은 연구로 인정되는 반면 기술의 영역에서 행해지는 행위들은 개발로 취급된다.

------------------------------ (중략)------------------------------

소위 과학을 한다는 사람들을 붙잡고 물어보면 열이면 열 이렇게 대답한다. 사물의 이면에 있는 원리를 파악하는 것이 과학의 궁극적인 목적이라고 말하는데, 그러면 그 원리를 가지고 무엇을 할 것이냐는 질문에는 "글쎄 그건 내가 알 바 아닌데."라는 대답을 듣기 쉽다.

> 원리를 발견하는 것이 과학의 본질이고 그걸 응용하는 것은 과학의 본래 영역이 아니며 그 원리를 가지고 무언가를 만드는 것은 오히려 약간 하급의 일이라는 식으로 눈을 내리깔고 본다.
>
> - 권오상(2014), 『노벨상과 수리공』, 미래의 창, 16~17.

▌연습 4.3▐ 자신의 전공 분야에서 하나의 주제를 정하여 비교 · 대조의 방식으로 전개하는 글을 한 문단만 작성해 보자.

4.6. 상세화와 일반화

상세화는 일반적인 내용에서 출발하여 점점 더 특수하고 세부적인 내용으로 확장해 나가는 방식이고 일반화는 세부적인 내용에서 출발하여 일반화된 결론에 도달하는 방식이다. 다른 전개 방식들과 마찬가지로 이 두 개의 방식은 혼합되어 사용될 때가 많다.

상세화는 <예시 4.13>의 (A)처럼 독자의 이해를 돕기 위해 이미 독자가 잘 알고 있는 것에다가 조금씩 새롭고 세부적인 것을 덧붙여 나가는 식으로 전개될 수도 있고, (B)처럼 사실이나 예들을 통해 진술의 타당성을 뒷받침하기 위해 사용될 수 있다.

예시 4.13

(A) 【일반적인 내용】 아인슈타인은 누구보다 뛰어나고 똑똑했지만, 궁극적인 지식(ultimate knowledge)을 찾아냈다고 주장할 정도로 오만하지는 않았다. 【상세한 내용】 언젠가 아인슈타인은 "이론적으로는 이론과 실제가 같지만, 실제로는 그렇지 않다"라고 말했다. 이와 관련된 일화를 소개해 봅겠다. 아인슈타인은 방정식들을 수정하는 과정에서 중력 효과를 조정하려고 어떤 상수를 '삽입'하는 엄청난 실수를 범한 적이 있었고, 그때 그는 주변의 지적을 받아들여 자신의 실수를 인정했다. 그런데 아인슈타인이 방정식을 수정하며 임의로 삽입한 상수, 즉 우주 상수(cosmological constant)가 우주의 핵심적인 진실 중 하나라는 것이 훗날 과학자들에 의해 입증되면서 아인슈타인이 '실수했다고 인정한 것'이 오히려 잘못이었던 셈이 됐다.

-모 가댓(2017), [강주헌 역], 『행복을 풀다』, 한국경제신문, 164.

(B) 【일반적인 내용】 진흥기관과 규제기관의 분리는 세계적인 흐름이기도 하다. 【상세한 내용】 미국은 1975년 에너지부 산하 원자력에너지위원회(AEC)의 진흥·규제 업무를 떼어내 '원자력규제위원회'(NRC)라는 독립기구를 세웠다. 프랑스의 원자력안전기구(ASN), 캐나다의 원자력안전위원회(CNSC)도 마찬가지다. 일본도 원자력안전보안원(경제산업성)과 원자력안전위원회에 흩어져 있던 규제기관을 후쿠시마 원전 사고 뒤 한데 모아 원자력규제청(NRA)을 세웠다.

-김성환·이승준(2014), 『한국 원전 잔혹사』, 철수와영희, 104.

▌활동 4.14▐ 다음은 상세화의 방식으로 전개된 한 문단의 일부이다. 전체 내용을 읽고 첫 문장에 들어갈 알맞은 문장을 써 보자.

____.

최근에 정부는 앞좌석에 앉았다가 사고가 난 7200명의 승객에 대하여 조사했다. 에어백이 있는 차에 타고 있던 사람들의 사망률보다 에어백이 없는 차에 타고 있던 사람들의 사망률이 2배 정도 많았다.

일반화는 <예시 4.14>처럼 구체적인 사례나 증거를 차곡차곡 쌓아올려 의심이 많은 독자에게 어떤 결론을 논리적으로 받아들이도록 설득할 때 효과적인 전개 방식이다. 일반화의 방식으로 글을 전개할 때는 사실이나 통계 자료, 예시나 비유 등을 먼저 충분히 제시한 후에 마지막에 가서 일반화된 결론을 제시한다. 앞에서 상세화의 예로 든 문단에서 첫 번째 문장을 맨 뒤로 옮기면 대체로 일반화의 전개가 된다.

예시 4.14

【구체적인 사례들】 우주는 96퍼센트 이상의 암흑 물질과 암흑 에너지, 그리고 과거에 진공이라고 일컬어졌던 투명한 물질로 이루어진다. 하지만 우리는 우주에 대해 알고 있는 것이 거의 없다. 무론 지구에서도 용적으로는 대양의 90퍼센트 이상이 전혀 탐사되지 않은 상태다. 따라서 당신이 이 책을 읽고 있는 지금, 고질라가 어딘가에서 헤엄치고 있더라도 우리는 짐작조차 못 할 가능성이 크다. 우리 몸에 대해서도 크게 다르지 않다. 우리 DNA의 약 3퍼센트에 대해서만 존재 목적을 이해하고 있을 뿐이며, 나머지는 '쓰레기 DNA(junk DNA)'라고 불린다. 그것들을 '쓰레기'라고 일컫는 이유가 무엇일까? 우리가 지독히 오만해서, 그 DNA들이 어떤 이유로 존재하는지 모른다는 걸 인정하고 싶지 않기 때문이다. 날마다 새로운 발견이 이루어지며 지식의 폭도 점점 넓어지고 있다. 【일반화된 결론】 그러나 모든 것이 자세히 밝혀질 때까지, 인간에 대해서는 90퍼센트 이상이 알려지지 않는 상태라고 겸손히 인정해야 할 것이다. 지식이란 것이 그렇다!

-모 가댓(2017), [강주헌 역], 『행복을 풀다』, 한국경제신문, 154.

4.7. 분석

분석(analysis)은 어떤 것을 논리적으로 설명하기 위하여 더 단순하거나 근본적인 구성요소로 쪼개어 나가는 방식이다. 분석은 앞에서 설명했던 분할(division)과 유사하지만 설명의 대상을 논리적으로 해석하고 설명하는 과정이라는 점에서 차이가 있다. 분석의 전개 방식은 어떤 대상의 본질을 탐색하거나 그것이 왜, 어떻게 작동하는지를 밝히고자 할 때 사용될 수 있다. 어떤 대상이 정의, 분할, 분류, 묘사된 이후에도 독자들은 그것의 작용 방식을 이해하지 못할 수 있다. 예를 들어 비행기가 날아가는 모습을 묘사한다고 해서 그것이 날 수 있는 원리를 이해할 수 있는 것은 아니다. <예시 4.15>는 분석을 통해 비행기 날개의 양력을 이해할 수 있게 해주는 전개 방식을 보여준다.

예시 4.15

비행기의 중량을 공중에서 지탱하는 것은 날개(주날개)에 작용하는 양력이다. 비행기가 공기 속을 어떤 속도로 전진하면 그 속도와 같은 바람(공기의 흐름)이 날개에 닿는다. 이 공기의 흐름은 만곡(彎曲)이 큰 날개의 윗면을 통과할 때는 유속(流速)이 빨라지고, 만곡이 작은 아랫면에서는 유속이 느려진다. 베르누이의 정리에 따르면 유속이 증가하면 유체의 압력이 감소되고, 반대로 유속이 감소되면 압력은 증가된다. 그러므로 날개의 윗면에서는 부압(負壓:negative pressure)이 생겨서 날개를 빨아올리고, 아랫면에는 정압(正壓:positive pressure)이 생겨서 날개를 위로 밀어 올려, 이 상하면의 작용이 합쳐져서 날개에는 상향(上向)하는 양력이 생긴다. 비행기가 일정한 속도로 수평비행을 할 때에는 날개의 양력이 기체(機體)의 중량과 균형을 잡는다.

날개에 양력을 발생시키기 위해서는 비행기를 어떤 속도로 공기 속을 전진시켜야 한다. 날개의 양력의 크기는 속도의 제곱에 비례하며, 또 날개의 기류에 대한 받음각[迎角:angle of attack]이 커질수록 양력도 대략 그것에 비례해서 커진다. 비행기는 양력이 중량과 같아진 상태에서 수평비행을 하므로 빨리 비행할 때는 받음각을 작게 하고, 느리게 비행할 때는 받음각을 크게 해야 한다. 이와 같이 받음각을 크게 하면 양력은 대략 그것에 비례해서 커지지만, 받음각이 어느 한도를 넘으면 날개 윗면의 공기의 흐름이 표면의 점에서 벗어나 그 뒤의 기류가 흐트러진다. 그리하여 어떤 받음각을 넘으면 그 이상의 받음각을 증가해도 양력은 오히려 감소되고, 더구나 흐트러짐이 심해져서 날개로서의 기능이 나빠진다. 이러한 상태를 실속(失速)이라고 하며, 이때의 비행기 속도를 실속속도라고 한다.

[출처] 두산백과

위의 글에서는 비행기 날개의 양력을 날개의 윗면을 통과하는 공기의 흐름과 아랫면을 통과하는 흐름으로 나누어 비행기가 뜰 수 있는 원인을 논리적으로 분석하고 있다. 분석의 방식으로 전개할 때 시각적인 자료를 덧붙이면 독자가 이해하는 데 큰 도움을 줄 수 있다. <예시 4.15>를 <그림 4.1>과 함께 본다면 이해하기가 훨씬 쉬워질 것이다.

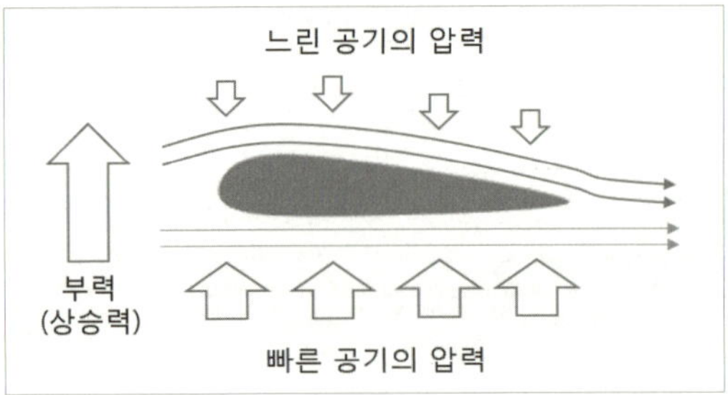

〈그림 4.1〉

분석은 어떤 것을 설명할 수 있는 논리적인 구조를 발견했을 때 가능해진다. 그러므로 어떤 현상을 이해하기 위해서 통계 자료를 설명하는 과정에서도 필연적으로 분석이 이루어지게 된다.

활동 4.15 다음 통계 자료를 토대로 연령대별 고도비만환자의 증가 양상에 대하여 분석의 방식으로 전개하는 글을 작성해 보자.

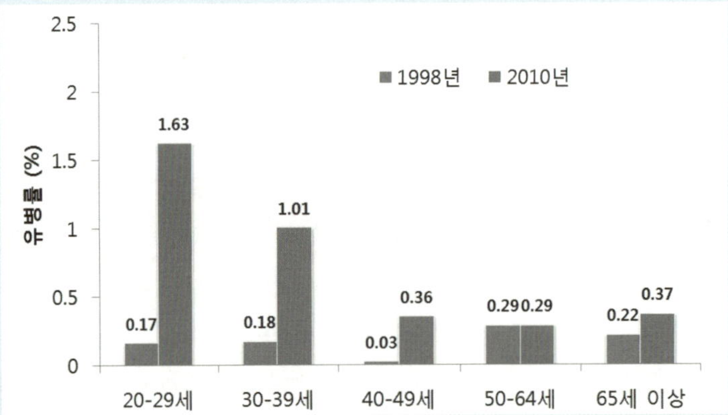

[그림 1] 연령대별 고도비만환자(체질량지수 35 kg/m2 이상으로 정의)의 증가 양상

○ 체질량지수 35 kg/m2 이상을 고도비만인구로 정의할 경우, 1998년에는 20세 이상의 고도비만 전체 유병률은 0.17%이었으나 2010년에는 0.71%로 4배가 넘게 증가했다(국민건강영양조사 자료 분석).

○ 체질량지수 35 kg/m2 이상인 고도비만인구는 20대와 30대의 젊은 연령층에서 두드러진 증가양상을 보였다[그림1].

[출처] 보건복지부 2012년 8월 20일 보도 자료

4.8. 연대기적 전개와 인과적 전개

연대기적 전개는 단순하게 시간적인 순서에 따라 사건을 전개하는 방식이다. 답사 보고서, 작업 일지, 회의록, 정확한 시간의 기록을 중시하는 일부 보고서 등은 연대기적 전개를 적용하기에 적합한 글의 장르들이다.

인과적 전개는 두 사건을 원인과 결과, 혹은 원인과 그 효과의 묶음으로 연관시켜 글을 전개하는 방식이다. 인과적 전개를 위해서는 먼저 어떤 결과나 효과가 어떤 원인에 의해 발생했다는 것을 충분히 증명할 수 있는지 확인하고, 원인과 결과, 혹은 원인과 효과를 관련지어 설명하면 된다. 어떤 기계나 시스템의 오작동의 원인, 각종 질병의 원인 등은 <예시 4.16>과 같이 인과적 전개를 통해 효과적으로 설명할 수 있다.

예시 4.16

(A) 1968년 4월 15일, 비극적인 사건이 18층(90호)에서 발생했다. 부엌의 스토브와 가스 공급선을 연결하는 황동 너트에 제조결함이 있었다. 황동 너트의 한 부분이 얇아 4월 15일 밤에 균열이 생겨 아파트 내부가 가스로 가득 차게 되었다. 아침 5:45에 일어난 그 집의 거주자는 스토브에 불을 켜기 위해서 성냥을 켰고, 이로 인해 가스가 폭발하는 사고가 발생하였다. 이 폭발로 18층 90호의 벽이 날아가 버렸다. 이에 따라 18층 90호가 지지하던 19층 90호의 거실이 내려앉았고, 점진적으로 아래쪽 층의 거실을 붕괴되게 했다. 아파트 22개 층이 도미노효과처럼 부분적으로 붕괴되고 4명이 사망하고 17명이 부상을 입었다.

- 전영록 외(2009), 『공학문제해결을 위한 공학설계』, 교보문고, 234.

(B) 관내를 흐르던 물이 급히 정지하면 물의 운동에너지가 순식간에 압력에너지로 변환되면서 압력(동압)이 급격히 상승한다. 수격현상은 이 급상승된 수압이 배관 내에서 균등해지기 위해 압력파를 형성하여 관내 일정거리를 왕복하게 되는 현상을 말한다. 이 압력파는 큰 에너지를 보유하고 있어 관 자체의 진동과 접속하는 기기에 소음을 발생시키고 관과 기기류를 손상시키는 원인이 된다. 이와는 반대로 급수전 등을 급히 열어 정지중인 배관 내의 물을 급격히 유동시키는 경우에도 수격현상이 발생한다.

수격현상을 방지하기 위해서는 급수전을 천천히 개폐하는 것이 중요하며 배관 내에 과대한 수압이 작용하거나 적정히 못한 유속으로 유체가 흐르지 않도록 해야 한다. 또, 배관 설계시 굴곡부가 많지 않도록 주의하고 잘못된 시공부분이 없도록 해야 한다. 고양정 양수 배관에는 양수관 하부의 충격을 완화시키기 위해 스프링 리턴식 역지밸브(逆止, check valve)나 관 말단부에 에어챔버장치를 설치하기도 한다.

- 임정명, 『SI단위 건축설비』, 기문당, 21.

4.9. 서사

서사(narration)는 이야기하는 방식으로 일련의 사건들을 일정한 순서(많은 경우 시간적 순서임)에 따라 묘사한 글을 말한다. 서사는 최대한 사실을 참고하지만 개인적 경험에 바탕을 둔 꾸며진 이야기일 수도 있다는 점에서 순차적 전개나 연대기적 전개와 구분된다. 서사는 어떤 사건이 어떻게 발생했는지에 대하여 독자들이 이해할 수 있도록 돕는다. 성공적인 서사를 위해서는 사건의 배열 순서를 주의 깊게 결정해야 하고, 서술하는 사람의 관점을 일관성 있게 해야 한다. 시간이나 날짜, 시간이나 순서와 관련된 정보가 드러나는 표현들, 어휘(처음에, 다음에, 먼저, ~하는 동안, 그런 후에 등), 시간을 표시하는 어미 등을 적절하게 사용해야 한다.

서사는 묘사, 설명, 설득 등의 전개 방식과 뒤섞이며 구분되지 않는 경우도 많지만, 어떤 사건이 발생한 경위에 대하여 쓰는 것을 목적으로 한다는 점에서 그 특성을 찾을 수 있다. 서사는 특히 기사, 사건 보고서 등을 작성할 때 흔히 사용되는 전개방식이다.

<예시 4.17>은 대폭발과 우주의 팽창 과정에 대한 서사를 담고 있다. 사실 우주의 기원에 대해서는 다양한 학설들이 제기되고 있으며, 우주의 나이가 얼마나 되었는지, 그 과정에 어땠는지에 대해서 확실히 말하는 것은 불가능하다. 하지만, 저자는 우주의 기원과 팽창 과정을 스토리텔링(story telling) 방식으로 풀어냄으로써 특정한 학설이 마치 사실인 것처럼 독자들이 그것에 빠져들게 하는 효과를 발휘한다.

예시 4.17

지금부터 100억 또는 200억 년 전에 빅뱅이라고 불리는 대폭발의 순간이 있었고 우주는 그 대폭발에서 비롯됐다. 왜 그런 폭발이 있었는지는 신비 중의 신비다. 그러나 폭발이 있었음은 거의 틀림없는 사실이다. 현존 우주에 있는 모든 물질과 에너지가 대폭발의 순간에는 상상할 수 없을 정도로 높은 밀도로 모여 있었을 것이다. 그 상태는 부피를 전혀 갖지 않는 수학적 의미의 점이었다. 바로 그 점이 '우주의 알'이었다. 지구상 여러 문화권들의 창조 신화에서 우리는 우주의 알이라는 개념을 공통적으로 발견하게 된다. 대폭발의 순간에 이 우주의 모든 물질과 에너지가 현존 우주의 어느 한 구석에 모여 있었다는 것이 아니다. 우주 전체, 물질과 에너지 그리고 이 모든 것이 들어 있는 공간마저도 하나의 점에 우그러져 있었다는 말이다. 그것은 사건이 발행할 여지가 전혀 없는 꽉 차 있는 그러한 점이었다. 대폭발의 순간 이후 오늘까지 우주는 한시도 쉬지 않고 팽창을 계속해왔다. 우주를 부풀어 오르는 풍선에 비유하고 풍선 바깥에서 그 풍선을 바라본 것으로 팽창 우주를 설명하고는 하는데, 이러한 설명은 오해를 낳기 쉽다. 왜냐하면 우주의 바깥이라는 것에 대하여 우리가 알 수 있는 것이 아무것도 없기 때문이다. 바깥이 아니라 안에서 생각하는 것이 좋을 듯싶다. 좌표 격자가 그려져 있는 공간 구조물을 상정하고 그 구조물이 모든 방향으로 균일하게 팽창한다고 상상하자. 공간이 팽창함에 따라 우주의 물질과 에너지도 공간과 함께 팽창하면서 급히 식어 갔을 것이다. 그제나 이제나 우주를 가득 채우고 있는 '우주 화구(fire ball)'는 자신의 온도에 걸맞은 전자기 복사를 방출한다. 뜨겁던 화구가 식어감에 따라 복사의 파장 대역이 감마선에서 엑스선으로 자외선을 거쳐 그리고 우리에게 익숙한 무지개 색깔의 가시광선 대역으로 옮아온 다음, 종국에는 적외선과 전파 대역으로까지 이동한다. 즉 화구는 높은 온도에서 짧은 파장의 빛을 내지만 온도가 낮아질수록, 방출되는 복사의 파장이 점점 길어진다. 이제는 극도로 뜨겁던 우주의 원시 화구도 식을 대로 식어서 매우 긴 파장의 빛을 낸다. 이 빛을 우주 배경 복사라고 부른다.

칼 세이건(2006), 『코스모스』, 사이언스 북스, 482.

❚활동 4.16❚ 다음 글에서 이동 수단의 발달을 설명하면서 서사의 스토리텔링 기법을 사용한 효과가 어떻게 나타나는지 이야기해 보시오.

바퀴가 달린 이동 수단을 흔히 '수레'라고 한다. 인류는 수레를 발명하고, 그것을 이용하여 피라미드나 만리장성을 건설할 수 있었다. 바퀴는 인류 역사의 패러다임을 바꾸는 획기적인 발명품이었다.

초기 수레는 그저 바퀴만 있을 뿐 주요 동력은 사람의 힘, 인력이었다. 18세기 증기 기관이 발명되기까지 말이다. 이후 19세기에는 엔진으로 대표되는 내연 기관이 주요 동력원이었고, 바퀴의 형태도 오늘날의 네 바퀴로 보다 안정적이고 견고하게 발전될 수 있었다.

엔진의 발명 이후, 지금까지도 움직이는 모든 것의 동력은 엔진이 담당하였다고 봐도 무리가 없을 것이다. 석유에서 추출한 연료가 엔진 안에서 연소하며 동력을 만들었고, 동력이 바퀴를 회전시키며 움직였다. 동력이 무언가를 돌린다는 점에서 '모터'로 불리기도 하였다.

이 주요한 동력이 최근에 전기로 바뀌고 있다. 매장된 화석 연료의 고갈과 화석 연료 사용에 기인한 지구 환경 문제 때문이다. 인류는 현재 엔진과 전기를 겸용하는 하이브리드 시스템을 개발한 상태이고, 전기의 역할을 점차 늘려 순수 전기차를 보급하는 수준에 도달하였다.

문제는 여전히 에너지원이다. 순수 전기로 구동하는 건 좋지만 어디선가 전기를 공급받아야 했다. 또 전기를 넣으려면 발전소 등에서 다시 전기를 생산할 수밖에 없는 만큼 100% 친환경 논란에서 자유롭지 못한 것이다. 그래서 나온 아이디어가 태양광으로 전기를 만들어 구동하는 방식이었는데, 기본적으로 비용 부담이 크다. 그밖에 수소를 산소와 반응시킬 때 나오는 전기로 구동하려는 노력도 하고 있다.

그러나 두 바퀴로 가는 바이크는 달랐다. 이 탈것은 동력의 발생 종류에 따라 '모터바이크'와 '순수 바이크'로 구분된다. 모터바이크는 동력이 엔진이고, 순수 바이크는 자전거를 의미한다. 이제 사람들은 자전거에 전기 동력을 추가하고 있다. 사람의 힘으로 페달을 돌리다 지치면 전기를 쓰는 새로운 두 바퀴 '탈것'이 대중화될 것이다.

전기 자전거는 어떻게 사용하지? 간단하다. 콘센트에 플러그를 꽂아 충전해 두었다 타고 싶을 때 밖으로 나가면 된다. 속도 제어는 전기 공급을 통해 조절하는데, 오르막에서는 전기를 많이 사용하고 내리막에서는 사용하지 않는다. 페달 또한 힘이 있으면 돌리고, 없으면 그냥 놔둔다. 그래도 배터리에 전기가 남아 있는 한 움직일 수 있다.

- 권용주(2017), 『자동차의 미래 권력』, 크라운 출판사, 95~97.

4.10. 문제와 해결

어떤 문제 상황에서 그것을 해결하는 방법을 찾아서 서술하는 방식은 공학적인 사고와 문제 해결 방법을 잘 드러내주는 적절한 전개 패턴이라고 할 수 있다. <예시 4.18>은 자전거의 구조와 작동 방식을 효과적으로 설명하기 위하여 문제-해결 방식을 사용한 적절한 예이다.

예시 4.18

종말이 닥치고 오랜 시간이 지나지 않아, 재건을 시작한 사회가 공작 기계를 다시 만들기 시작한다면 천만다행이 아닐 수 없다. 원동기가 없는 세상에서 인간의 이동에 도움을 줄 수 있는 가장 간단한 기계장치는 자전거일 것이다. 페달을 움직여 동력을 얻는 자전거의 심장은 인간이 다리로 행하는 왕복운동을 바퀴에 필요한 회전운동으로 전환하는 크랭크이다. 그러나 이 경우에도 해결해야 할 공학적인 문제가 있다. 어린아이의 세발자전거처럼 페달이 차축에 고정되어 있을 경우에는 페달을 밟는 행위가 곧바로 바퀴에 전달되지 않기 때문에, 그런대로 속도를 내려면 귀신에 홀린 듯이 페달을 밟아야 한다. 따라서 가장 단순한 해결책은 앞바퀴를 크게 하는 것이다. 그렇게 하면 작은 회전으로도 큰 원둘레로 인해 괜찮은 속도를 얻을 수 있기 때문이다. 앞바퀴의 둘레가 1.2미터에 달해 우스꽝스럽게 보였던 페니파딩(penny-farthing)이란 초창기 자전거는 이런 아이디어가 적용된 사례였다. 요즘 우리에게는 당연하게 여겨지지만 한 자전거 제작자가 1885년에야 훨씬 더 나은 해결책을 고안해냈다. 고대의 기계 시스템인 톱니바퀴 장치를 체인으로 연결하는 방법이었다. 크기가 다른 두 개의 스프로킷을 롤러 체인에 기계적으로 연결해서, 종동차(driven wheel)가 페달 크랭크보다 더 빠른 속도로 회전하게 하는 원리이다.

- 루이스 다트넬(2016), [강주현 역], 『지식』, 김영사, 259-260.

| 활동 4.17 | 자신의 전공 분야에서 적절한 주제를 선정하여 문제-해결 방식으로 설명하는 글을 한 문단 분량으로 작성해 보자.

4.11. 시각 자료의 활용

시작적인 자료들은 언어가 전달해 줄 수 없는 구체적인 것까지 전달해 줄 수 있다는 장점이 있다. 그림, 사진, 지도는 대상의 모양을 보여주고, 그래프와 표는 숫자와 양을 표시해준다. 또한 과정이나 관계를 나타낼 때는 플로 차트(flow chart), 인포그래픽(infographics), 다이어그램 등을 활용할 수 있다.

공학 글쓰기와 마찬가지로 공학적인 글에 사용되는 시각적 자료는 단순성, 명확성, 간결성 등의 요건을 갖추어야 한다.

◎ 시각 자료를 제작할 때의 점검해야 할 사항들

☑ 시각 자료는 단순하게 만든다. 글을 통해 다루어지고 있는 정보와 연관된 것만 포함시키고, 상표나 무늬 같은 불필요한 부분은 제거한다.

☑ 사용된 측량 단위를 명시하고, 상대적인 크기를 명확하게 표현한다.

☑ 처음 등장하는 기호가 있거나 줄임말이 있다면 그에 대한 설명을 제공한다.

(가) 그림

- 그림은 사진으로 표현하기 어려운 것을 보여줄 수 있다.
- 상상한 것을 표현할 수 있다.
- 독자에게 필요한 부분만 보여줄 수도 있다.
- 분해된 모습과 조립 과정을 보여줄 수 있다.
- 국제적으로 다양한 언어의 독자들이 이해할 수 있다.
- 공학이나 기술 글쓰기에서 그림은 효과적으로 사용되는 편이다.

그림 사용의 적절한 예 : 글에서 다루고 있는 부분만을 부각시켜 단순하고 명확하게 표현

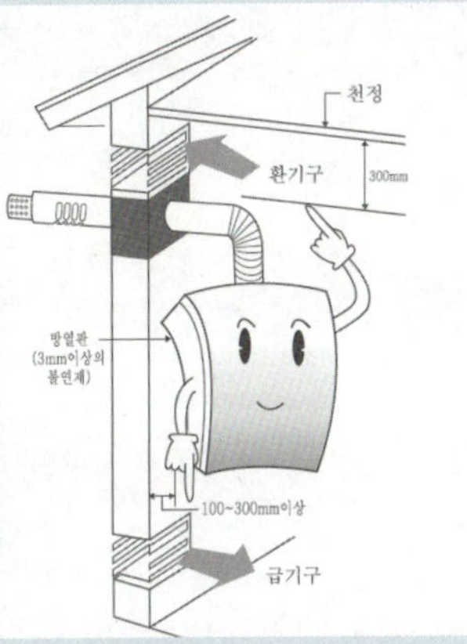

제품을 설치할 주위벽과 천정, 출입문이 방화상 안전하며 화재예방에 유효한 간격을 유지할 수 있는지 확인하여 주십시오.

- 제품은 불연성 벽면에 설치해야 합니다.
- 가연성 벽면에 설치할 경우 방열판을 설치하여 주시고, 방열판은 두께 3㎜ 이상의 금속 등의 불연재를 사용하십시오.
- 제품의 측면은 가연성 물질에 대하여 100~300㎜ 이상 거리를 띄어 주십시오.
- 제품의 위쪽은 연통 설치등이 용이하도록 300㎜ 이상의 공간을 주십시오.
- 제품의 전면은 점검 및 수리가 용이하도록 600㎜ 이상의 공간을 주십시오.

[출처] 대성 쎌틱 보일러 사용 설명서

(나) 사진

- 사진은 시간의 변화에 따른 변화 과정을 기록할 수 있다.
- 의학, 화학, 법의학, 생물학 등에서 정확한 시각적 정보를 보여주기 위해 사용된다.
- 실제적인 모습을 그대로 보여주는 것을 우선시할 때 사용된다.

사진 사용의 예

[출처] 다카네 히데유키(2009), [김정환 역], 『자동차 첨단기술 교과서』, 보누스, 67.

(다) 표

- 표는 정보를 체계적으로 조직할 수 있게 해준다.
- 많은 양의 수치와 지표들을 단순화하여 보여준다.
- 항목 간의 대조가 가능하다.

(라) 막대 그래프

- 수직이나 수평 막대를 사용하여 비교 데이터를 분석하기에 용이하다.
- 시간의 변화에 따른 상태의 변화를 추적할 수 있게 해준다.
- 표에 들어 있는 데이터를 시각화하여 보여준다.

(마) 파이 그래프

- 특정한 양이나 비율을 시각적으로 잘 보여준다.
- 비전문가에게 더 쉽게 정보를 파악하게 해준다.
- 파이그래프도 표에 들어 있는 데이터를 시각화하여 보여준다.

막대 그래프와 파이 그래프 사용의 예

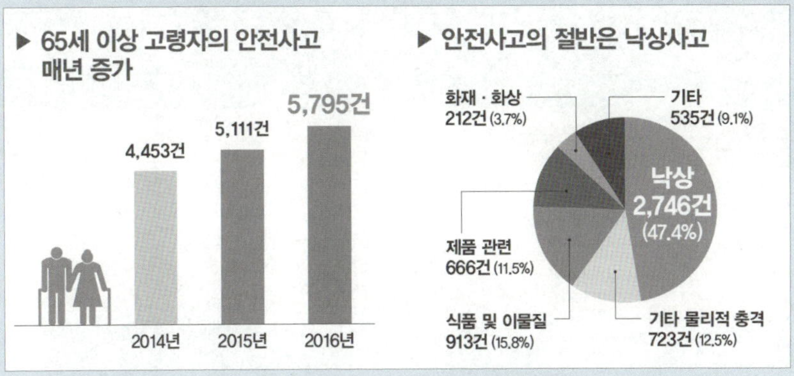

[출처] 한국소비자원 교육 자료, 2017년 12월 21일

(바) 인포그래픽(infographics)

인포그래픽이란 인포메이션(information)과 그래픽(graphic)의 합성어로, 많은 양의 복잡한 정보를 효율적으로 전달하기 위하여 차트, 그래픽, 다이어그램, 그림 등을 활용하여 빠르고 직관적으로 인지할 수 있도록 디자인하는 것을 말한다. 인포그래픽의 기본 원리는 텍스트, 그래픽, 이미지, 숫자 등을 통합하여 하나의 스토리를 만드는 것이다. 텍스트와 그래픽의 장점을 결합하여 한 주제에 대하여 개관하고 이야기의 흐름을 만들어 설명하는 것을 그 특징으로 한다.

- 텍스트와 그래픽의 장점을 결합한 전개 방식이다.
- 다양한 요소들을 통합한 스토리를 제공한다.
- 교육, 광고, 영업, 제품 설명 등에 폭넓게 활용된다.

인포그래픽 사용의 예

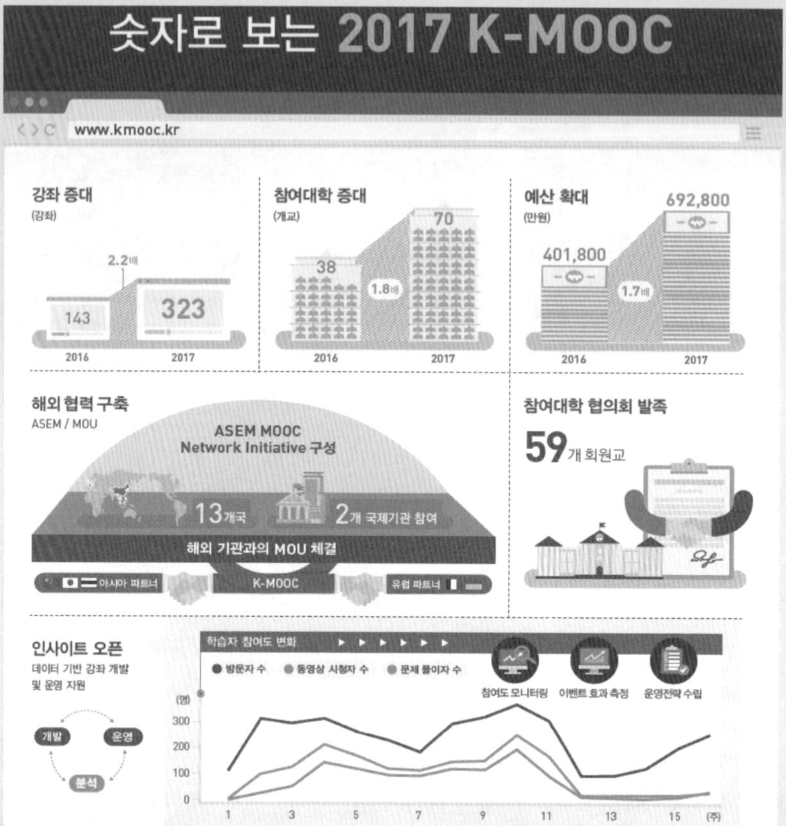

[출처] K-MOOC 자료실(http://www.kmooc.kr/comm__list/R/)

▌활동 4.18▐ 다음 인포그래픽에서 얻을 수 있는 정보는 무엇인지, 그리고 이러한 전달 방식의 장점은 무엇인지 이야기해 보자.

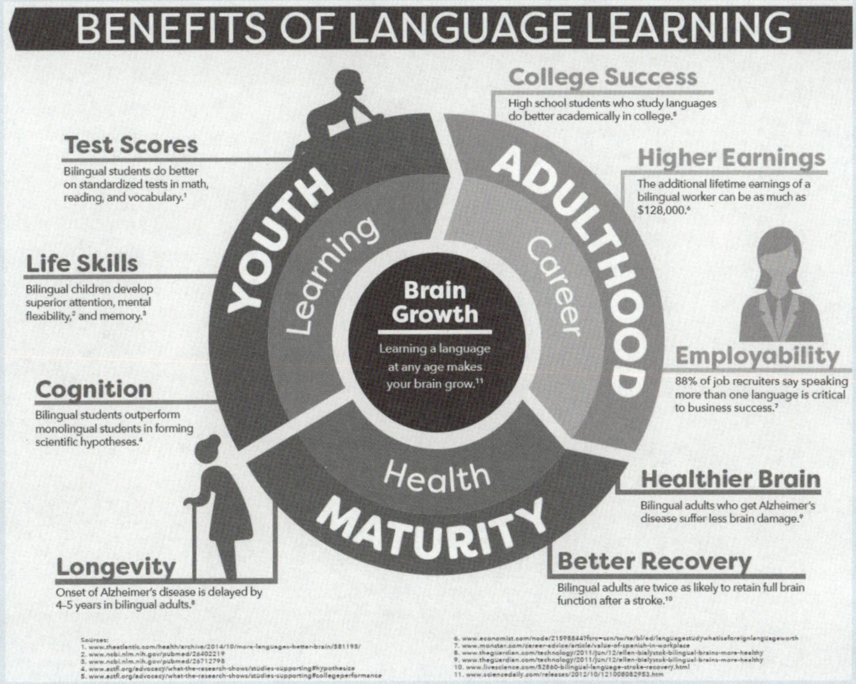

[출처] MLA(https://www.mla.org)

Chapter 5

한 편의 설득하는 글 완성하기

짧은 글을 쓸 때는 전체의 구조를 생각하지 않고 3장과 4장에서 배운 것만 활용해서 글을 쓰는 것도 가능하다. 하지만, 어느 정도의 분량과 형식을 갖춘 글을 쓸 때는 그 외에도 더 고려해야 할 것들이 있다. 그림 그리기에 서툰 사람은 눈이나 입과 같은 부분은 잘 그렸는데 얼굴 전체의 균형이 맞지 않아서 실패하는 경우가 많다. 그림을 그릴 때와 마찬가지로, 글을 쓸 때도 전체를 염두에 두면서 부분을 완성해 나가야 한다. 글을 쓰는 것은 길고 복잡한 작업이기 때문에 글 전체의 구조에 대한 청사진을 점검하면서 세부적인 공정을 진행하는 것이 좋다. 이 장에서는 학문적인 세계와 일상생활에서 가장 자주 접하게 되는 설득하는 글 한 편을 완성하기 위하여 필요한 작업이 무엇인지 알아보고 직접 한 편의 글을 완성해 보는 것을 목표로 삼았다.

사람들이 쓰는 대부분의 글은 정보를 전달하려는 의도가 담겨 있다. 정보를 전달하는 글은 어떤 사실을 밝히거나, 원리와 절차를 설명하거나, 혼란스러운 것을 분명하게 하는 방식 등을 통해 전개된다. 전문가에게는 해당 분야에 대한 지식뿐만 아니라 그것을 다른 사람들에게 잘 전달해주는 능력도 요청된다. 그러므로 정보를 전달하는 글을 쓰면서 그 분야에 대한 전문성도 키울 수 있다. 정보 전달하는 글을 쓰기 위해서는 설명하고자 하는 대상에 대한 지식과 전달 능력을 모두 갖추어야 한다. 만약 적절한 지식을 가지고 있어도 정보 전달하는 글을 쓰는 데 어려움을 느낀다면 그것은 글을 통한 전달이 미숙하기 때문일 가능성이 높다. 이런 경우 필자가 독자의 입장에서 사고해 보는 것은 많은 도움이 된다. 정보를 전달하는 글을 쓸 때는 4장에서 살펴본 예시와 비유, 정의, 묘사,

분할과 분류, 비교와 대조, 상세화와 일반화 등과 같은 글의 조직과 전개 방식들을 적절하게 사용하면 된다. 정보를 전달하는 글은 독자가 궁금해 하는 것에 대한 정보를 제공하는 것이 그 임무이기 때문에, 어떤 대상의 본질, 의미, 구성, 기능, 작용, 변화 등에 관하여 독자의 질문에 답하는 방식으로 쓰면 효율적이다. 독자가 궁금해 하는 것은 다양하기 때문에 정보를 제공하는 글에 정해진 방식은 없으며, 예상되는 독자가 하는 질문을 상상하며 적절한 순서로 글을 전개하면 된다. 아래 소개된 『왜 지금 드론인가』를 보면 정해져 있는 순서를 따르는 것이 아니라 독자의 질문을 예상하며 답하는 방식으로 전개되는 것을 확인할 수 있다.

최근 상업용 드론의 등장으로 드론의 사전적 의미는 퇴색하고 있다. 드론(drone)은 벌떼 같은 것들이 '윙윙거리는 소리', 그래서 '단조로운 저음'이란 의미를 갖고 있다. 음악에서는 단조로운 저음을 통주저음이라고도 하는데, 바흐가 활동한 바로크 시대의 음악에서 연주 내내 잔잔하게 깔리는 하프시코드나 바순 정도의 소리로 보면 된다. 이와 관련해 드론 중에는 벌만큼 작은 것들이 군집해 비행하는 방식도 시연된 바 있다. 드론 비행을 가까이에서 본적이 있다면 회전날개 소리가 얼마나 시끄러운지 잘 알 것이다. 이 때문에 한국을 포함한 전 세계의 항공법에는 반드시 소음 규정이 있다. 현재 우리가 알고 있는 드론은 결코 '단조로운 저음'이 아니다.

방산전문가 스티븐 잘로가(Steven Zaloga)의 주장에 따르면, 비행체로서의 드론은 대공포 사격용 연습물체로 개발된 'DH 8EB Queen Bee(여왕벌)'에서 유래했다고 한다. 1935년 영국 해군은 여왕벌이란 이름의 비행체를 날려 대포로 맞추는 사격 훈련을 했는데, 이를 본 해군 제독 윌리엄 스탠리(William Stanley)가 이를 보다 활성화할 것을 제안했다. 그리고 영국 여왕에 대한 존경의 의미를 담아, 비행체의 이름을 여왕벌이 아닌 수벌을 뜻하는 '드론'으로 바꾼 것이다.

드론이란 단어가 쓰이지는 않았지만, 무인항공기 개념은 훨씬 이전부터 시작됐다. 1849년에 오스트리아 육군은 무인풍선을 이용해 베니스를 공격하려 했지만, 자연바람의 문제로 현실화하지는 못했다. 1912년에 미국의 니콜라 테슬라(Nikola Tesla)는 무장한 무인항공기의 가능성을 언급했고 무선제어 기능을 테스트했다.

현재의 무인비행기란 의미의 드론을 본격적으로 생각한 사람은 영국의 과학자 아키볼드 몽고메리 로(Archibald Montgomery Low)다. 그는 무선유도시스템의 아버지라 불리는 사람으로, 무선 전화기와 영상통화의 대중화를 예상했으며, 위성을 쏘아올려 전 세계에 중계되는 텔레비전 방송의 가능성에 대해서도 이야기 했다. 실제 아키볼드 로는 1916년에 무기를 실은 비행체가 원격으로 날아가서 적을 타격하는 방식인 에어리얼 타깃 프로젝트를 시작했다. 그는 2차 세계대전 중 나포한 독일의 비행선을 분석하는 임무도 맡았다. 독일이 영국 등지에 무수히 쏘아 올린 V2 로켓 역시 드론 진화의 상승곡선을 이루는 점 중 하나이다.

대부분의 신기술이 그렇듯, 드론도 군사적인 목적에서 시작되었다. 드론에 대한 연구는 앞서 살펴봤듯 제1차 세계대전 당시 표적용 비행체로 시작해 현재까지도 군사실습을 위한 표적용으로 크게 활용되고 있다.

- 편석준 · 최기영 · 이정용(2015), 『왜 지금 드론인가』, 미래의 창, 25~27.

▌활동 5.1▐ 아래의 글에서 어떤 글의 전개 방식(예시, 비유, 정의, 묘사, 분할과 분류, 비교와 대조, 상세화와 일반화 등과 같은)이 사용되고 있는지 이야기해 보자.

녹로는 토목이나 건축 공사에서 도르래(滑車)를 이용하여 돌이나 큰 나무와 같이 무거운 물건을 들어 올리는 데 쓰이던 건축 도구로 조선 후기에 성을 쌓거나 큰집을 지을 때 사용하였다.

이 녹로는 예전부터 있었던 장대 끝에 도르래를 달아 깃발을 매다는 도르래의 원리를 이용한 것으로 각목으로 네모난 틀을 만들고 틀의 앞쪽에서 긴 지주 구실을 하는 2개의 장대(雙竿)를 비스듬히 세운 다음 장대 꼭대기에는 도르래를 달고 나무틀의 뒤쪽에는 얼레를 설치하였다. 동아줄을 얼레와 활차에 연결하고 줄의 반대쪽에 들어올릴 물건을 달아맨 뒤, 얼레를 돌려 줄을 감으면서 물건을 들어 올리도록 고안한 것이다.

1796년(정조 20) 화성(華城: 수원성)을 쌓을 때에는 거중기와 더불어 두 개의 녹로를 사용하였다고 하는데, 수원성 건축 일지인 화성성역의궤(華城城役儀軌)에 따르면 틀의 크기는 세로 15척(460㎝, 황종척 30.65㎝), 높이 10척(300㎝)이고 장대의 길이가 35척(1100㎝)으로 여덟 사람이 둘로 나뉘어 얼레를 좌우에서 돌려 물건을 올리고, 적당한 높이에 올라가면 짐을 묶은 곳에 따로 묶은 밧줄을 잡아당겨서 원하는 자리에 옮긴 다음 다시 얼레를 늦추어 물건을 내린다고 하였다.

거중기와 녹로를 비교해 보면 거중기는 움직도르래의 원리를 이용하여 적은 노동력으로 작용하는 힘의 방향을 바꾸고 편리한 작업환경으로 무거운 돌을 효율적으로 운반하였지만 낮은 곳의 돌 등을 쌓을 때만 사용하였고, 녹로는 고정도르래를 이용하여 힘의 작용 방향을 바꾸어 작업을 효율적으로 한 역할을 이용한 것으로 물건을 높은 곳에 운반할 때 사용한 것으로 보인다.

이와 같이 녹로는 적은 힘으로 무거운 물건을 효과적으로 들어 얼릴 수 있는 도구로써,

지금의 크레인과 같은 역할을 하였다. 녹로는 1803년(순조 3) 창덕궁 인정전 재건 공사 때, 1857년(철종 8) 인정전 중수공사 때에도 사용하였다.

- 윤용현, "조선 후기의 크레인 녹로", 충청일보 2009년 9월 28일.

이 장에서 우리가 중심적으로 다룰 것은 설득하는 글이다. 물리적으로는 같은 공간 속을 살아가는 사람들끼리도 생각과 믿음은 조금씩이나마 서로 다르다. 그럼에도 불구하고 공동체를 구성하는 사람들은 특정한 생각이나 믿음을 공유하고 그것을 확산시키려는 경향을 가지고 있는데, 이러한 상호작용은 인간의 기술 문명뿐만 아니라 개인적인 삶에도 지대한 영향을 끼친다. 공유된 생각이나 신념은 사회 집단의 사상, 행동, 생활 방법을 근본적으로 제약하고 삶의 지형도를 바꾸어 놓는다. 20세기에 전 세계가 공산주의와 자본주의라는 두 체제로 양분된 것도 생각의 차이로 인해 벌어진 결과이다. 독일은 왜 유태인들을 학살했는가? 놀랍게도 당시 대다수 독일인들은 그런 행위를 합리화해줄 수 있는 왜곡된 신학과 신념의 체계를 공유하고 있었다. 독일의 잘못된 신념과 무기 개발 기술의 결합은 인류에게 큰 불행을 안겨주었다. 발달된 과학 기술을 소유한 문명일수록 생각과 믿음의 차이가 낳을 수 있는 결과의 차이도 더 커질 수 있다. 오늘날에도 탈원전, 무인자동차의 상용화, 인공지능의 개발 범위, 유전자 조작과 생체칩 이식 등의 이슈가 논란이 되고 있는 가운데, 우리의 생각과 신념이 어떻게 움직이느냐에 따라 미래의 삶은 많이 달라질 것이다. 그러므로 공학도들은 기술적인 문제, 혹은 과학기술과 관련된 현상들을 잘 이해하고 그에 따라 적절한 대안이나 정책을 수립할 수 있도록 정부 관료나 대중들을 설득할 수 있는 능력을 갖출 필요가 있다. 공학적인 문제와 관련하여 다른 사람을 설득하는 것은 사회적인 파장을 불러오는 경우가 많기 때문에, 주장하기에 앞서 자신이 주장하는 내용이 타당한지를 확인하는 것은 매우 중요하다. 설득하는 글을 쓰는 것은 독자뿐만 아니라 필자 자신에게 주장의 타당성을 검증받는 과정이기도 하다.

5.1. 설득하는 글의 요건

학문적이고 과학적인 영역에서 다른 사람을 설득하는 글이 갖추어야 하는 가장 중요한 요건은 논리성과 공정성이다. 논리성과 공정성은 논증의 핵심요소이기도 하다. 과학적인 맥락에서 설득하는 글은 대부분 논증의 테두리에 포함된다고 할 수 있다. 만약 어떤 과학자가 논리에 맞지 않거나 공정하지 않다는 것을 알면서도 그것을 주장한다면 그를 진정한 과학자로 인정해 주기 어려울 것이다. 마찬가지로 논리성이나 공정성을 버리고 다른 사람을 설득하고자 한다면 그 글은 이미 논증이 아니다. 논증과 달리 협상이나 광고는 이익을 추구하며 상대방을 자신이 원하는 방향으로 끌고 가기 위해 논리성이나 공정성, 이유의 타당성 등은 얼마든지 포기할 수 있다. 하지만, 논증은 공공의 선이나 객관적인 진실, 혹은 최선의 해결 방안을 추구하므로 논리성과 공정성이 기본적으로 지켜져야 한다. 한편, 인간은 전적으로 논리에 의존해서만 결정하는 존재가 아니기 때문에 감성적인 요건도 갖출 수 있으면 더 좋다. 과거에는 논리적인 글이 후한 점수를 받았지만, 최근에는 기계가 가질 수 없는 감성이 인간의 지적 능력을 이해할 수 있는 중요한 단서로 떠오르고 있다. 그러므로 감성적인 측면에 과도하게 치우치는 것은 좋지 않겠지만 적절한 선에서 독자가 감성에 호소하는 것은 글의 설득력을 높이는 좋은 전략이라고 할 수 있다.

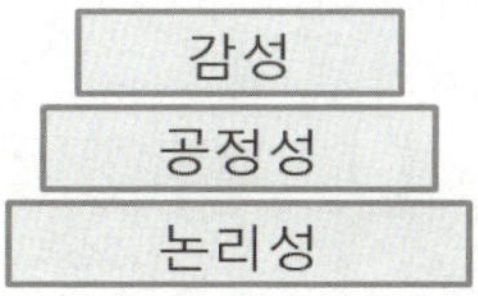

〈그림 5.1〉 설득하는 글의 요건

5.2. 설득하는 글의 준비 단계

논증적인 성격의 글이 어느 정도 완성된 후에야 처음부터 다시 써야 한다는 것을 뒤늦게 깨닫고 싶지 않다면, 문제 상황과 설득의 목표, 대립되는 주장, 그리고 독자에 대한 인식 등을 점검하고 글의 가능성과 방향을 미리 가늠해 보는 것이 좋다.

(가) 문제 상황과 설득의 목표에 대한 인식

무엇이 문제인지를 모르는 것이 가장 큰 문제라는 말은 특히 설득하는 글을 쓸 때 되새겨볼 필요가 있다. 현실 속의 문제 상황은 복잡하게 얽혀 있는 경우가 많기 때문에 문제를 단순화하여 파악하기 어려울 때가 많다. 예를 들어 탈원전과 관련된 문제에 접근할 때는 경제적인 측면, 환경적인 측면, 안전성의 문제, 그리고 주변국들과의 관계 등 여러 가지 요인을 고려해야 한다. 이탈리아의 경우 안전성의 문제 때문에 원전을 건설하지 않았지만, 접경국인 프랑스가 이탈리아와의 국경 근처에 다수의 원전을 만들어 결국 경제성의 이익도 누리지 못하고 안전성의 문제를 고스란히 떠안게 되었다.

문제 상황에 대한 윤곽이 잡혔다면, 설득의 목표가 무엇인지를 명확하게 할 필요가 있다. 필자는 자신의 주장을 통해 독자의 개념이나 이해를 변화시키려고 할 수도 있고 행동이나 결과를 이끌어내기를 원할 수도 있다. 예를 들어, '무인자동차는 안전하다'라는 주장은 무인자동차를 구입할 경제력이 없는 학생들에게는 개념이나 이해의 변화를 요구하는 개념적인 목표의 성격을 가지고 있지만, '과학기술의 발전을 위해 보여주기식의 행정 요구를 줄여야 한다.'라는 주장은 실제의 행동을 요구하는 실용적인 목표의 성격을 가지고 있다.

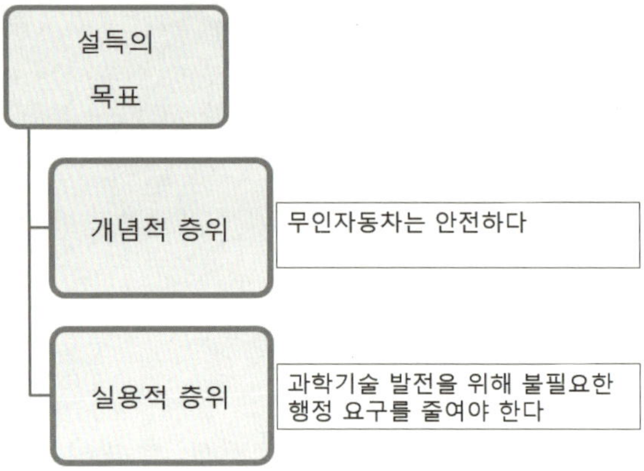

〈그림 5.2〉 설득의 목표 층위

▌활동 5.2▐ 아래 제시된 주장을 개념적 층위와 실용적 층위에 있는 것으로 구분해 보라.

① 원자력 발전소는 안전하다.
② 우주의 나이는 정확하게 알 수 없다.
③ 인공지능이 인간의 노동을 완전히 대신할 수는 없다.
④ 현재의 기술로는 인간보다 번역을 잘 하는 인공지능을 기대하기 어렵다.
⑤ 로봇이 인간의 일자리를 빼앗지 못하도록 규제해야 한다.

(나) 대립되는 주장에 대한 인식

과학적인 이슈들은 언제나 명확한 결론이 있을 것 같지만 실상은 그렇지 않은 경우가 많다. 예를 들어 커피는 항암 효과가 있다는 연구 결과를 믿고 많은 사람이 커피를 즐겨왔지만, 최근 경북대의 윤창호 교수 연구팀에서는 커피가 위암을 유발하는 장상피화생 발생률을 10배 이상 높인다는 정반대의 연구 결과를 내놓았다. 실험이 밝혀낸 사실은 주장을 뒷받침해주지만 주장 그 자체가 진실은 아니기 때문에 근거가 있다고 해서 주장이 언제나 참이 될 수 있는 것은 아니다. 채식이 건강에 좋은가? 우유는 건강에 좋은가? 원자력은 다른 에너지원보다 더 경제적인가? 무인 자동차는 안전한가? 과학 기술 분야에서도 이처럼 연구자들의 주장이 서로 대립하는 이슈들이 많다. 설득은 두 가지 이상의 대립되는 입장이 있는 경우에만 이루어질 수 있으며, 이미 결정이 되어 있거나 재론의 여지가 없는 경우 논증이나 설득은 필요하지 않다. 그러므로 설득하는 글을 쓸 때는 먼저 다루려고 하는 주제가 반론 가능한 것인지를 검토할 필요가 있다.

(다) 독자에 대한 인식

설득하는 글에서는 독자를 인식하는 것이 중요하다. 정보를 전달하는 글에서도 독자에게 내용이 잘 전달될 수 있도록 예상되는 독자의 지식수준이나 사회적 환경, 성향 등을 고려해야 하지만, 설득하는 글에서는 독자를 이해시키는 것을 넘어서 생각이나 태도를 변화시켜야 하므로 독자에 대한 인식이 더 중요할 수밖에 없다. 특히 관점에 따라 다를 수 있는 민감한 이슈에 대하여 독자는 필자와 생각이 다를 수 있으므로 주장하는 내용에 대한 반론을 예상하고, 그것을 적절한 근거 위에서 공정하게 다루는 것은 매우 중요하다. 설득하는 글은 매 순간 독자가 어떻게 생각할 것인지를 머릿속에 그려가며 쓰는 것이 좋다. 독자가 동의할 것이라고 여겨지는 가정에 대한 설명은 생략할 수도 있지만, 그렇지 않은 가정은 조금 더 자세히 설명할 필요가 있다. 예를 들어 "4대강의 생태계를 회복시키기 위해 보를 철거해야 한다."라는 주장에는 몇 가지 가정이 들어 있는데, '4대강의 생태계를 회복시키는 것이 좋다', '보의 설치는 4대강의 생태계를 악화시킨다' 등이 그것이다. 소수라 하더라도 특정한 가정에 동의하지 않는 사람이 있을 수 있으므로, 예상되는 독자에 따라 가정에 대한 설명을 제공을 어느 정도 제공할지 결정하는 것이 필요하다. 참고로, 과제물로 제출할 글을 작성할 때 그것을 평가할 교수에게 말하듯이 글을 쓰는 학생이 종종 있는데, 교수는 평가자로서 글을 읽을 뿐이므로 교수를 예상 독자로 설정할 필요는 없다.

5.3. 논증의 구성 요소

설득하는 글의 논증은 주장, 이유, 근거, 전제의 4가지 요소로 구성된다. 하지만, 이 4가지 중에서도 주장과 이유는 논증의 가장 중요한 뼈대를 이룬다. <예시 5.1>의 (A)는 '이유→주장', (B)는 '주장→이유'로 진행하는 가장 단순한 형태의 논증 구조인데, 독자에게 명확한 전달을 하기 위해서는 주장을 먼저 제시하는 것이 더 유리하지만 이유가 먼저 나온다고 해서 문제될 것은 없다.

예시 5.1

(A) 【주장】 과학자들에게 불필요한 행정적인 요구를 줄여야 한다. 【이유】 보여주기 위한 실적을 쌓기 위해 연구기관에서 연구자들에게 작성을 요구하는 각종 보고서와 일지 등은 과학자들이 실제 연구할 수 있는 시간을 감소시켜 기술의 발전을 저해하기 때문이다.

(B) 【이유】 보여주기 위한 실적을 쌓기 위해 연구기관에서 연구자들에게 요구하는 각종 보고서와 일지 등은 과학자들이 실제 연구할 수 있는 시간을 감소시켜 과학기술의 발전을 저해한다. 【주장】 그러므로 과학자들에게 불필요한 행정적인 요구를 줄여야 한다.

이유는 주장을 뒷받침해주는 역할을 하며, 이유가 타당해야 주장이 인정받을 수 있다. 그러므로 주장을 뒷받침할 수 있는 적절한 이유를 최대한 많이 생각해 내는 것은 매우 중요한 일이다.

▌활동 5.3▐ 다음의 몇 가지 주장에 대하여, 그것을 찬성하거나 반대하는 이유를 세 가지 정도 찾아 이야기해 보자.

① 필요한 경우 자녀에게 체벌을 하는 것이 필요하다.
② 식사를 할 때는 대화를 많이 나누는 것이 좋다.
③ 로봇에게도 세금을 거두어야 한다.

논증에서 주장과 이유는 가장 중요한 구조를 이루지만, 그것만으로 주장이 정당화되지는 않는다. 주장을 뒷받침하는 이유가 사실이라는 것을 보여주는 근거가 없다면 주장은 효력을 잃기 때문이다. 앞에서 예를 든 논증은 행정적인 업무가 과학기술의 발전을 저해하는 것이 사실임을 입증하는 자료가 제시되지 않는다면 정책 결정자들에게 받아들여지기 어려울 것이다. <예시 5.2>는 행정적인 업무가 교수들의 연구 성과에 영향을 끼친다는 것이 사실이라는 근거를 덧붙인 글이다. 물론, 이 근거는 실제로 조사된 자료는 아니지만, 사실로 확인된 근거가 제시된다 하더라도 그것에 대한 반론이나 다른 해석이 존재할 수 있으므로 주장에 대한 모든 반론을 잠재웠다고 생각할 수는 없다.

예시 5.2

【주장】 과학자들에게 불필요한 행정 요구를 줄여야 한다. 【이유】 보여주기 위한 실적을 쌓기 위해 연구기관에서 연구자들에게 작성을 요구하는 각종 보고서와 일지 등은 과학자들이 실제 연구할 수 있는 시간을 감소시켜 기술의 발전을 저해하기 때문이다. 【근거】 교수로 채용될 당시 연구 성과가 비슷했던 과학자 10명을 3년 동안 추적 조사한 결과, 10쪽 분량 이상의 결과 보고서 제출과 각종 연구비 집행 서류를 직접 작성한 교수들의 연구 성과는 같은 업무를 다른 전문인력이 대신해준 교수의 연구 성과보다 50%나 저조한 것으로 확인되었다.

이유는 주장을 뒷받침해주고, 근거는 이유를 뒷받침해준다. 근거는 논증이 사실에 닻을 내리게 해주는 역할을 하는 사실과 데이터들이다. 만약 근거가 제시되지 않거나 없다면 주장의 정당성은 상상 속에서만 인정받을 수 있게 된다. 근거가 부실한 논증은 바로 설 수 없거나 언제 무너질지 모르는 건축물과도 같다.

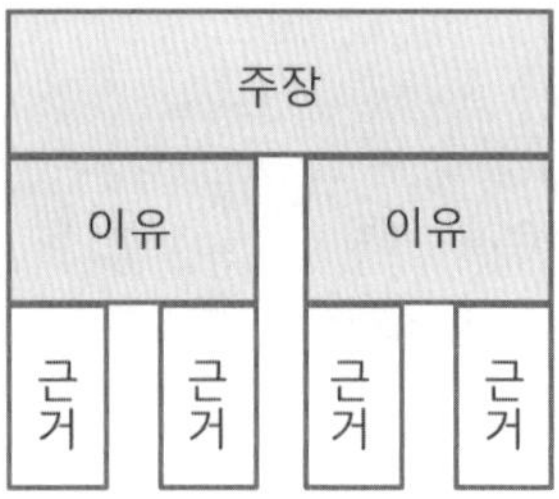

〈그림 5.3〉 논증의 뒷받침 구조

논증은 주장, 이유, 근거의 3가지 요소만으로도 이루어질 수 있지만, 주장과 이유 사이에 어떤 연관성이 있는지 나타내주는 전제를 덧붙이는 경우도 있다. 전제는 이유가 주장을 뒷받침하는 것을 가능하게 해주는 보편적인 생각이나 신념이다. 독자가 필자와 이를 공유하는 경우 전제를 진술할 필요가 없을 수도 있지만, 그렇지 않은 경우 전제를 뒷받침하기 위한 설명이 필요할 수도 있다. "숙희는 부모님 말씀을 잘 듣기 때문에 훌륭한 딸이다"라는 말에는 숙희가 부모님 말씀을 잘 듣는다는 '이유' 때문에 훌륭한 딸이라는 '주장'이 들어 있다. 이러한 이유와 주장의 관계가 성립할 수 있는 것은 그 뒤에 "순종적인 딸은 훌륭한 딸이다"라는 전제가 숨어있기 때문이다. 하지만, 순종적인 딸보다 독립적이고 스스로 인생을 잘 개척해 나가는 딸이 더 훌륭하다고 생각하는 사람이 있다면 이 말이 이 잘 납득되지 않을 것이므로 우선 전제의 타당성에 대해 먼저 설득할 필요가 있다.

<예시 5.3>에서 과학적인 연구가 원활하게 이루어져야 과학기술이 발전할 수 있다는 전제는 대부분의 사람들이 받아들이는 신념이므로 언급하지 않아도 큰 문제가 없지만, 전제를 명확하게 제시함으로써 논증의 논리적인 구조를 더 잘 드러내고 논리적인 오류에 빠지는 것을 방지할 수 있다.

예시 5.3

【전제】 과학적인 연구가 원활하게 이루어져야 과학기술이 발전할 수 있다. 【주장】 그러므로 과학자들에게 불필요한 행정 요구를 줄여야 한다. 【이유】 보여주기 위한 실적을 쌓기 위해 연구기관에서 연구자들에게 작성을 요구하는 각종 보고서와 일지 등은 과학자들이 실제 연구할 수 있는 시간을 감소시켜 기술의 발전을 저해하기 때문이다. 【근거】 교수로 채용될 당시 연구 성과가 비슷했던 과학자 10명을 3년 동안 추적 조사한 결과, 10쪽 분량 이상의 결과 보고서 제출과 각종 연구비 집행 서류를 직접 작성한 교수들의 연구 성과는 같은 업무를 다른 전문인력이 대신해준 교수의 연구 성과보다 50%나 저조한 것으로 확인되었다.

기본적인 논증의 구조만으로 설득하는 글의 내용이 다 채워지는 경우도 있다. 주장에 대한 이유의 논리적 구조와 근거가 탄탄하다고 생각되는 경우 많은 필자들은 반대 견해를 언급하지 않고 글을 끝맺는 경우도 많다. 하지만, 필자의 주장에 대한 반대 주장을 검토하고 그것에 대해 다시 반박한다면, <예시 5.4>처럼 논증적인 글이 갖추어야 할 논리성과 공정성이라는 요건을 더 확실하게 충족시킬 수 있게 된다.

예시 5.4

【전제】 과학적인 연구가 원활하게 이루어져야 과학기술이 발전할 수 있다. 【주장】 그러므로 과학자들에게 불필요한 행정 요구를 줄여야 한다. 【이유】 보여주기 위한 실적을 쌓기 위해 연구기관에서 연구자들에게 작성을 요구하는 각종 보고서와 일지 등은 과학자들이 실제 연구할 수 있는 시간을 감소시켜 기술의 발전을 저해하기 때문이다. 【근거】 교수로 채용될 당시 연구 성과가 비슷했던 과학자 10명을 3년 동안 추적 조사한 결과, 10쪽 분량 이상의 결과 보고서 제출과 각종 연구비 집행 서류를 직접 작성한 교수들의 연구 성과는 같은 업무를 다른 전문인력이 대신해준 교수의 연구 성과보다 50%나 저조한 것으로 확인되었다. 【반론】 물론, 개인의 연구 성과가 저조하다고 해서 과학기술의 발전이 타격을 입었다고 단정하기는 어렵다는 주장도 제기된다. 연구의 양이 적더라도 적절한 방향과 절차에 따라 이루어진 연구가 더 영향력 지수가 높게 나올 수 있다는 이유에서다. 【반박】 하지만, 행정적인 업무에 시달린 교수들이 질적으로 더 높은 성과를 거두었다는 증거는 어디에서도 찾아보기 어려우며, 오히려 자유로운 방향으로 연구한 교수들이 기획되지 않은 참신한 연구 성과를 많이 거두고 있다.

5.4. 설득하는 글쓰기의 실제

지금까지 논증을 구성하는 요소들이 어떤 식으로 관계를 맺고 결합할 수 있는지를 간단한 예시와 함께 살펴보았다. 설득하는 글은 이와 같이 기본적인 구조만 갖출 수도 있지만, 독자의 반응을 예상하며 더 복잡한 구조로 확장되는 것도 가능하다.

(가) 도입부 작성하기

설득하는 글은 논증의 구조를 포함하고 있어야 하지만, 독자가 논의하려는 문제의 심각성에 공감하게 만들고 그에 대한 필자의 견해나 해결 방안을 알리기 위해 도입부를 갖춘 경우가 많다. 다음은 "로봇세를 도입해야 한다"라는 주장을 담은 글의 도입부인데, 주장을 제시하기에 앞서 독자의 관심을 끌고 공감대를 형성하기 위해 깜짝 놀랄만한 사실을 소개하면서 빌 게이츠와 같은 IT 대부의 말도 인용하고 있다. 설득하는 글의 뼈대는 논증의 논리적인 구조이지만, 먼저 그와 관련된 문제의 중요성을 독자가 공감하지 못하면 독자가 글을 읽지 않거나 문제를 인식하지 못하여 글의 목적을 달성하기 어렵게 될 수 있다. 그러므로 설득하는 글은 단도직입적으로 필자의 주장을 제시하는 대신 <예시 5.5>처럼 유명인사나 관계자가 한 말, 에피소드나 경험담 등을 활용하여 독자의 관심을 끌고 공감대를 형성하는 도입부를 마련하는 경우가 많다.

【놀라운 사실】 가천대길병원은 물론 부산대병원, 건양대병원, 계명대 동산병원, 대구가톨릭대병원 등이 왓슨을 의사로 고용했다. 도쿄대와 IBM에서는 암과 관련된 2000만 건의 논문을 왓슨에 학습시켜 백혈병 환자의 치료법을 왓슨을 통해 10분 만에 찾아낼 수 있다. 이처럼 인공지능 의사는 실제 의사 대신 일을 해서 수익을 창출하고 있다. 【인용】 마이크로소프트 창업자인 빌 게이츠(Bill Gates)는 미국 온라인 매체 '쿼츠(QUARTZ)'와의 인터뷰에서 "로봇이 사람의 일자리를 빼앗는다면 로봇도 세금을 내야 한다"고 주장했다. 그는 로봇으로 인해 생산성이 향상되고 이로 인해 더 많은 수익이 창출되었다면, 그 혜택을 받은 기업이 '로봇세'를 내도록 해야 한다고 밝혔다. 와이콤비네이터 CEO인 샘 알트먼(Sam Altman)은 "로봇의 능력이 사람을 훨씬 능가할 수 있다"며 "기업에서 로봇을 통해 새로운 부(富)를 창출한다면 당연히 세금을 물어야 한다"고 주장했다. 맥킨지 보고서에 따르면 2055년 로봇

이 전 세계 노동자의 절반 가량을 대체할 수 있다고 한다. 【주장】 인공지능과 로봇으로 인해 기업은 더 많은 수익을 얻지만 인간은 그만큼 일자리를 잃게 되므로 그것을 사용하여 이익을 취한 기업에게는 당연히 세금을 부과해야 한다.

활동 5.4 다음 자료들을 활용하여 탈원전을 주장하는 글의 도입부를 작성해 보라.

- 핵물리학자인 에드워드 텔러는 "어리석은 사람을 이겨낼 수 있을 만큼 안전한 시스템은 존재하지 않는다"라고 말했다.
- 2011년 3월 11일 일본 근해에서 진도 9.0의 지진이 일어나 센다이 시의 해안가 마을 하나가 통째로 없어져 버렸다.
- 1978년 12월 28일 가동을 시작했을 때만 해도 스리마일 섬 원전 제2호기는 첨단 원자력 시설로 칭송받았다. 그러나 3개월 후 9억달러짜리 원전은 불과 수시간만에 수십억달러에 이르는 빚더미로 변하고 말았다.

(나) 토론하기를 통한 논증 구조의 검토

도입부 이후에는 자신이 주장에 대한 근거와 반대론의 근거를 균형있게 언급하고, 자신의 주장이 더 타당하거나 바람직한 해결책이라는 것을 논리적으로 설득해야 한다. 독자가 어떤 부분에 대해서 반대 의견을 가질 수 있을지를 미리 예상하고, 그러한 논쟁점에 대한 해결책을 모색하기 위해서는 토론을 진행해 보는 것이 효과적이다. 토론을 통해 쟁점이 될 수 있는 부분과 자신의 주장을 뒷받침하기 위해 이유와 근거를 강화해야 할 부분이 어디인지를 더 효율적으로 파악할 수 있다. 만약 실제로 토론을 할 상대가 없다면 머릿속으로 토론을 상상하는 것도 도움이 된다.

▌활동 5.5▐ 다음은 로봇세를 도입과 관련된 근거 자료들을 모아놓은 것이다. 자료를 다 읽은 후에 4~6명으로 구성된 모둠을 찬성론과 반대론으로 나누어 토론을 진행하고, 그 결과를 글로 정리해 보자.

[찬성론]

빌 게이츠(Bill Gates)는 미국 온라인 매체 '쿼츠(QUARTZ)'와의 인터뷰에서 "사람이 공장에서 일하면서 5만 달러를 벌면 세금을 내야한다"며 "로봇도 그와 같은 상황에 있다면 비슷한 수준에서 로봇에게 과세해야한다"고 주장했다. 그는 로봇을 활용해 생산성이 향상되고 이로 인해 더 많은 수익이 창출되거나, 로봇이 수익창출에 기여했다면 '로봇세'를 신설해 기업이 내도록 해야 한다고 밝혔다. 로봇세는 사회 안전망을 강화하고 일자리를 잃은 사람을 위해 지원해야 한다는 것이 빌 게이츠의 의견이다.

대런 애스모글루 매사추세츠 공대(MIT) 교수는 '인간과 기계의 경쟁'이라는 주제의 논문 발표를 통해 "그간 기술 진보는 생산과 실질임금 증가를 동시에 촉발했지만 앞으로 이 같은 경향이 지속될지는 의문"이라고 지적했다. AI를 통한 혁신속도가 빨라지고 자동화와 로봇이 인력 수요를 대체하면서 임금수준이 급락할 가능성이 높다는 것이다.

와이콤비네이터 CEO인 샘 알트먼(Sam Altman)은 "로봇의 능력이 사람을 훨씬 능가할 수 있다"며 "기업에서 로봇을 통해 새로운 부(富)를 창출한다면 당연히 세금을 물어야 한다"라고 주장했다.

'알쓸신잡'으로 유명세를 탄 정새승 교수는 4차 산업혁명이 진행되면, 인간의 일자리를 로봇이 빼앗을 것이므로 기본소득을 책정하고 그 재원을 데이터세나 로봇세에서 마련하는 방안을 검토해야 한다고 제안했다.

프랑스 집권 사회당의 대통령 후보인 브누아 아몽은 로봇세를 공약으로 제시했다.

[반대론]

래리 서머스 하버드대 교수는 로봇을 일자리 약탈 주범으로 몰아 과세할 논리적 근거가 약하다며 로봇세 도입에 반대하고, 정부는 혁신에 세금을 부과할 것이 아니라 보조금을 지원해야 한다고 주장했다.

유럽의회는 로봇을 인간에 준하는 법적 존재로 인정하지만, 로봇에 대한 세금을 물리는 것이 기업들의 생산의욕과 혁신을 감소시킬 수 있다는 것을 근거로 세금까지 물리는 것은 이르다고 판단하였다.

안드루스 안시프 EU 집행위원은 로봇세가 유럽의 혁신과 자동화 기술의 도입을 반대하며 공해, 흡연, 음주 등 행위에 대해 과세하는 것에는 공감하지만 공감하지만 로봇세 도입은 그 근거가 취약하다고 밝혔다.

미국 내 로봇 제조업체들과 자동화 사업을 하는 스위스 ABB 그룹은 "로봇에 세금을 매기기보다 그로부터 생산되는 결과물들에 세금을 매겨야 한다"며 로봇세를 비판했다.

미국 상무부의 윌버 로스 장관도 "로봇세는 자동화를 통해 더욱 효율적인 노동을 선택하려는 기업을 억지로 제지하는 행위"라며 부정적인 반응을 보였다.

[기타 관련 자료]

맥킨지글로벌연구소(MGI)는 46개 국가와 800여 개 일자리를 분석한 보고서에서 향후 13년간 세계 노동력의 5분의 1인 8억 명이 '로봇'과 '자동화'로 인해 실직할 것으로 전망했다. 하지만 이 연구소는 새로운 일자리도 5억5천500만~8억9천만 개가 창출될 수 있을 것으로 내다봤다. 이에 따라 2030년에는 노동자의 8~9% 가량이 새로운 일자리에서 일하게 될 것으로 예상했다.

옥스퍼드 대학은 로봇이 2023~2033년까지 인간 일자리 50%를 대체할 수 있다고 전망했다. 그렇게 되면 기업들은 16조 달러(약 1경8243조 2000억 원)의 임금을 노동자들에게 지불하지 않아도 된다.

OECD는 21개 회원국 일자리의 9%가 자동화될 것이라며 로봇 자동화가 인류의 일할 권리를 위협할 것이라고 경고했다.

무인 트럭의 등장으로 미국에서만 350만 명이 넘는 트럭 운전사들이 일자리를 잃을지 모른다는 보고서가 나왔다.

미국 농무부(USDA) 보고에 따르면 첨단 농기구의 등장으로 20세기 초 미국 노동인구의 50%가 농업에 종사했지만, 현재는 농업인구 절반이 기계로 대체됐다.

소나 말 같은 농업가축도 2200만 마리나 됐지만, 현재는 소나 말 대신 트랙터 500만 대가 일을 한다. 이 같은 놀라운 변화가 몇 년 안에 다시 일어난다.

〈토론 결과〉

(다) 주장의 강도 조절하기

주장을 진술할 때 그것의 확실성을 어느 정도 수준으로 표현해야 하는지는 과학적인 글을 쓸 때 중요한 문제다. '내 생각에는', '내가 보기에는', '-인 것 같다'와 같은 추측성 표현은 사안에 대하여 자신없는 태도를 내비치기 때문에 피하는 것이 좋다. 설득하는 글을 읽는 독자는 당연히 필자가 다루고 있는 문제에 대하여 충분한 확신이 있어서 글을 썼다고 가정하기 때문에 자신없는 모습을 보이는 것은 글을 읽는 동기를 감소시킨다. 하지만, 반대로 지나치게 단호한 주장을 하는 것도 문제가 될 수 있다. 측정한 수치에 오류가 있을 수도 있고, 실험 데이터를 잘못 이해했을 수도 있으며, 같은 결과를 다양하게 해석할 수 있는 경우도 있기 때문에 너무나 단정적인 주장을 펼쳤다가 나중에 그 주장에 대하여 책임을 져야 하는 상황이 생길 수도 있다.

<예시 5.5>의 (A)는 탈원전에 대한 주장과 이를 뒷받침하는 근거를 확신에 가득찬 어조로 제시하고 있다. 밑줄 친 부분을 보면 필자는 자신의 주장과 근거가 '진실'이며, 그것이 '여실히 드러났다', 혹은 '사실이 드러났다'고 단정적으로 표현한다. 이에 반해 (B)에서는 필자 자신의 주장을 단정적으로 제시하지 않고, 전문가나 권위 있는 사람의 주장을 인용함으로써 간접적으로 자신의 생각을 드러내고 있다. (A)의 방식에는 필자의 확신이 담겨있기 때문에 확신이 없는 것보다 호소력 있게 느껴진다. 물론, 필자가 단정적으로 말한다고 해도 그에 대한 판단은 독자의 몫이라고 볼 수도 있지만, 반대로 필자가 객관적인 근거를 확보하지 않은 채로 단정적으로 주장하는 것은 혼란을 불러올 수 있다. (B)는 필자의 확신이 (A)만큼 크게 느껴지지는 않지만 필자가 객관성을 확보하기 위하여 노력하고 있다는 점으로 인해 독자에게 신뢰감을 줄 수도 있다. 설득하는 글을 쓸 때 필자는 이 두 가지 방식을 적절히 활용하여 주장의 강도를 조절해야 한다.

예시 5.5

(A) 후쿠시마 참사의 기억이 생생한데 어떻게 오바마 대통령은 이미 어마어마한 액수인 원자력 발전 보조금을 증대시킨다는 제안을 할 수 있는가? 서글픈 진실이지만 미국 정부의 1차적 목표는 지구를 생명이 지속가능한 상태로 유지하는 것이 아니다. 무한한 경제성장이라는 정신나간 관념을 바탕으로 에너지에 중독된 경제시스템을 유지하는 것이다. 그러나 우리는 유한한 행성 위에 살고 있다. 화석 연료, 맑은 물, 숲, 경작지, 주요 광물 등 모든 자원은 이미 심각한 고갈 상태를 겪고 있다. 태풍, 홍수, 가뭄, 녹아내리는 빙하 등 기후변화를 생생히 입증하는 사건이 늘고 있는 현실을 직시한다면 끝없는 경제성장이라는 생각이 얼마나 터무니없는 것인지 여실히 드러난다. 이것은 매우 불리한 도박이다. 산업혁명 이래, 어쩌면 계몽시대 이래 인류는 탁월한 기술이 모든 것을 가져다 주고, 모든 문제를 해결할 수 있다는 쪽에 돈을 걸고 주사위를 굴려왔다. 이 세상에 한계가 없다는 가정, 자연을 뜻대로 통제할 수 있으며 신을 대신할 수 있다는 쪽에 모든 것을 걸었다. 그러나 이제 그 도박판은 속임수라는 사실이 드러났다.

- Smith, Gar(2012), Nuclear Roultette, International Forum of Globalization, [강병철 역(2015)], 『원전, 죽음의 유혹』, 꿈꿀자유, 20~21.

(B) 산업계 전체가 카르텔을 강화하는 구조로 팽창해 왔다는 점을 지적하는 시각도 있다. 에너지 기후정책 연구소는 원전 마피아 문제에 대해 "1990년대 한국형 원전 개발을 매개로 한 정부의 원전 중심의 전원 정책(관료), 핵 관련 기술 인력 양성(지식), 신규 원전 건설에 따른 시장 확장(자본)이라는 관료 · 지식 · 자본의 카르텔을 강화하는 순환 구조를 갖추게 됐다. 이러한 '핵 카르텔'의 강화 과정에서 에너지 정책은 군사 정부는 물론이고 민간 정부에서도 폐쇄적인 소수의 전문가에 의해 결정됐다"고 설명했다. 특히 원전 마피아들이 원자력안전위원회와 원자력안전기술원(KINS) 등 견제 · 감시 역할을 해야 할 기구까지 장악한 데 대한 우려의 목소리가 높다. 원전을 추진하는 기관과 안전을 유지하고 규제하는 기관은 각각 독립적으로 구성되어야 한다는 것은 상식이다.

- 김성환 · 이승준(2014), 『한국 원전 잔혹사』, 철수와영희, 103.

(라) 설득 속의 정보 전달하기

설득하는 글이라고 해서 그 안에 논증을 위한 장치만 들어있는 것은 아니다. 설득을 하는 과정에서 새로운 개념에 대한 이해나 변화를 촉진하기 위해, 정보를 전달하는 글이 가진 특성들이 많이 곁들여지게 된다. 설득과 논증은 사실에 근거하여 이루어지며, 생각의 변화는 지식의 변화를 동반하기 때문에, 정보 전달하는 글을 잘 쓸 수 있는 사람이 설득하는 글도 잘 쓸 수 있다.

<예시 5.6>의 첫 번째 문단은 AI로 인해 사라지는 일자리보다 새로 생겨나는 일자리가 많으며 인간과 인공지능은 조화롭게 협업할 수 있다는 주장을 담은 논증의 구조로 이루어져 있다. 하지만, 그 다음에 이어지는 문단들은 분석과 예시의 방식으로 전개되고 있어 정보 전달하는 글의 특성을 보여준다. 이렇게 적절한 정보를 많이 제공할수록 독자는 필자에게 동화되어 갈 수 있게 된다.

예시 5.6

【주장】 그러나 실제로는 기술에 의한 일자리 대체가 미디어에서 부추기는 것보다 훨씬 서서히 이루어질 것이며, 궁극적으로는 AI로 인해 사라지는 일자리보다 새로 생겨나는 일자리가 더 많을 것이라고 전문가들은 지적한다. 【이유/근거】 시장조사업체 가트너의 애널리스트 크레이그 로스는 자동화를 둘러싼 '일자리 뺏기'와 관련된 공포에 대해 "부메랑을 던졌

으면 한 발짝 물러서서 기다릴 줄도 알아야 한다. 어느 담론이건 지나치게 한쪽으로 치우치면, 반대 방향을 향한 모멘텀이 형성될 수 밖에 없다. '어쩌면 AI의 발달이 생각보다 나쁜 일은 아닐 지도 몰라'라면서 말이다"라고 말했다. 【반론】 물론 AI나 로보틱스는 장기적으로 봤을 때 일자리 시장에 근본적인 변화를 가져올 것이다. 맥킨지 글로벌 인스티튜트가 지난 11월 내놓은 보고서를 보면, 자동화로 인해 사라지는 일자리의 수는 최소 3900만 개에서 최대 7300만 개에 달한다. 【반박/주장】 그러나 한편으로는 현재 노동자가 맡는 작업이 자동화되면서 인간 노동자는 새로운 일거리를 갖게 되고, 또한 새로운 기술을 배우면서 수백만 개의 새로운 일자리가 생겨난다.

【분석】 가트너에 따르면 2020년까지 AI로 인해 사라지는 일자리는 180만 개 가량인 반면, 생겨나는 일자리는 230만 개로 더 많다. 2025년에는 AI와 관련해 생겨나는 일자리가 사라지는 일자리보다 2백만 개 이상 더 많고 여기에는 고도의 기술력이 요구되는 일자리부터 매니지먼트 레벨 일자리, 그리고 엔트리 레벨 및 미숙련 일자리 등 다양한 범주가 포함된다. 분명한 것은, 당장이라도 수백만 개 일자리가 사라질 것처럼 겁을 주는 기사제목과 달리 현실이 흘러갈 것이라는 점이다. 불필요한 패닉이 발생하는 이유는 일부 '태스크'의 자동화와 '일자리'의 자동화를 구분하지 않기 때문이다. 실제로 대부분 기업에서 자동화는 일자리 대체가 아니라 태스크 대체에 주로 이용된다고 로스는 설명했다. 즉, 로봇이나 기계가 대체하는 것은 인간 노동력 그 자체가 아니라, 인간이 행하는 업무 중 일부분일 뿐이다.

【예시】 인간 노동자를 보조할 역할로 로봇을 고용한 피자 회사를 예로 보자. 로스는 "아마도 로봇은 피자를 만들고, 굽고, 배달하는 과정에서 요구되는 총 20개 가량의 태스크 중 10개 정도를 맡게 될 것이다"라고 말했다. 실제로 캘리포니아 마운틴 뷰 기반 스타트업 '줌 피자(Zume Pizza)'에서는 로봇을 이용해 인간 노동자가 피자를 만들고 굽는 작업을 보조한다. 인간 직원이 피자 도우를 반죽 후 한 판 분량으로 쪼개 도우 프레스에 넣고 누른다. 이렇게 나온 피자 도우를 조립 라인에 올린다. 주문이 들어오면 1번 로봇이 주문에 맞춰 도우에 소스를 얹고, 2번 로봇은 그 소스를 피자 도우 전체에 펴 바른다. 이후 인간 직원이 이 도우를 건네받아 소스가 덜 발라진 곳이나 뭉친 곳을 손으로 펴서 깔끔하게 정돈한다. 그리고 그 위에 치즈와 각종 토핑을 올린다. 아직 로봇은 이 정도로 정교한 작업은 할 수 없기 때문이다. 줌의 CTO 조쉬 골드버그는 "이 작업은 미세하고 정교한 기술이 필요하기 때문에 인간 노동자에 일임하고 있다"라고 말했다. 이렇게 소스까지 바른 도우를 건네받은 3번 로봇은 완성된 피자를 베이크 오븐에 넣는다. 도우에 존재하는 활성 이스트를 죽이기 위해 화씨 800도로 가열 조리된 피자는 곧 배송용 트럭으로 옮겨진다. 굽는 작업을 로봇이 대신해 인간 노동자는 화상을 입을 염려가 없을 뿐 아니라 줌이 내세우는 '신선한 피자'를 고객에게 전달할 수 있다. 줌은 농장에서 오븐까지 산지직송 재료를 사용해 '배달 중 굽기'

기술을 적용한 배달 트럭으로 주문이 들어오자마자 피자 제작을 시작해 22분 내로 배송을 완료하는 '빠르고 신선한' 피자를 표방한다. 줌은 또한 옵티컬 타겟팅(optical targeting) 및 컴퓨터 비젼 기술을 활용해 ABB 제작 베이스 로봇 자동화를 교육하고 있으며, 커스텀 툴을 제작해 로봇의 매뉴얼 오퍼레이션을 가능케 했다. 로스는 "줌의 로봇 활용 사례는 현대 사회의 전형적인 인간-로봇 간 업무 분담 행태를 보여주고 있다"라고 말했다.

[출처] Clint Boulton, CIO 2019.01.08. (http://www.ciokorea.com/news/36847)

(마) 설득하는 글의 마무리

설득하는 글을 마무리할 때는 문제의 심각성을 다시 한 번 강조하면서, 글 전체의 중요한 주장을 되새기고 요약하는 것이 필요하다. 그리고 독자에게 감정적으로 호소하면서 필자의 마지막 제언을 통해 당부하는 것도 자주 사용되는 전략이다. <예시 5.7>에 나타난『원전, 죽음의 유혹』의 마지막 장에서 이와 같은 마무리 전략이 잘 나타남을 확인할 수 있다.

예시 5.7

【문제의 심각성】 자본집약적이고 채굴에 의존하는 중앙집중적 산업들은 붕괴하고 결국 대기오염, 토지 훼손, 수로 오염, 화학물질에 찌든 농경지, 해양 먹이사슬 파괴 등의 문제와 이로 인해 고통받는 사람들을 돌볼 책임은 시민 개개인과 지역공동체가 떠맡게 될 것이다. 【주장 요약】 원자력이라는 잘못된 해결책에 등을 돌리는 것은 그것 자체로 좋은 일일뿐더러 보다 나은 미래를 위해 정말로 꼭 필요한 것들에 집중할 수 있다는 점에서도 크게 환영할 일이다. 【미래에 대한 제언과 해결 방안】 우리는 현재 지니고 있는 기술을 보다 우수하고 효율적인 방향으로 발전시켜야 하며, 도시를 보다 조밀하고 편리하며 환경친화적인 공간으로 변모시켜야 한다. 조상들이 그랬던 것처럼 호사를 부리지 않고 보다 적은 것으로 생활하며 지구라는 행성을 공유한 이웃들과 보다 조화롭게 사는 방법을 배워야 한다. 소비주의의 유혹에서 벗어날 수 있다면 사회와 전 세계의 기본적 안정을 위협하는 불평등의 문제를 해결할 수 있을 것이다. 화석연료를 기반으로 하는 낡은 경제 체제는 부와 권력의 분배에 있어 엄청난 불평등을 조장해왔다. 지금 우리에게 필요한 것은 책임과 공유를 바탕으로 새로운 시대를 열어갈 수 있는 지속가능한 공감의 경제 체제이다.

-Smith, Gar(2012), Nuclear Roultette, International Forum of Globalization, [강병철 역(2015)],『원전, 죽음의 유혹』, 꿈꿀자유, 416~417.

▮연습 5.1▮ 다음 글을 읽고 컴퓨터가 인간의 창조성을 본뜰 수 있는지에 대한 자신의 입장을 정립하고 다른 사람이 자신의 견해를 수용하도록 설득하는 한 편의 글을 작성해 보시오. (이 글에 포함된 내용 중 일부를 근거 자료로 사용하고 필요한 경우 다른 근거 자료를 찾아서 인용할 것.)

인공창의성

사람처럼 생각하는 기계를 개발하는 인공지능의 발전으로 전문지식 추론이나 학습 능력에서 사람을 능가하는 컴퓨터가 출현함에 따라 컴퓨터 프로그램의 창조적인 능력, 곧 인공창의성도 관심사가 되고 있다.

1970년대 초부터 그림을 그리거나 음악을 작곡하는 컴퓨터 프로그램이 개발되기 시작했다. 예술가의 창조적인 재능을 가진 프로그램으로 여겨지는 대표적인 작품은 아론, 에미, 뮤테이터, 멜로믹스가 손꼽힌다.

아론(Aaron)은 1973년 영국 추상파 화가 해럴드 코언이 개발한 컴퓨터 화가이다. 아론은 코언이 화가로서 얻은 경험에서 도출된 규칙으로 구성된 일종의 전문가 시스템이다. 일단 프로그램이 동작을 시작하면 아론 스스로 그림을 그린다. 아론은 인간의 예술적 재능과 인공지능기술을 융합한 최초의 걸작품으로 평가된다.

에미EMI는 '음악적 지능의 실험(Experiments in Musical Intelligence)'을 뜻하는 약자이다. 미국 작곡가 데이비드 코프가 1982년부터 15년간 10만 줄의 컴퓨터 부호를 작성하는 노력 끝에 완성한 에미는 바흐 · 베토벤 · 모차르트의 교향곡 같은 음악을 작곡할 수 있다. 가령 에미는 모차르트가 작곡한 교향곡 41개를 분석하여 42번째 교향곡을 작곡했다. 모차트르 사후 200여 년이 지나 그가 부활하여 신곡을 발표한 듯한 착각을 일으킬 정도였다.

아론과 에미의 성공은 컴퓨터 프로그램의 창조적 능력에 대해 논란을 불러일으켰다. 예컨대 아론이 그린 그림의 주인을 놓고 의견이 엇갈린다. 한쪽에서는 아론이 코언의 창조적 재능의 산물이므로 아론은 코언의 꼭두각시일 따름이라고 주장하는 반면, 다른 한쪽에서는 코언이 아론이 그릴 그림의 내용을 예측하지 못하므로 그림의 주인은 아론이라고 주장한다.

어쨌든 코언의 예술적 재능을 흉내낸 아론이 독창적인 작품을 만들어낸다고 인정하더라도 인간의 창의성과는 비교될 수 없다. 왜냐하면 역사에 기록된 천재적인 예술가들이 보여준 창조성은 단순히 기존 방식을 따르지 않고 도리어 그것을 변형시킬 때 발현되었기 때문이다. 아론은 물론 이런 능력을 갖고 있지 않다. 아론이 다른 프로그램보다는 창의적이지만 사람에 버금가는 창조성을 가지려면 반드시 자신의 작업을 자율적으로 수정할 수 있어야 한다는 뜻이다.

아론의 한계를 뛰어넘으려는 시도는 생물의 진화 과정을 프로그램에 응용하는 이른바 '진화미술' 또는 '진화 음악' 형태로 나타났다. 대표적인 성과는 뮤테이터와 멜로믹스이다. 영국 조각가 윌리엄 레이섬이 개발한 뮤테이터(Mutator)는 돌연변이 유발 유전자, 곧 다른 유전자의 돌연

변이를 일으키는 유전자를 뜻한다. 레이섬은 수정란이 두 개의 딸세포로 분열되는 단순 과정을 반복하여 복잡한 형태의 성체가 되는 메커니즘에서 영감을 얻어 그림을 그리는 프로그램을 개발했다. 뮤테이터는 인간의 상상력을 뛰어넘는 기묘한 모양을 그려낸다.

스페인 과학자들이 개발한 멜로믹스(Melomics)는 '선율의 유전체학'을 뜻한다. 생물의 발생 과정을 본뜬 멜로믹스는 사람의 도움 없이 작곡할 수 있다. 2011년 10월 멜로믹스로 작곡된 음반인 이아머스(Iamus)가 발표되었다. 이아머스는 2012년 7월 런던 교향악단이 연주하여 '컴퓨터가 작곡하고 교향악단이 연주한 최초의 음악 작품'으로 자리매김했다.

뮤테이터와 멜로믹스는 진화에 의한 변형을 통해 스스로 창작했다는 측면에서 아론의 한계를 뛰어넘었다고 할 수 있다. 하지만 사람처럼 자신의 창작 과정을 심미적 기준으로 평가하는 능력을 갖고 있지 않기 때문에 컴퓨터는 결코 인간의 창조성을 본뜰 수 없다는 주장도 설득력을 갖게 된다. 사람의 창조적 사고 과정을 그대로 본뜬 컴퓨터 개발이 가능할지 여부는 두고 볼 일이다. 그러나 인공창의성 분야 권위자인 영국 철학자 마거릿 보든의 말처럼 "컴퓨터가 만들었다는 이유만으로 외면하면 우리는 흥미롭고 아름다운 수많은 작품을 잃게 될 것"이다.

『매일경제』 이인식 과학칼럼 (2016년 1월 23일)

연습 5.2 다음 글을 읽고 아래 주어진 문제들 중 하나를 선택하여 설득하는 글을 써 보자.

주제 ① 자율 주행차는 탑승자보다 보행자를 더 보호하도록 설계되어야 하는가?

주제 ② 자동차의 미래 권력은 IT 기업이 차지할 것인가?

주제 ③ 자율 주행차는 인간을 대체할 수 있는가?

보호받는 자와 보호하는 자

자동차에는 파트너 보호 개념이 있다. 일찍이 유럽을 중심으로 상대적인 교통 약자와 충돌할 경우 상대방을 보호해야 한다는 목소리가 높았고, 그 결과로 등장한 것이다. 예를 들어 대형 승용차와 경승용차가 충돌할 때 대형차의 차체 손상이 많아도 경차 운전자의 목숨을 지킬 수 있다면 그렇게 해야 한다는 것이다. 차의 크기와 기타 여러 적극적 안전장치(Active Safety)에 따라 운전자 보호는 얼마든지 높일 수 있기 때문이다.

대표적인 적용 사례가 뾰족한 엠블럼인데, 어린이를 포함한 보행자의 상해를 줄이기 위해 평면 부착으로 변경되었다. 자동차와 살짝만 부딪쳐도 쉽게 넘어지는 어린 아이에게 뾰족한 엠블럼은 매우 치명적인 흉기가 될 수 있었다. (중략)

미래의 관점에서 자동차 안전의 개념은 결국 '사람이 자동차에 명령을 내리는 상황에서 운전자를 보호할 것인가, 아니면 보행자를 보호할 것인가?'를 선택하게 할 것이다.

국제 학술지 『사이언스(Science)』는 2016년 관련 연구의 결과를 발표한 바 있다. 사람들은 대부분 무인 차가 승객을 희생시켜도 더 많은 보행자를 구해야 한다고 답하지만, 정작 운전석 또는 탑승석에 타고 있는 자신은 그런 차에 타고 싶지 않다는 응답이다. 프랑스, 미국 등 국제 공동 연구진이 2015년 6월부터 11월까지 6차례에 걸쳐 1,928명을 대상으로 조사한 결과는 미래 자율 주행차의 개발 방향을 제시하고 있다. 조사에 참가한 사람들은 대부분 자율 주행차가 최대한 많은 사람의 목숨을 구하도록 설계되어야 한다는 점에는 동의하였다. 또 자율 주행차가 방향을 바꾸지 않으면 보행자 10명을 충격하게 되고 방향을 바꾸면 1명만이 다칠 수 있는 상황에서는 대부분 1명을 희생시키는 게 낫다고 응답했다. 하지만 보행자 1명을 구하기 위해 탑승자의 목숨도 1명 잃어야 한다고 가정했을 때는 451명 중 단 23%만이 '그렇다'고 답했다. 탑승자가 안전하지 못한 상황에서 보행자를 겨냥할 때는 판단의 혼돈이 온다는 의미이다.

그러나 정작 해당 탑승자가 자신일 경우에는 상황이 달랐다. 보행자 10명 이상과 탑승자의 목숨을 바꾸어야 할 때 어느 쪽을 선택할지 물어보면 대부분의 응답자가 자신의 탑승자를 지키겠다고 답했다. 이 점은 탑승자보다 더 많은 수의 보행자를 보호하도록 차가 설계된다면, 구입할 사람이 별로 없을 것이란 가정에 힘이 실리게 한다. 그렇다고 많은 수의 보행자보다 승객을 먼저 보호하는 무인차를 내놓는다면 제조사는 타인의 생명을 경시한다는 책임에서 자유로워질 수 없다.

때문에 현재 개발이 진행되는 자율 주행차는 사고율 0%를 목표로 한다. 구글 자율 주행차의 경우 최근 6년간 200만 마일(330만 km)을 주행하면서 작은 사고 17건을 겪었는데, 대부분 다른 차의 과실로 발생한 점에 주목하고 있다. 다시 말해 사고의 대부분은 자율 주행차가 추돌한 게 아니라, 다른 자율 주행차를 추돌해 발생한 것이다. 이런 이유로 구글에서는 자율 주행 시스템을 현재까지 신뢰하고 있다.

이에 반해 자동차 회사들은 전통적인 개념에서 제아무리 인공 지능이 똑똑해도 결국 인간이 프로그래밍을 하고, 설계를 하는 만큼 오류는 불가피하다고 맞선다. 더불어 만약의 오류마저 수정·보완하기까지는 아직 시간이 많이 필요하다고 주장한다. IT가 결합된 인공지능 자동차의 시대가 어느 한순간 오는 게 아니라, 시간의 추이에 따라 서서히 진화할 것이고, 여기에는 막대한 투자가 뒤따른다는 점에서 IT 기업이 자동차의 미래 권력을 가져간다고 보는 시각은 지나치게 앞선다고 말이다.

- 권용주(2017), 『자동차의 미래 권력』, 크라운 출판사, 72~74.

Chapter 6

공학도의 실용적인 글쓰기

6.1. 이력서와 자기소개서

인간은 무슨 일이든 시작에 있어 그 동기가 뚜렷하지 않으면 성취감을 느끼기 힘들다. 졸업 후 취업하려는 학생들이 희망하는 회사에 대한 뚜렷한 동기가 없으면 입사 후에도 그다지 의욕을 느끼지 못하게 된다. 그래서 기업에서도 지원자가 어떠한 동기로 입사를 희망하는지, 입사 후에는 어떠한 자세로 직무를 수행할 것인지, 그리고 그 사람의 장래성은 어떤지 등을 파악하기 위해 노력한다. 취업을 희망하는 학생이라면 누구나 거쳐가야 하는 이력서와 자기소개서는 기업이 이와 같은 것들을 파악하기 위하여 가장 많이 참고하는 글의 형식이다. 이력서와 자기소개서는 취업을 하려고 노력하는 학생들에게는 개인의 능력을 표현하는 방법이며, 기업에게는 신규 인력의 개인적 성격이나 잠재능력 등을 파악할 수 있는 방법 중 하나이다.

이력서는 개인에 대한 객관적 정보를 간단 명료하게 기록한 문서이고, 자기소개서는 이력서에서 표현하지 못한 자신의 능력과 강점을 좀 더 구체적인 사실을 토대로 알리고 자신이 지원하는 기업에서 필요한 인재임을 전달하는 글이라 할 수 있다.

최근에는 이력서와 자기소개서의 고유한 형식을 기업의 인터넷 홈페이지에서 내려받도록 하는 경우가 많으며, 기업마다 규격화된 이력서와 자기소개서를 요구하고 있다.

(가) 이력서 쓰기

1) 이력서의 구성과 작성방법

이력서에는 일반적으로 인적 사항, 학력, 주요 활동 및 경력, 자격, 수상 경력, 특기 등으로 구성되어 있다. 최근에는 개인정보보호법 시행으로 꼭 필요한 사항만 요구하고 특히 직무와 연관성이 부족한 개인 프라이버시의 성격이 강한 결혼 여부, 종교, 취미 등은 요구하지 않는 경향을 보이고 있다.

㉠ 인적 사항

인적 사항은 사진, 성명, 생년월일, 주소, 연락처, 전자우편 등으로 구성되어 있다. 사진은 첫인상을 결정하는 중요한 요소로 3개월 이내 촬영한 것을 사용한다. 주소는 주민등록에 기재된 내용과 일치하도록 해야 한다. 서류 전형 결과를 전화, 우편 및 이메일로 통보하므로 반드시 정확히 기재해야 한다.

㉡ 학력

학력은 대체로 기업에서 특별히 요구하지 않으면 고등학교부터 기입한다. 입학과 졸업연도 및 일자는 관련 서류를 확인하여 기입한다. 일부 성적 표시를 요구하는 경우 성적표를 토대로 작성하되, 학점 그대로 기입하는지, 백분율로 기입하는지 확인하여 작성한다.

㉢ 주요 활동 및 경력

대학을 졸업하는 예비 취업생들로 신규 채용시에는 지원 분야와 연관된 연수, 교육 경력, 인턴 경력, 아르바이트 등을 모두 기입하는 것이 유리하다. 일부 기업의 경우 군복무 경력을 기입하도록 요구하기도 한다.

㉣ 자격

자격증은 신뢰할 수 있는 공인된 자격사항을 기입하는 것이 원칙이나 지원 분야와 관련된 특별한 자격 사항이 있는 경우 비공인 기관의 자격사항이라도 기입하는 것이

유리하다. 자격 사항은 지원 분야와 연관된 자격증을 우선적으로 기입하는 것이 바람직하다.

㉤ 수상 및 기타 사항

수상 경력은 교내외 행사나 대회에서 수상한 사실을 모두 작성하는데, 지원 분야와 연계성이 높은 사항을 우선적으로 기입한다. 예를 들면 학내, 전국 단위 또는 외국의 공모전 등과 관련된 수상 경력은 관련 증빙자료를 토대로 반드시 기입한다. 그 외에 지원 분야와 연관된 특별한 경험이 있다면 기입하는 것이 유리하다.

㉥ 마무리

상기의 개인에 대한 다양한 정보 내용을 작성한 후에 그 내용이 사실임을 확인하는 마무리가 필요하다. 예를 들면, '위 사항이 사실임을 확인합니다', 또는 '위 사항이 틀림이 없음을 확인합니다'와 같은 문구를 작성한다. 그리고 그 아래에 작성한 날짜, 작성자의 이름 및 날인 또는 서명을 한다.

예시 6.1

이력서의 작성 예

성　명	(한글) 김경남	(한자) 金 慶 南	(영문) Kim, Kyung Nam	
생년월일	1999년 9월 25일			사진
주　소				
자택전화				
휴대전화				
SNS	Facebook:	Twitter:	Blog:	
E-mail				

2010.03.01.-2014.02.24.
경남대학교 자연과학대학 경영학과 졸업(예정)
2007.03.01.-2010.02.10.
창원 경남고등학교 17회 졸업

기간	2012.01-2012.02
장소	㈜클럽메드 서울지사
활동내용	겨울방학 인턴 -온라인 마케팅 & On-line Brochure 편집 (주요 업무 및 활동 내용 작성) -고객상담 업무 진행
기간	
장소	
활동내용	

자격증		
자격증	위생사(2011년, 국시원)	MOS
	식품산업기사	
	한식조리기능사	

2010.3.15	풀무원 공모전 대상 수상(항노화산업의 미래)

외국어	회화능력	시험	점수	주관처
영 어	중	TOEIC	600점	ETS

기간	과정	점수	기관
2010.01-2010.12	호주 어학연수		The University Of Queensland

위 내용은 사실과 틀림이 없습니다.

2013.　　.　　.

작성자: 김 혜 진 (인)

2) 이력서 작성 시 주의사항

이력서는 개인의 역사를 다루는 사실 중심의 문서이므로 사실만을 기재해야 한다. 사실 관계는 대부분 관련 증빙서류 및 자료를 통해서 확인되므로 만약 증빙이 가능한 자료가 없는 경우에는 오히려 기재하지 않는 것이 바람직하다.

이력서도 문서이므로 맞춤법에 따라 작성해야 하며 한자어와 외래어 표기도 확인하여 작성하는 것이 바람직하다. 특히 오탈자는 기업에서 작성자의 성실성을 검토하기 위해 즐겨 사용하는 방법 중의 하나이기 때문에 이력서를 작성한 후에 꼼꼼하게 확인해야 한다.

사람의 첫인상은 처음 2~3초 사이에 각인이 된다고 한다. 기업에서 처음 대면하는 이력서 상의 사진을 통한 자신의 모습이 이미지 형성에 큰 역할을 한다. 최근 사진촬영 기법이 매우 다양하게 발전되면서 보정 작업도 필요에 따라 이루어지고 있다. 그러나 지나친 보정은 오히려 해가 될 수 있다. 단정한 상태의 모습을 있는 그대로 보여주는 것이 바람직하다. 사진은 가능하면 2~3개월 이내에 촬영한 것을 사용하는 것이 바람직하다. 너무 오래 되었거나 규격에 맞지 않는 사진은 붙이면 안 된다. 이력서에 부착 시 사진 양식 안에 사진이 들어가도록 하는 것이 바람직하다. 최근에 디지털 카메라나 핸드폰 카메라의 성능이 좋아져 직접 사진을 찍어 프린트해서 부착하는 경우도 있는데, 배경이 있거나 정자세가 아니면 피하는 것이 좋다. 이는 면접에 반바지를 입고 오는 것과 마찬가지다. 이력서 사진은 기업에 따라 명함판 또는 반명함판을 사용한다.

기업에서 요구하는 이력서는 기업의 홈페이지에서 내려받아 작성하기도 하지만 규격화된 이력서를 제공하지 않는 경우에는 개인이 개별적으로 준비해야 한다. 이러한 경우, 이력서에는 일반적인 개인 정보와 지원 분야와 연관된 내용을 중심으로 작성하며, 한눈에 파악할 수 있도록 기재 사항의 배치 및 글씨 크기, 글자 모양 등도 세심하게 선택하는 것이 바람직하다.

▌활동 6.1▐ 이력서를 다음 양식에 맞게 작성해 보자.

이 력 서

	이 름				

학력사항			
재학 기간	학교명 및 전공	학점	구분
			졸업

활동사항			
기간	활동 내용	활동구분	기관 및 장소

어학			
언어	시험	점수	기관

교육/연수		
기간	과정명	기관

수상내역		
기간	상세 내용	기관

자격증			
취득일	자격증/ 면허증	등급	발행처

병역		
복무기간	군별/ 계급/ 병과	미필사유

가족사항				
관계	성명	연령	직업	직위

위에 기재한 사항은 사실과 틀림이 없습니다.

2018년 월 일

성 명 : (인)

(나) 자기소개서 쓰기

1) 자기소개서 작성 방법

자기소개서는 자기소개를 통해 대인 관계, 조직에 대한 적응력, 성격, 인생관 등을 알 수 있고 그 사람의 성장 배경과 장래성을 가늠해 볼 수 있다. 또한 문장 구성력, 논리성뿐만 아니라 자신의 생각을 표현하는 능력까지 확인할 수 있다. 그러므로 자기소개서에는 자신감, 준비성, 긍정적 마인드, 투철한 직업윤리, 효율성, 창조성, 목표 지향성 및 문제 해결 능력을 압축적이고 구체적으로 표현해야 한다.

일반적인 자기소개서의 구성 내용으로는 성장과정, 자신의 장단점, 대학 생활의 활동, 지원동기와 포부, 지원 분야의 직무능력을 볼 수 있는 사항 등이다. 그러나 기업에 따라서는 특별한 주제를 제시하여 작성하도록 하기도 한다.

자기소개서는 이력서에 담지 못하는 좀 더 구체적인 내용의 스토리텔링 방식으로 작성하기 때문에 다음과 같은 주의 사항을 고려하여 작성해야 한다.

- 과거의 구체적인 사실(fact)를 토대로 작성해야 한다. 증명할 수 없는 자기 주장, 진술 및 선언 등은 피해야 한다. 그러나 구체적인 사실이라 하더라도 이것저것 나열하는 것보다 확실한 한 가지를 잘 드러내어 특성화시켜야 한다.
- 지원하는 기업에 대하여 많이, 그리고 잘 알고 있음을 드러내야 한다. 그러기 위해서는 자신이 취업을 희망하는 기업에 대하여 시간을 갖고 홈페이지를 정기적으로 방문하거나 매스컴의 기사 등도 관심을 가지고 지켜보아야 한다. 또한 본인이 잘난 사람이라는 것보다 지원하고자 하는 기업에 잘 맞고 적합한 사람임을 드러내야 한다.
- 글의 표현은 과장됨이나 부풀림 없이 그대로 표현하되, 광고 카피나 신문의 머리글처럼 적합한 헤드라인을 추출하여 확실하게 강조해야 한다. 글의 순서는 중요한 사항 또는 결론을 먼저 쓰고 설명하는 것이 유리하다.
- 자기소개서는 기업에 따라 각 질문 사항에 따라 자유롭게 작성하라고 하는 경우와 글자 수를 제안하거나 정해진 규격 내에서 작성하도록 하는 경우가 있다. 그러므로 중복되는 말은 피하고, 맞춤법과 띄어쓰기를 제대로 지켜야 한다. 그리고 한 문장은 두 줄 (100자) 이상 넘지 않게 작성하고 논리적으로 문맥이 맞아야 한다.
- 반드시 자기소개서를 작성한 후에 주위의 선배, 교수 등으로부터 피드백을 받아야 한다.

2) 자기소개서 작성 절차

㉠ 준비 단계

- 지원하고자 하는 회사의 홈페이지를 방문하여 지원 서류를 확인한다. 자기소개서에서는 일반적으로 지원 동기 및 포부, 성장 과정, 성격의 장단점, 대학 생활 및 사회 생활에 대한 정보를 요구한다. 그리고 기업에 따라 테마형 질문을 하기도 한다. 예를 들면, 어떤

문제나 과제에 대해 기존과 다른 창의적 방법으로 문제를 해결했던 경험을 구체적으로 기술하라고 요구하기도 한다.

- 그 회사의 경영 전략과 비전, 성장 과정, 주력 사업 내용, 요구하는 인재상 등 기업 정보를 수집하고 분석한다. 기업 정보를 장기적으로 수집할수록 기업이 추구하는 사업 방향에 대하여 잘 알 수 있다.
- 그 회사의 소개서 양식에 있는 질문을 분석하여 질문에 답할 수 있는 키워드를 정리한다.

ⓛ 내용 구성

- 자신이 지원하는 분야에서 요구되는 능력을 파악한다.
- 능력을 증명할 경험이나 활동 경력을 찾는다.
- 키워드를 활용하여 질문에 대한 답을 개괄적으로 작성한다.
- 의미 있는 경험 속에 있는 핵심적인 내용을 압축한다.
- 개괄한 내용을 스토리텔링하여 내용을 작성한다. 즉 상황을 설정(situation)하고 이에 대한 해결해야 할 과제(task)에 대해서 내가 했던 행동(action)을 서술하고 행동의 결과(result)를 쓰되, 이를 통해 자신이 느끼고 깨달은 교훈을 기업에서 요구하는 인재상과 연계하여 작성한다.

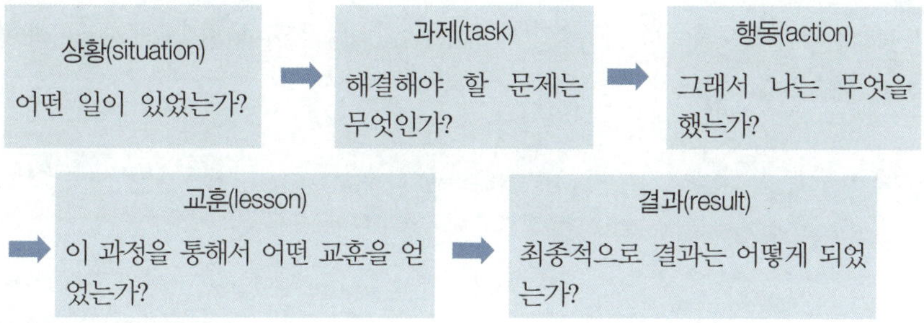

ⓒ 다듬기

- 각 질문에 대한 답이 충분한지 확인한다.
- 누락된 내용을 찾아 정리한다.
- 글의 흐름을 살펴 자연스러운 흐름이 되도록 한다.
- 군더더기 서술은 지우고 내용이 압축되도록 한다.

- 각 질문에 대해 필요 시 부제를 달아 핵심을 강조하여 표현한다.
- 맞춤법에 맞는 정확한 문장이 되도록 다듬는다.
- 최근에는 질문에 대한 답을 제한된 글자 수 이내로 작성할 것을 요구하므로 글자 수가 너무 많아지지 않도록 제한된 글자 수에 맞추도록 한다.

예시 6.2

자기소개서 작성 및 이에 대한 첨삭지도의 예

1. 회사 및 직무에 지원한 동기와 지원한 직무를 잘 수행할 수 있는 이유를 본인의 경험, 준비와 노력을 바탕으로 기술하여 주십시오 (1000자) *1000자 넘는 것 아닌가? 확인할 것

1) CJ프레시웨이에 지원하게 된 동기가 뭐지? 친구 때문에? 임팩트가 없고 친구 이름까지 쓸 필요 없음

대학 3년차 겨울방학에 금융감독원 ECMD급식업체에서 영양사실습을 하였습니다. 강릉대학교에 다니는 미혜라는 친구와 함께 실습을 하면서 진로에 대한 이야기를 자주 하게 되었습니다. 미혜친구는 CJ프레시웨이에 지원해 보겠다며 관심을 보였습니다. CJ프레시웨이 하면 '이츠웰 비엔나소시지' 제품 밖에 몰랐기 때문에 어떤 회사인지 궁금했습니다. 영양사 실습을 마친 뒤 CJ프레시웨이에 대해 알아보기 위해 인터넷 사이트를 자주 방문하게 되었습니다. 그 후 CJ프레시웨이를 본격적으로 짝사랑하기 시작하고 고객이 아닌 한 가족이 되고자 뉴스검색과 보도자료를 구독하면서 애정을 키워나갔습니다. CJ프레시웨이와 평생을 함께 하고 싶습니다.

2) 1의 질문 순서대로 답할 것. 질문에 대한 답을 1000자로 해야 하므로
-회사에 지원한 동기(300자)
-업무를 잘 수행할 수 있는 본인의 경험(300자)
-업무를 잘 수행하기 위해서 어떤 준비와 노력을 했나(400자 정도로 일단 나누어 기술해보자)
* 영양사 업무를 잘 수행하기 위해서 어떤 노력을 기울여 왔나?(미래가 아니라 과거로부터 현재까지..)

각각의 질문에 좀 더 구체적으로 답을 보완해 봐!!! 아르바이트 말고 전공과 연결시킬 것은 없는지?

단체급식을 일반 음식에 비해 단조롭고 저렴하다는 편견을 극복하기 위해 매주 수요일을 프레시데이로 지정한 것이 인상 깊었습니다. 다양한 메뉴로 고객의 요구에 맞게 끊임없이 변화를 시도하는 CJ프레시웨이의 창조 정신과 도전정신에 반했습니다. <u>창의적인 사고와 계</u>

속적인 발전으로(어떤 창의적인 사고와 계속적인 발전을 말하는 거지? 구체적인 사례를 들 것) CJ프레시웨이와 함께 크게 성장해가고 싶습니다.

원활한 의사소통능력과 멀티플레이어역할로 판매 1위의 성과를 창출해 냈습니다. 2년간 창원 홈플러스 점에서 명절선물세트로 더덕 · 수삼 · 송이 · 산양삼 · 건 버섯 · 김 · 멸치 · 과일세트를 판매하는 일을 하였습니다. 배송단계와 보관하는 방법 및 효능을 사전에 공부하여 고객들의 질문과 요구사항에 잘 대처하였습니다. 처음 배정 받은 건 버섯세트 판매뿐만 아니라 동시에 김 · 멸치판매를 했기에 여러 사람의 몫을 혼자의 힘으로 할 수 있었습니다. 그럼에도 불구하고 건 버섯을 판매했을 때 재고 없이 모든 물건을 다 팔아 농산물부분에서 판매 1위를 차지할 수 있었습니다. 이런 경험을 바탕으로 어떠한 상황에서도 유연성을 나타낼 것이며 효과적인 손익으로 업장을 운영할 수 있습니다.

다양한 사람들과 새로운 업무나 과제, 프로젝트에 거침없이 뛰어들 준비가 되어있습니다. 대학 2년차에 학생복지위원회라는 학우들의 편의와 복지를 위해 일하는 중앙 자치 기구에서 정보통신국장으로 활동한 적이 있습니다. 식품영양학과에서부터 법학과까지, 21살에서 25살까지, 소극적인 성격부터 활발한 성격까지 다양한 팀원들로 구성되었습니다. 대학생활의 꽃인 축제 때에는 교내의 학과와 동아리 100여 개를 대상으로 천막, 테이블, 의자 대여사업과 주류사업을 맡아서 했습니다. 축제 전부터 업체 선정과 자리배분 등으로 바빴고 축제 3일 동안은 창고 구석에 쪽잠을 자며 일했습니다. 힘든 분위기 속에서도 미소를 잃지 않으시는 언니, 오빠들과 밝은 저의 에너지로 유쾌하게 축제를 잘 마무리 할 수 있었습니다. 이외에도 교내의 매점조사, 편의시설 할인혜택 등을 위한 일을 했습니다. CJ프레시웨이 입사하여 우수한 조직력과 적응력으로 다양한 사람들과의 교류할 자신이 있습니다.

2. 입사 후 이루고 싶은 목표는 무엇이며, 목표를 이루기 위하여 어떠한 준비와 노력이 필요하다고 생각하는지 기술해 주세요. (1000자)

2) 2번 질문은 현재 나의 역량이 아니라 미래에 대한 목표와 준비, 내가 해야 할 노력인 것에 주목할 것

-입사 후 이루고 싶은 목표는 좀 구체적이고 실천 가능한 내용으로 쓰도록 할 것
예) 밑줄 친 부분 참고

-그 목표를 이루기 위하여 앞으로 어떤 준비와 노력을 할 것인가??

-이것 역시 1000자를 '입사 후 이루고 싶은 목표'(300자), '목표달성을 위한 (현재와 미래의) 어떤 준비와 노력이 필요하다고 생각하는지'(500자), 그리고 '마지막 나의 각오와 포부 등

으로 마무리'(100자) 정도로 나누어서 생각해보자!

전반적인 영역에서 사업 역량을 갖춘 국내 최고의 푸드 서비스 회사인 CJ프레시웨이와 함께 변화를 시도하고 새로운 영역을 개척해 나가고 싶습니다.

먼저, CJ프레시웨이의 '503식단'을 이용한 솔선수범한 업장(무엇으로 솔선수범 하겠다는 것인가?)을 만들겠습니다. 바쁜 생활 속 건강식을 챙겨 먹을 수 없는 직장인들의 상황을 고려하여 하루 세 끼의 식사 중 단 한 끼에만 집중(단 한끼? 무엇으로?)함으로써 건강과 다이어트를 모두 챙길 수 있도록 고객님들의 식습관의 변화를 주겠습니다.

두 번째, 매주 수요일 '프레시데이'로 고객만족 1위 업장을 만들겠습니다.(단순히 '프레시데이'만 가지고 1위 업장을 만들 수 있을까?) '트렌드데이'는 우리나라와 다른 나라의 전통음식을 퓨전요리 하여 우리의 것도 살리면서 다른 나라의 음식과 문화를 알 수 있도록 하며 간략한 설명을 게시하여 식사할 때 즐거움을 드리겠습니다. '헬시데이'는 효소가 풍부한 발효음식인 김치, 된장, 청국장, 젓갈, 치즈 등을 이용하여 소화를 개선하고, 장내 유익 균의 균형을 이루는 등의 발효음식의 장점을 활용하여 건강한 식단을 제공하겠습니다.

서구형의 나쁜 식습관을 고쳐 우리 전통음식의 미를 보여드리겠습니다. 대학교 2학년 때부터 4학년까지 3년간 한국음식 연구동아리에서 활동하였습니다. 한식 특강과 실습으로 두 번의 전시회를 열 수 있었으며, 담양 한과체험, 송천 떡 마을 견학 등의 경험으로 학교에서 수용인원이 가장 큰 급식소에서 떡과 양갱, 강정, 한과 등의 무료시식회를 열어 젊은 세대에게 한국의 전통 다과의 저변확대를 위해 노력하였습니다. CJ프레시웨이에 입사하여 전통다과 뿐만 아니라 전통음식을 쉽게 접할 수 있도록 앞장서겠습니다.

글로벌한 시선으로 해외 음식문화를 개척하기 위한 도전 정신을 갖추었습니다(글로벌한 시선이 뭘까? 그 애매한 단어로 도전정신을 갖추었다고 선언하는 것은 무리가 아닐까?). 대학교 3년차 겨울 '한마글로벌 리더'라는 프로그램에 발탁되어 장학금을 받아 2주간 중국으로 해외연수를 받았습니다. 북경과 상해를 다니며 유심히 관찰했던 것은 중국의 음식문화였습니다. 우리나라의 식생활 습관과 다른 점은 주요리가 다 나온 뒤 양이 부족할 때 주식을 시키고, 꽃잎차를 항상 두어 마신다는 점을 볼 수 있었습니다. 중국인들의 식생활 습관과 지역별 요리 특징을 알 수 있었고 무엇보다 다른 나라의 음식에 관해 거리낌이 없어졌으며 관심을 가지게 되었습니다. 이외에도 5일간의 일본수학여행, 5일간의 보라카이여행으로 견문을 넓히고 다른 나라의 음식종류와 문화를 체험하고 공부할 수 있었습니다. CJ프레시웨이에 입사하여 글로벌한 식문화를 창조하고 제공하는데 앞장서겠습니다.(앞의 밑줄 친 부분은 앞으로 어떤 준비와 노력을 할 것인지로 바꾸어야 해. 과거에 있었던 일을 묻는 게 아니거든? 질문에 충실하게 답해야 하니까 중국 갔다 온 것, 일본 5일 간 것. 보라카이 여행은 질문에 대한 답으로 설득력이 없어 보인다)

▌활동 6.2▐ 자기소개서를 다음 두 가지 양식에 맞추어 하나씩 작성해 보자.

〈양식 A〉 삼성그룹

존경인물(15)	
존경사유 (50자)	
취미특기(15)	
나의 장점 (200자)	
나의 보완점 (200자)	
성장과정 및 학교생활 (400자)	
지원동기 및 포부 (400자)	

〈양식 B〉 KB금융그룹 예

1.성장 과정을 통하여 귀하를 소개하여 주십시오(400자)
2.본인이 지금까지 살아오면서 가장 큰 난관에 부딪힌 사례를 소개하고 난관을 극복한 방법과 그 결과를 통해 느낀 점을 작성해 주십시오(400자)
3.국내 보험 산업의 현재 상황을 나타낼 수 있는 사자성어를 제시하고 그 이유를 기술하십시오(400자)

6.2. 이메일과 문자

인터넷 사용이 일반화되면서 이메일 혹은 스마트 폰의 메신저 사용이 일상화되어 가고 있다. 대학교 내 의사소통에서도 이메일, 메신저 혹은 문자를 사용하는 경우가 많은데, 예의에 어긋나는 사용으로 불쾌한 감정을 유발하는 경우가 종종 생긴다. 본 장에서는 이메일과 문자 사용의 일반적인 작성법을 살펴보고, 몇 가지 예시를 통해 어떻게 이메일과 문자를 안전하고 예의에 벗어나지 않도록 사용하는지 알아보도록 하겠다.

(가) 이메일 작성법

쉐릴 린드셀-로버트의 '바보를 위한 비즈니스 작문법(Business Writing for Dummies)'에서 제시하고 있는 효과적인 이메일 작성법에 관한 팁이다. 좋은 이메일이란 발신자의 생각을 신속하고 분명하게 그리고 기분 좋게 소통할 수 있게 해주는 수단이 된다.

㉠ 제목은 신문 헤드라인처럼

이메일 제목은 수신자로 하여금 관심을 빨리 끌 수 있게 할 수 있다. 그러므로 상세한 정보를 담으면서도 압축하여 표현하는 것이 좋다. (나쁜 예: "레포트" 좋은 예: "X월X일 레포트#3") 또한, 제목만 보더라도 어떤 내용인지 유추할 수 있도록 작성하는 것이 좋다. 잘못하면 스팸 메일로 처리될 수도 있다.

㉡ 중요한 내용은 첫 문장에

수신자에게 가장 중요한 정보를 첫 문단에 넣어 곧바로 핵심에 들어가는 것이 좋다. 수신자 입장에서 궁금할 것이라 생각되는 모든 질문을 생각해 보고, 그것에 답을 한다고 생각하고 작성한다. Who, What, When, Where, Why, 그리고 How에 대해 생각해 보는 연습을 하자.

ⓒ 내용은 간단하면서 분명히

너무 많은 내용을 작성하지 마라. 화면을 넘어서는 이메일인 경우, 첨부 문서를 활용하거나 링크를 달아 보내는 것이 좋다. 또한, 실제 대면해서 의사를 전달하고 있다고 상상하면서 작성하는 것도 도움이 된다.

ⓔ 예의와 문법을 지킬 것

친근한 인상을 준다고 최신 유행어를 쓴다거나, 축약어(예 ㅇㅋ, ㅇㅈ 등)를 쓰지 않도록 한다. 수신자의 이메일 주소, 이름 등을 정확하게 작성했는지 확인한다. 이모티콘(예 ^^, -_- 등)은 감정 전달을 쉽게 할 수 있는 수단이 되나, 초면이거나 사적으로 친분이 없는 상대방에게는 자제하는 것이 좋다. 또한, 한글 맞춤법을 검사하여 가급적 틀리지 않도록 한다. 너무 많이 틀리면 안 좋은 인상을 남기게 된다. 친구 간이 아니면 가급적 완전한 경어체를 쓰도록 한다.

(나) 이메일 작성 시 유의 사항

이메일도 문서이기 때문에 목적을 정확하게 인식하고 상대방으로 하여금 잘 이해될 수 있도록 쓰는 것이 우선이다. 그러나 잘못 써서 보낼 경우에는 상대방을 불쾌하게 하거나 몰지각한 사람으로 오해받기 쉽다. 대학을 졸업하고 직장인이 되면 글쓰기와 멀어질 줄 알지만, 오히려 반대인 경우가 더 많다. 이메일, 보고서, 기획안 등 하루하루가 글쓰기의 연속이기 때문이다. 직장인들의 글쓰기, 그 첫 시작은 이메일 작성일 것이다. 또한, 대학 졸업 후 직장을 알아보는 데도 이메일은 매우 큰 역할을 한다. 이메일 작성 시 유의해야 할 점을 살펴보고, 바른 예시를 들어 보겠다.

㉠ 수신인의 이름 등록

메일 주소록에 정확한 이름과 직함을 등록해야 한다. 그렇게 해야 메일 오발송의 위험도 줄으들고 받는 사람이 자신에게 정확히 발송된 메일이라는 것을 알 수 있다. 수신자, 참조(CC)에 정확한 이름과 직함을 사용하고 있는지 확인하자. 수신자를 주소록에서 찾을 경우 동명이인이 아닌지 확인하는 것도 잊지 말자.

㉡ 이메일 작성 시 관련된 사람들에게 CC(참조)를 넣을 것

수신자 외에 업무를 공유해야 하는 팀 혹은 상사에게 CC(참조) 및 BCC(숨은 참조)하여 돌아가는 상황을 알려야 한다. 이를 통해 상사에게 업무 진행 상황에 따른 중간 보고를 하지 않고 메일 참조만으로도 진행 과정을 충분히 알릴 수 있고 실수를 줄일 수 있다.

㉢ 이메일 본문은 비즈니스의 축소판

보통 첫 문단에는 간단한 인사말과 함께 보내는 사람의 이름과 소속을 쓴다. 수신 메일을 전달하거나 내용이 없는 메일을 보낼 때에도 간략한 이름 및 메일을 발송하는 목적을 명시하는 것이 메일을 보내는 사람의 예절이다. 업무의 내용은 편지 형식 같은 서술형보다는 전달 내용에 번호를 붙여 개조식 형태로 보내는 것이 더 알아보기 쉽다.

㉣ 첨부파일에 대해 신경 쓸 것

종종 첨부파일을 잊고 보내는 경우가 많다. 발송 버튼을 누르기 전에 꼭 첨부 파일에 대해 신경을 써야 한다. 또한, 하루에 수십 통의 메일이 오가는 상황에서 일정 용량을 초과한 첨부 파일을 아무 동의 없이 보내는 것은 업무에 큰 불편을 줄 수 있다. 최대한 압축하고 사진 파일과 같은 경우 사이즈를 조정하여 수신자 이메일 용량에 부담이 가지 않도록 해야 한다. 부득이하게 대용량 파일을 전달해야 할 경우 웹하드와 같은 대용량 메일 서비스를 이용하는 것이 좋다. 첨부 파일이 여러 개인 경우, 파일 개수와 제목 등을 정확히 명시하도록 하자.

㉤ 메일은 내 얼굴

이메일을 통해 자신을 가장 명확하게 나타내는 것은 메일 마지막에 붙는 서명이다. 서명에는 메일 발송자의 소속, 직급, 연락처 등의 기초 정보를 필수적으로 기재하는 것이 좋다. 명함 자체를 이미지화하여 첨부하는 방법도 요긴하게 사용된다.

ⓑ 꼭 최종 확인 후 발송

최종적으로, 무심코 쓰는 약어 표현은 없는지, 용어가 모호하지는 않은지, 띄어쓰기, 오타 등은 없는지 등을 최종 검토한 후 발송 버튼을 누르는 습관을 들이도록 하자. 기초적인 실수가 있으면 비즈니스 상에서는 신뢰성이 급격히 떨어진다.

예시 6.3

이메일 작성의 예

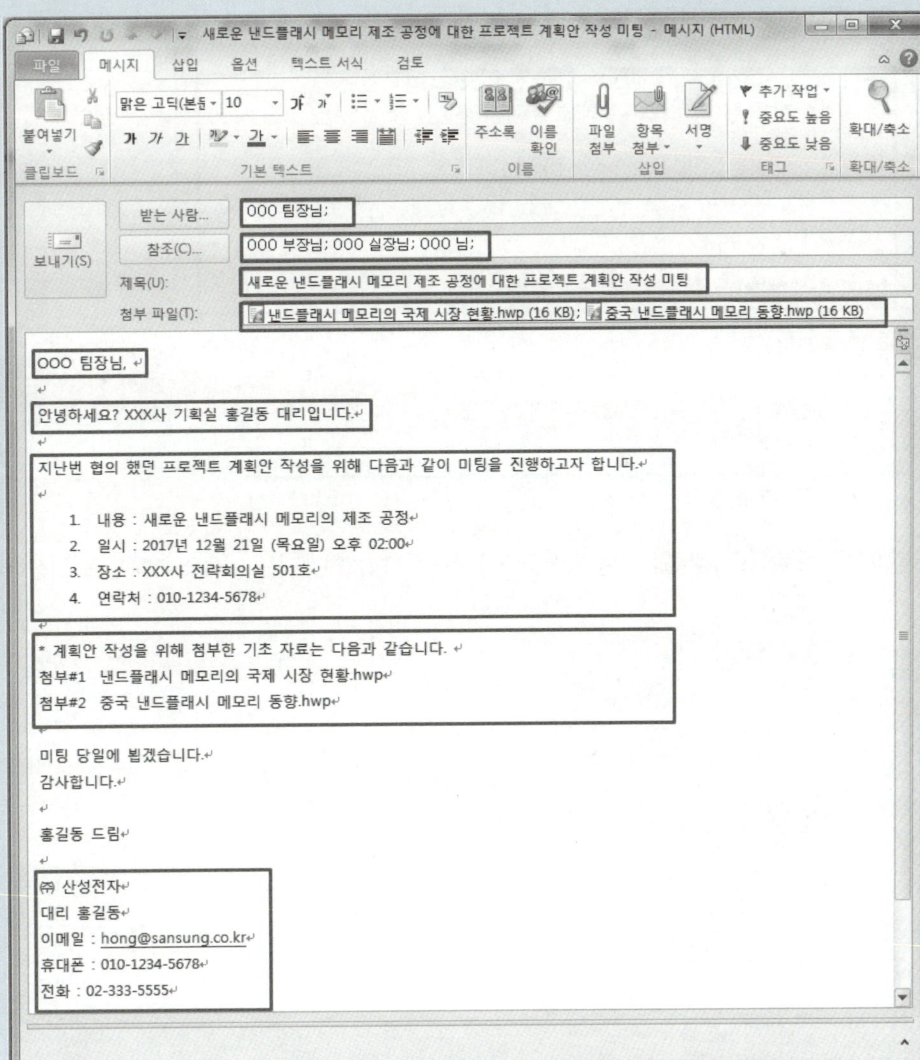

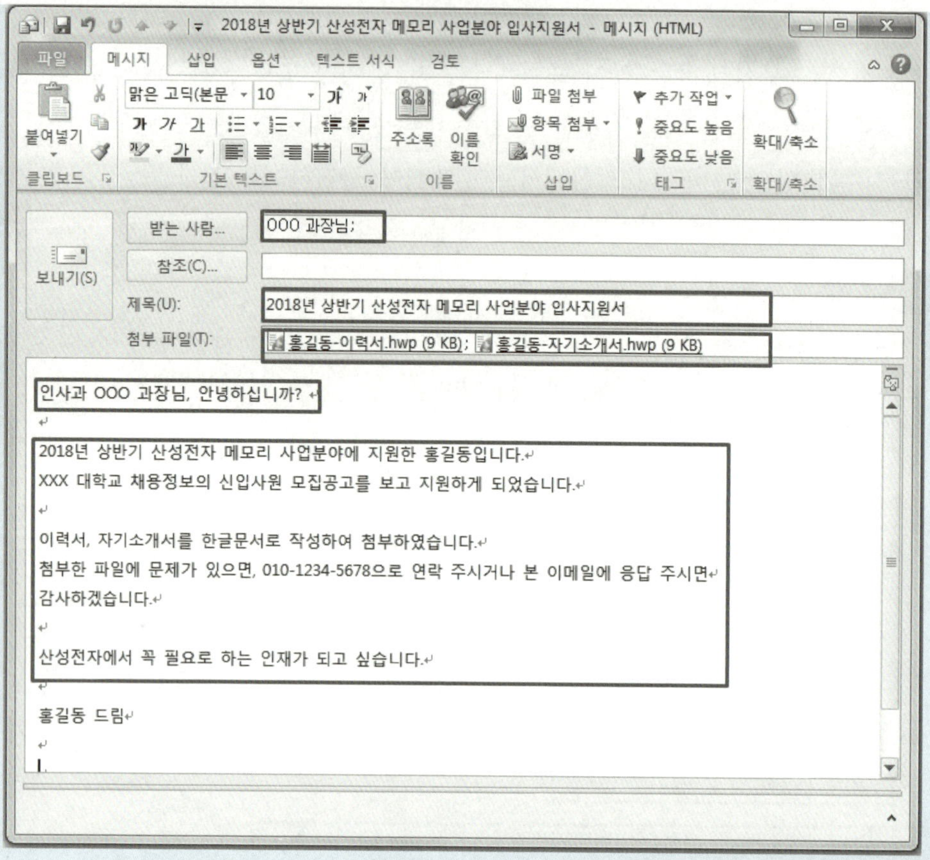

▌활동 6.3▐ 프로젝트 업무와 관련하여 상대방 회사에 방문하겠다는 내용의 이메일을 작성해 보자.

(다) 학교 내에서의 이메일/문자

대학교에서 교수님께 이메일을 쓴다면 아마도 성적 문의 및 정정 요청, 면담 신청과 관련된 이메일인 경우가 가장 빈번할 것이다. 그러나, 상당수의 학생이 너무 자기 입장에서 이메일을 작성하는 경우가 있고, 간혹 너무 예의 없이 보내 불쾌감을 유발하는 경우가 종종 있다. 적절하지 않은 예시와 상기 이메일 작성법에 맞추어 작성된 바람직한 예시를 비교해 보고, 이메일 작성법을 연습해 보도록 하자.

예시 6.4

성적 문의 및 정정 요청 이메일/문자 안 좋은 예들

제목 : 성적
이번에 교수님 수업에서 C0를 바닷는데, 성적 확인해 주세요. 과제물 모두 냇고, 결석도 업고, 시험도 그럭저럭 잘 밭눙데... ㅠㅠ 이해할 수 업습니다.

제목 : 학번 XXXX ○○○
성적 확인해 주~샘 :-(

제목 : ○○회로
성적 B+ 받았습니다. 다음 학기 장학금 때문에 그런데... ㅎㅎㅎ A로 안 될까요? 교수님!^^*

제목 : 교수님!
A0 받았는데, A+로 올려 줄 수 있는지요? A등급 내에서는 올려줄 수 있는 걸로 알고 있습니다.

▌활동 6.4▐ 위의 예시에서 어느 부분이 문제가 있는지 토론하고, 이를 바르게 고쳐서 작성해 보자.

예시 6.5

면담 신청 이메일/문자 안 좋은 예들

제목 : ○○○입니다
공모전 준비하고 있습니다. XX시에 찾아갈게요.

제목 : 급한 일이 생겼는데...
○○○인데, 오늘 오후에 급한 일이 생겨 다음에 찾아가겠습니다.

제목 : 학번 XXXX ○○○인데, 취업문제로 오늘 오후 2시에 교수님 연구실로 찾아 가겠습니다.
제목과 동일.

▌활동 6.5▐ 위 예시에서 어느 부분이 문제가 있는지 토론하고, 바른 예를 작성해 보자

예시 6.6

수업 관련 질문 이메일/문자 예시

제목 : 질문
ㅇㅇ회로 수업 내용 중 XXX 회로 다시 설명해줘요!!!!!!!!

제목 : 몰라요ㅋㅋㅋ
p.XX 수식 (3) 잘 모름.

제목 : 레포트
오늘 내준 레포트, 어떻게 작성 하란 건가요? XX일까지는 너무 촉박한 듯한데, 3일 연장 해주세요.

▌활동 6.6▐ 위 예시에서 어느 부분이 문제가 있는지 토론하고, 바른 예를 작성해 보자

6.3. 시험 답안지

답안지 혹은 레포트를 채점하다 보면 학생들이 알고 있는 것과 글로 표현하는 것과의 차이가 너무 크다는 것을 느낀다. 알고 있는 것 같은데 답안지 작성의 기본적인 요령을 몰라 고득점을 못하는 경우가 종종 있다. 본 장에서는 답안지 작성의 기본적인 방법을 살펴보고, 잘못된 예와 바른 예를 통해 좋은 답안지의 특징을 알아보도록 하겠다. 답안지를 작성하기에 앞서 일단 시험 답안지의 채점자가 어떤 유형의 사람인지 분명하게 알아야 한다. 주관식 시험의 경우 학생들이 해당 주제를 얼마나 이해하는지를 보여주고 수업에서 배운 내용을 종합해 기술할 수 있는지를 입증하는 기회다. 답안지를 교수님이 채점하지만, 공학 시험에서 계산 문제를 제외한 서술형 답안을 완벽하게 채점하기란 매우 어렵다. 또한, 답안지를 작성할 때 교수님이 알고 있을 것으로 생각해 대충 언급하더라도 만점을 줄 거라는 생각을 버려야 한다. 최선을 다해 설득력 있고, 분명한 내용을 체계적으로 기술해 나가야 한다. 답안지 유형은 논술형, 요약형, 설명형 그리고 문제 풀이형으로 나눠 볼 수 있다. 보통 공과 대학에서 중간, 기말고사로 논술형 문제를 제출하는 경우가 드물므로 그것을 제외한 답안지 작성 방법을 살펴보겠다.

(가) 공과대학 학생을 위한 답안지 쓰기 기본 요령

㉠ 문장 구조를 단순하게 할 것

문장 구조를 너무 어렵게 가지고 가서 정보 전달력이 떨어지는 오류를 피하여야 한다. 공과대학에서의 답안지는 개조식 형태도 좋을 듯하다.

㉡ 가급적 중요한 사항은 앞에 두고 설명

처음부터 길게 답안을 작성하다 보면, 무슨 말을 하는 것인지 분명하지 않은 경우가 많다. 따라서, 글의 서두에 중요한 내용을 먼저 기술하는 두괄식으로 작성하는 것이 고득점에 유리하다. 왜냐하면, 채점자 관점에서는 중요 사항을 알고 있는지 여부가 일단 중요하기 때문이다.

㉢ 채점자를 의식하라.

답안지의 채점자가 어떤 유형의 사람인지 분명하게 알아야 하며, 그 유형에 맞게 답안지를 작성하는 것이 유리하다. 또한, 채점자가 모든 것을 알고 있다고 생각해서 대충 언급하려고 한다면, 완벽한 점수를 받기 힘들다. 최선을 다해 분명하고 설득력 있게 작성할 수 있도록 연습해야 한다.

㉣ 시험답안도 일종의 논문

시험에서 평가하고자 하는 것은 학생이 문제의 내용을 얼마나 잘 알고 있느냐에 관한 것이긴 하지만, 알고 있는 것을 어떻게 잘 풀어내는가도 평가의 대상이다. 답안 내용뿐만 아니라 내용의 구성 능력, 글쓰기 능력도 평가된다. 체계적인 글쓰기를 통해 답안지 작성 능력도 길러야 한다.

㉤ 보기 좋은 떡이 먹기도 좋다.

답안을 작성할 때 너무 흐리게 쓰거나 혹은 작은 글씨로 써서 채점자의 가독성이 떨어지면 좋은 점수를 받기 힘들다. 문단 전환 시에는 들여쓰기를 하고, 상하좌우에 여백을 두는 것이 좋다. 뿐만 아니라, 경우에 따라서는 테이블, 순서도, 도형 등으로 답안을 보기 좋게 작성하여 채점자의 이해도를 높이는 것도 매우 좋은 방법이다.

㉥ 문제의 끝말을 보면 무엇을 해야 하는지 알 수 있다.

- 논하라 → 자신의 입장을 주장하기
- 설명하라 → 알기 쉽고 명료하게 서술하기
- 비교하라 → 공통점과 차이점을 들어내기
- 분류하라 → 공통적인 특징으로 묶기
- 분석하라 → 요소들로 나누기
- 평가하라 → 장점과 단점을 파악하기
- 설계하라 → 어떤 동작이 되도록 기능을 조합하거나 시스템 변수 값을 정하기
- 구하라 → 문제를 풀어 답을 내기

㉦ 답안은 대략 다음과 같은 기준을 근거로 평가된다.

A	B	C
질문에 대한 답변이 이루어진 답 논리적이고 체계적으로 구성한 답 근거가 다양하고 참신한 답	질문에 대한 답변이 이루어진 답 사례 근거가 참신하지 못한 답 글이 체계적이지 못한 답	질문에 대해 불충분한 답 횡설수설의 경우 논리적인 설득력이 부족한 답

◎ 요약형 답안지 쓰기

유 형
○○에 대해서 간략하게 요약하시오 이와 같은 현상들의 핵심이 무엇인지 XX자 내외로 정의하라 ○○에 관련된 내용을 모두 열거하시오 ○○의 차이점을 요약하시오

- 서술해야 하는 대상의 개념을 정의한다.
- 대상의 특징을 파악한다.
- 특징의 요소를 체계화하여 요약한다.
- 최소한의 핵심어가 들어갔는지를 확인한다.
- 삭제와 선택의 원리를 활용해 요지를 간추린다.

예시 6.7

[문제] 스칼라량과 벡터량이 무엇인지 정의하고, 예를 드시오	
안 좋은 답안	좋은 답안
스칼라량은 크기만을 갖고, 벡터량은 크기와 방향을 갖는 값 ※ 대충 맞는 요약이긴 하지만, 정확하지 않고 예를 들지 않았음	스칼라량 : 적절한 물리적 단위는 갖지만, 방향성이 없는 하나의 단순한 수치로 완벽하게 정의할 수 있는 물리량 (예 : 온도, 부피, 질량, 속력 등) 벡터량 : 적절한 물리량을 가지며, 크기와 방향을 동시에 갖는 양으로 정의할 수 있는 물리량 (예 : 속도, 가속도, 힘 등)

▌활동 6.7▐ 위 예시를 다른 방법으로 정의하고 설명할 수 있는지 고민해 보자

㉧ 설명형 답안지 쓰기

유형
○○란 무엇인가? 그 개념을 설명하라 ○○에 대해 아는 대로 설명하시오 ○○현상이 왜 일어나는지 설명하시오 ○○과정을 설명하시오 ○○와 ○○의 차이점이 무엇인지 분석하시오 ○○문제점을 해결할 방안을 모색(제안)해 보시오

㉨ 비교 · 대조하기 방법

- 비교하는 대상의 기준을 명확하게 진술한다
- 비교의 대상에 대한 설명이 균형적으로 이루어지게 서술한다
- 공통점을 먼저 서술하고 차이점을 나중에 서술하는 것이 효과적이다
- 가능하면 비교의 속성을 진술한다

㉩ 이유-근거 제시 방법

- 해당상황이 무엇인가를 명확하게 파악하고 그 이유를 제시한다
- 다양한 근거를 마련한다
- 타당한 근거를 파악한다
- 다양한 근거를 체계적으로 정리한다
- 사실과 의견을 구분하여 진술한다

예시 6.8

<table>
<tr><th colspan="2">[문제] 물질의 세 가지 물리적 상태를 비교 설명하시오</th></tr>
<tr><th>안 좋은 답안</th><th>좋은 답안</th></tr>
<tr>
<td>물질은 고체, 액체, 기체로 나누어지며, 고체는 딱딱하고, 액체는 유연성 있고, 기체는 공기 중에 날아 다닌다.

※ 너무 상식적인 설명임</td>
<td>물질의 물리적 상태 (physical state)는 고체, 액체, 기체로 나뉜다. 물질이 아주 작은 입자로 이루어져 있다는 가정 아래, 그 입자 들이 고정된 위치에 가까이 놓인 상태에서 움직임이 온도에 따른 진동으로만 한정되면 고체이다. 입자가 근접되어 있으나, 서로 자유롭게 움직여 흐를 수 있으면 액체라 정의한다. 입자가 모든 방향으로 무질서하고 자유롭게 움직이면 기체가 된다.
<table>
<tr><th></th><th>고체</th><th></th><th>액체</th><th></th><th>기체</th></tr>
<tr><td>정의</td><td colspan="2">일정한 모양과 부피를 갖고 있다</td><td colspan="2">일정한 부피는 있으나 일정한 모양이 없다</td><td>일정한 모양과 부피가 없다</td></tr>
<tr><td>상변화 온도</td><td></td><td>→
녹는점</td><td></td><td>→
끓는점</td><td></td></tr>
<tr><td>역상변화 온도</td><td></td><td>←
어는점</td><td></td><td>←
응축점</td><td></td></tr>
</table>
</td>
</tr>
</table>

▌활동 6.7▐ 〈예시 6.8〉의 좋은 답안을 다른 방법으로 작성해 보자.

예시 6.9

문제풀이형 답안지 쓰기 (공과대학에서의 시험은 주로 이 유형인 경우가 많다)

유형
ㅇㅇ을 증명하시오 ㅇㅇ을 구하시오 ㅇㅇ의 xx해(일반해, 특수해 등)를 구하시오 ㅇㅇ회로에서 차단주파수를 구하고, xx 값을 구하시오 ㅇㅇ회로를 설계 하시오

ⓔ 문제풀이형 답안 작성에 대한 별도의 비법이나 노하우는 없지만, 답안 작성 시 주의할 사항이 몇 가지 있다.

- 기본적인 정리나 공식은 암기하는 것이 좋다.
- 계산문제에 대한 답안 작성 시 중간 계산과정을 반드시 기술해야 한다. 생략하지 말고 하나하나 꼼꼼하게 다 적어야 아는 내용에서 점수를 받지 못하는 불상사를 막을 수 있다.
- 공식에서 사용되는 변수는 문제에서 변수가 주어진 대로 기술해 줘야 출제자의 혼동을 막을 수 있다.
- 공식에 나오는 각각의 변수에 대해서 모두 설명해줄 필요는 없지만, 혼동이 우려되는 변수는 설명을 해줘야 한다.
- 중간 계산 과정마다 단위는 정확하게 써줘야 한다.
- 글씨는 잘 쓰지는 못하더라도 최소한 알아보기 편하게 쓰는 것이 좋다 (글씨가 알아보기 힘들 경우에는 실제로 감점을 당할 가능성도 있다. 답을 쓸 때 최대한 잘 알아볼 수 있게 깨끗하게 쓰는 것은 정말 중요하다).

▌활동 6.7▐ 문제의 예를 보고 알맞은 답안지를 작성해 보시오.

<table>
<tr><td colspan="2">1550kg의 자동차가 용수철 상수 7.0x104 N/m 인 네 개의 용수철로 받쳐있다 (a) 용수철은 정상 길이에서 얼마나 압축되었는가 구하시오 (b) 용수철에 저장된 에너지는 얼마인가 ?</td></tr>
<tr><td>안 좋은 답안</td><td>좋은 답안</td></tr>
<tr><td>(a) x = 1550 × 9.81 × 0.25 / (7 × 104)
= 5.43 × 10-2

(b) E = 2 × 7 × 104 × (5.43 × 10-2)2= 413

※ 설명과 단위가 없이 답 만 맞는 경우에 만점을 받기 힘듦</td><td>(a) 자동차의 무게가 골고루 분포되어 있다고 가정하면 각 용수철에 작용하는 자동차의 무게는 1/4 이며, 그때 자동차에 의해 받는 힘 F 는 mg가 된다. 여기서 g 는 중력가속도이다. 또한, 각 용수철의 압축된 길이는 훅의 법칙, F = kx 로부터 다음과 같이 구해질 수 있다

x = F/k = (mg/4)/k = 1550 kg × 9.81 m/s2 × 0.25 / (7×104 N/m) = 5.43 × 10-2 m

(b) 용수철에 저장된 에너지 E = kx2/2 로 주어진다. 따라서, 저장된 전체 에너지는 용수철 하나에 저장된 에너지의 네 배로 다음과 같다.

E = 4 × (kx2/2) = 4 × 0.5 × 7×104 N/m × (5.43 × 10-2 m)2= 413 J</td></tr>
</table>

Chapter 7

공학도의 전문적 글쓰기

7.1. 제품설명서

제품설명서는 제품의 사용방법에 대해 설명하는 글이다. 과거의 제품사용설명서는 제품의 사양이나 특징 등에 관한 내용을 설명할 때 전문적인 용어를 많이 사용하여 일반인들이 이해하기 어려운 경우가 많이 있었다. 하지만, 2002년 '제조물 책임법(Product Liability)'이 발효된 이후 제품설명서의 부실로 인해 소비자가 입게 되는 피해를 제조업체가 배상하게 되면서, 제품설명서의 가독성은 많이 향상되었다. 제품설명서에는 제품 사용상의 주의 사항, 안전 지침, 제품의 기능과 사용 방법, 유지 보수에 대한 설명 등이 포함되어 있다.

좋은 제품설명서는 사용자에 대한 고려에서부터 시작된다. 예상되는 사용자의 성별, 연령대 및 지식 수준을 고려하여 사용자가 이해할 수 있는 용어로 표현되어야 한다. 일반적인 텍스트 형식보다 적절한 이미지를 이용하여 정보를 전달하는 것이 사용자의 이해도를 높일 수 있는 방법이 된다.

(가) 제품설명서의 구성

㉠ 목차

제품설명서의 전체 구성을 보여주며, 일반적으로 사용자가 필요로 하는 항목으로 목차를 구성하여 사용자가 필요한 사항을 쉽게 찾을 수 있도록 구성되어야 한다. 또한, 목차에 사용되는 제목은 무슨 내용을 다룰 것인지에 대한 이해가 쉽게 될 수 있도록 만들어야 한다. 일부 제품설명서가 간단하게 구성된 경우에는 목차를 생략하기도 한다.

ⓛ 안전 지침

제품의 사용시 발생할 수 있는 안전사고를 방지하기 위한 사항을 기술하며, 중요한 주의 사항을 빠뜨리고 제시하지 않으면 사용자로부터 법적인 손해 배상이 제기될 수 있으므로 신중하고 꼼꼼하게 작성해야 한다. 안전 지침 중 지시 사항을 위반했을 때 상해의 위험이 큰 경우는 "경고", 그밖에 제품의 성능 저하나 고장의 원인이 되는 것은 "주의" 항목에 기술한다. 특히 안전 지침에서는 사용자의 이해를 돕기 위해 삽화를 이용하는 일이 많다.

ⓒ 제품 명칭 및 구성

제품 전체의 구조 및 세부명칭에 대한 설명이다. 제품의 외형이나 내부 구조, 기술 사양, 사용 환경에 대한 설명을 포함하며, 제품규격은 정확하고 정밀하게 작성되어야 한다.

ⓓ 사용 안내

제품설명서의 핵심으로 제품의 주요 기능과 사용방법에 대한 설명이다. 필요에 따라서는 제품 사용 전 준비 단계에서 필요한 사항에 대한 설명도 포함되어 있다. 사용안내에서는 사용자가 제품을 사용하면서 직면할 수 있는 모든 문제를 설명하고 해결할 수 있는 방법을 반드시 제시해야 하며, 사용자가 제품의 사용 방법을 정확히 숙지하고 올바르게 사용할 수 있도록 사용 단계별로 발생하는 상황 정보를 제공해야 한다.

ⓔ 유지 및 관리

제품의 사용 중 이상 증상이나 동작 불능, 문제 발생 시 대처 요령 및 A/S 방법에 대한 정보를 제공한다.

예시 7.1

제품설명서 목차의 예

목차

기능별 목록

촬영

파나소닉 GX85 제품 사용 매뉴얼(https://www.panasonic.co.kr/)

예시 7.2

제품설명서 안전 지침의 예

안전을 위한 주의사항

14

사용하기 전에 아래 사항을 자세히 읽고, 반드시 지켜주시기 바랍니다.

경고

- 본 기기를 직사광선이나 난방기구, 여름철 자동차 내부에 두지 마십시오. 폭발, 화재의 위험이 있습니다.
- 본 기기를 경사가 있는 곳에 두거나 무거운 물건 아래에 두지 마십시오. 넘어지거나 떨어져 상해의 원인이 됩니다.
- 전원 어댑터를 손상시키거나 비틀거나 가열시키지 마십시오. 코드가 손상되어 화재, 감전의 원인이 됩니다.
- 청소 시 본 기기에 직접 물이 닿지 않도록 유의하십시오. 제품 손상 및 화재, 감전의 원인이 됩니다.
- 본 기기를 장기간 사용하지 않을 때나 부재 시에는 전원 어댑터의 플래그를 콘센트에서 빼주십시오. 먼지가 쌓여 발열, 발화 및 절연 열화에 의한 감전, 누전화재의 원인이 됩니다.
- 전용 어댑터 외의 다른 어댑터를 임의로 연결하면, 고장이나 화재의 원인이 될 수 있습니다.

15

주의

- 벽이나 다른 물체로부터 20cm 이상 거리를 두는 것을 권장합니다. 소리가 벽 등에 반사되어 음성 인식률이 떨어질 수 있습니다.
- 습기, 먼지, 유증기, 그을음 등이 많은 장소에 설치를 피해주십시오. 마이크 입구에 이물질이 들어가 제품이 고장이 날 수 있습니다.
- 블루투스 헤드셋 또는 이어폰과 연결해서 사용시 청력 손상을 방지하기 위해, 오랫동안 높은 음량으로 청취하지 마십시오.
- 본 기기 및 장식용 소형 액세서리는 어린이의 손에 닿지 않게 보관하십시오. 부상 및 사고의 원인이 됩니다.
- 사용자가 기기를 직접 개조하거나 수리하지 마십시오. 기기 고장의 원인이 될 수 있습니다.
- 기기 고장시 사용자가 임의로 분해해 개조, 변제 및 사제(모조)부품을 사용해 재조립한 경우, 제품보증이 무효화되며 서비스가 거부될 수 있습니다.
- 본 기기의 하단에 제공되는 USB 포트에 용량을 넘어서는 외부기기를 연결하는 경우 정상작동하지 않을 수 있습니다.
- 해당 무선 설비는 운용 중 전파혼신 가능성이 있으므로, 인명안전과 관련된 서비스는 할 수 없습니다.

카카오미니 사용설명서(https://kakao.ai/)

⚠ 경고

절대로 개조, 분해, 수리하지 마세요.
화재, 감전, 부상의 원인이 됩니다.

사용 중 안전망 속으로 손가락이나 젓가락 등의 물체를 넣지 마세요.
제품 파손 및 상해의 위험이 있습니다.

가까이 또는 밀폐된 공간에서 장시간 사용하지 마세요.
질식사의 우려가 있습니다.
(특히, 어린이, 환자, 노약자에게는 좋지 않습니다.)

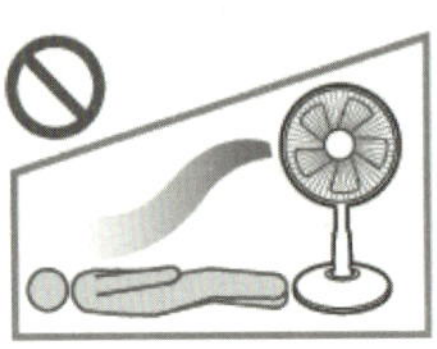

안전망 위에 수건, 옷, 기타 천을 올려 놓지 마세요.
발열에 의한 화재의 원인이 됩니다.

습기가 많은 곳에서는 사용하지 마세요.
감전의 원인이 됩니다.

안전망이 분리된 상태에서 전원코드를 전원에 연결하지 마세요.
감전 및 상해의 원인이 됩니다.

스타리온 선풍기 사용설명서(http://www.starion.co.kr)

예시 7.3

제품설명서 제품 구성, 제품 사양 및 규격의 예

제품 구성

구성품

본체 및 전방카메라　거치대　후방카메라　Micro SD 카드 & 어댑터

후방 전용 케이블　상시전원케이블　사용자 매뉴얼

※ 본 제품의 구성품은 제품 성능의 향상을 위해 사전 예고 없이 변경될 수 있습니다.
※ Micro SD카드의 보증기간은 6개월입니다.

제품 각부 명칭

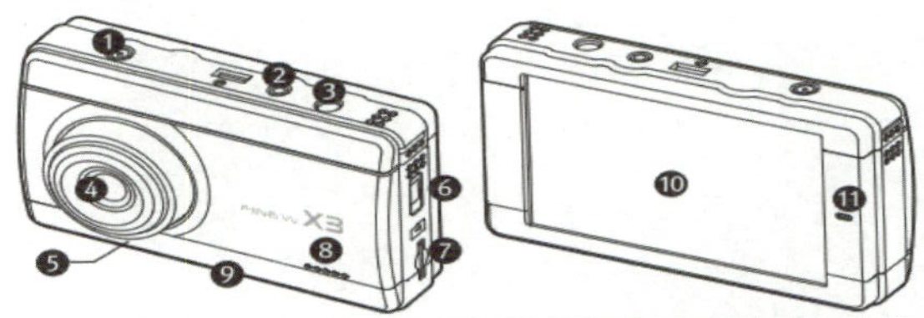

❶ 전원 포트　❷ 외장 GPS 포트　❸ 후방카메라 연결 포트
❹ 카메라 렌즈　❺ 시큐리티 LED　❻ 전원 ON/OFF 스위치
❼ Micro SD카드 슬롯　❽ 스피커 홀　❾ 마이크 홀
❿ LCD　⓫ 동작 LED

※ 단말기 정면(렌즈 위치)를 기준으로 7번 위치에 Micro SD 카드를 [그림] 그림과 같은 방향으로 눌러 삽입해 주세요.

제품 사양 및 규격

항목	규격		비고
모델명	X3		
크기/무게	전방 : 99 x 63 x 30mm / 100g 후방 : 49 x 29 x 33mm / 22g		케이블, 거치대 무게 제외
지원용량	Micro SD(주행, 충격, 긴급, 주차)	16GB/32GB/64GB	Class 10 이상, UHS-1 권장, SDXC 지원
녹화방식	주행 녹화		1분 단위 녹화
	충격감지 녹화		40초(이전 10초 / 이후 30초) 상시 전원 미지원 차량은 별도의 장치 설치 필요
	긴급 녹화		
	주차 녹화(충격 및 동작감지 시 녹화)		
렌즈	HD급 광각 렌즈		4 Glass with IR filter
이미지 센서	전방 : 1/4" 1M pixels CMOS Image Sensor		후방 : 1M pixels CMOS Image Sensor
화각	전방 : 대각 125도 / 수평 91도 / 수직 66도		후방 : 대각 126도 / 수평 108도 / 수직 60도
비디오	전방 : HD 1280x720@30fps		후방 : HD 1280x720@30fps
인코딩	영상 : H.264 / MPEG-4 AVC, 음성 : PCM		.mp4
음성	마이크 내장		
스피커	스피커 내장	8 ohm	
가속도 센서	3축 가속도 센서	+2g / -2g	
입력전원	12V-24V		
배터리	슈퍼 커패시터		외부 차단 시 동영상 안전 저장 전원 공급
소비전력	최대 3.2W		LCD Off 기준
동작/보관온도	동작온도 -10℃ ~ 60℃ / 보관온도 -20℃~ 70℃		
인터페이스	전원 포트(3.5Φ), 외장 GPS 포트(2.5Φ), 후방 연결 포트(3.5Φ)		
기타	시큐리티 LED, ADAS(앞차출발알림, 차선이탈경보, 안전운전도우미)		ADAS는 GPS(옵션)가 수신되어야 동작합니다.
인증번호	MSIP-REM-FDK-FineR002 모델명: X3　제조자: ㈜파인디지털 제조년월: 별도표기　인증자상호: ㈜파인디지털 명칭: 차량 영상 녹화 장치　제조국: 대한민국		KN41(자동차 및 내연기관 구동기기류 등의 장해방지시험) 통과

파인디지털 파인뷰 X3 사용설명서(http://www.fine-drive.com/)

(나) 제품설명서 작성 요령

- 명사형 종결을 피하고 가급적 평상어를 사용한다.
- 사용자의 입장에서 용어를 선택하고, 외국어나 외래어를 남용하여 사용하지 않는다.
- 제품설명서를 읽는 독자는 제품에 대한 지식이 부족하다는 점을 이해하고, 설명의 명확성을 높이기 위해 과도한 지시대명사나 수동태의 사용을 자제한다.
- 제품의 사용 절차 등을 설명하는 문장에서는 명령법을 사용한다.
- 긴 문장을 피하고 간결하고 명확하게 작성한다.
- 사용 방법을 설명할 때 조작의 순서와 절차를 단계적으로 정확히 설명한다.
- 모호하거나 중의적인 표현을 피한다.
- 제품 구성에 대한 설명이나 사용 방법에 대한 설명에서는 적절한 삽화나 그림을 이용하여 독자의 이해를 돕도록 한다.

▌활동 7.1▐ 자신이 가지고 있는 스마트폰의 숨겨진 기능 중 하나를 찾아서 그것에 대해 설명하는 제품사용설명서를 제작해 보자.

그림	글

예시 7.4

제품설명서 사용 안내의 예

사용하기

사용 전 알아두기

사용 관련 알아두기

- 제품을 사용하기 전 먼지통 덮개가 닫혀 있는지 반드시 확인하십시오. 흡입력 저하에 의해 청소가 제대로 되지 않을 수 있습니다.
- 높은 곳을 청소할 경우 제품 본체 아래를 손으로 받쳐 사용하십시오.
- 청소 중 자리를 비우거나, 오랫동안 제품을 사용하지 않을 경우 충전대에 제대로 거치하거나, 제품을 바닥에 눕혀 보관하십시오. 제품이 넘어져 상해 또는 제품 손상의 원인이 됩니다.
- 사용 전 배기 필터가 제대로 조립되어 있는지 확인하십시오.
- 온도, 습도 등 환경적인 요인으로 제품 본체에서 정전기가 발생할 수 있습니다. 동일한 문제가 지속적으로 발생할 경우에는 LG전자 서비스 센터로 연락하십시오.
- 흡입구, 길이조절 연장관 등에 이물질이 끼어 있으면 제품이 제대로 작동하지 않을 수 있습니다. 청소 전 양말, 스타킹 등 큰 이물을 제거한 후 사용하십시오.
- 제품을 장기간 사용함에 따라 배터리 수명 저하가 있을 수 있습니다.
- 배터리 잔량이 부족하면 잔량 표시등의 마지막 한 칸이 깜박거리다 제품이 꺼집니다. 제품을 완전히 충전시킨 후 사용하십시오.
- 5℃ 이하나 38℃ 이상에서 장기간 사용할 경우 배터리 수명이 저하 될 수 있으니 상온에서 사용하는 것을 권장합니다.

제품 사용하기

1 제품 본체, 길이조절 연장관, 흡입구, 배터리를 순서대로 조립하십시오.

2 연장관 길이조절 레버을 눌러 연장관 길이를 조절하여 사용하십시오.
- 길이조절 연장관은 총 4단계로 조절이 가능합니다.

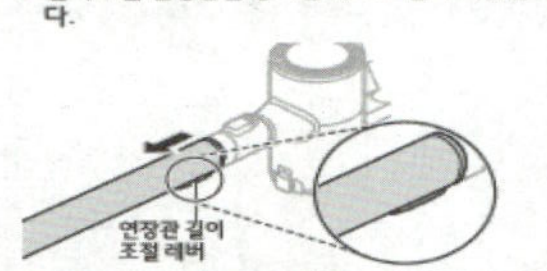

3 제품 본체 또는 길이조절 연장관에 흡입구를 장착하여 사용하십시오.

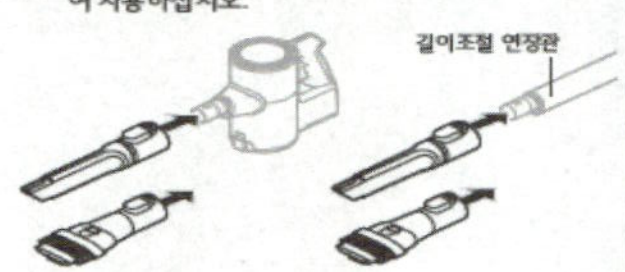

⚠ 주의
- 흡입구를 연결한 상태에서 장시간 제품을 사용할 경우 모터에 무리가 갈 수 있습니다.
- 흡입구를 TV, LCD, 모니터 제품에 사용할 경우 스크래치가 생길 수 있으니 주의하십시오.
- 틈새에 손가락이 끼이지 않도록 주의하십시오 .
- 청소 도중 흡입구에 이물이 끼일 시 본체 및 흡입구 파손 방지를 위해 흡입구 동작이 멈출 수 있습니다. 이물 제거 후에 다시 동작을 시켜 주시기 바랍니다.

13

제품 충전하기

1 제품을 충전대에 끼워주십시오.
- 제품의 배터리 잔량 표시등이 깜박거리며 총 3단계로 충전됩니다.

2 제품의 배터리 잔량 표시등이 깜박거리며 충전이 시작됩니다.
- 충전이 완료되면 배터리 잔량 표시등이 깜박거리다 켜짐 상태가 됩니다.

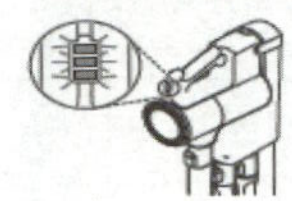

⚠ 주의
- 제품을 충전대에 완전히 끼우십시오. 제대로 끼우지 않으면 제품이 전도되어 상해 또는 제품 손상의 원인이 됩니다.

알아두기
- 5℃ 이하에서 충전할 경우 충전이 안될 수 있으니 실내에서 충전 하시기 바랍니다.
- 완전히 충전된 제품을 충전대에서 분리한 후 재충전하는 경우 배터리 잔량 표시등이 깜박거립니다. 일정 시간이 지난 후 깜빡임이 멈추고 켜짐 상태로 유지됩니다.

보조 배터리 충전하기

1 제품을 잡고 배터리 양 끝단을 눌러 잡아 당겨주십시오.

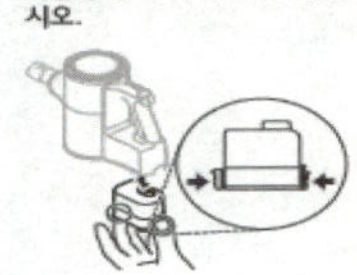

2 보조 충전대에 배터리를 끼워 주십시오.

알아두기
- 어댑터가 충전대와 콘센트에 연결되어 있는지 확인하십시오.
- 제품이 충전대에서 충전 중일 경우 제품 충전이 완료된 후 보조 배터리의 충전이 시작됩니다.
- 보조 배터리 충전 지시등이 깜박거리며 충전이 시작됩니다.
- 충전이 완료되면 충전 지시등이 켜짐 상태가 됩니다.
- 배터리 단품 기준 충전시간은 약 4시간이며 보조 배터리 포함하여 동시에 충전할 경우 충전시간은 약 8시간 입니다.

전원/세기 조절 버튼 사용하기

제품 본체의 세기 조절 버튼을 이용해 흡입력의 세기를 단계별로 조절할 수 있습니다.

[1] 전원 on/off 버튼
- ON 버튼을 누르면 표준모드로 작동됩니다.

[2] 세기 조절 버튼
- \+ 버튼을 한 번 누르면 강 모드 입니다.
- \+ 버튼을 3초 이상 누르면 터보 모드 입니다.
- 단 표준모드에서 터보 모드로 바로 작동 되지는 않습니다.
- \- 버튼을 누르면 세기가 터보 모드에서 강 모드로, 강 모드에서 표준 모드로 바뀝니다.

알아두기
세기별 제품 사용 시간(배터리 완충, 스틱 / 핸디 모드 기준)
- 표준 모드 : 약 30분 / 40분
- 강 모드: 약 9분 / 9분
- 터보 모드 : 약 6분 / 6분

14

LG 코드제로 A9 사용설명서(http://www.lge.co.kr)

예시 7.5

제품설명서 유지 및 관리의 사례

고장 신고 전 확인 사항

고장으로 판단하기 전에 아래의 증상들을 확인 하시고 외부기기 연결 및 제품 설명서를 참조 하면서 조치하여 주시기 바랍니다.

스마트 빔이 켜지지 않을 때 또는 켜지다가 잠시후 저절로 꺼질 때

RESET

- 아래 그림과 표시 되어 있는 곳에 핀 셋 또는 샤프를 이용하여 눌러 줍니다. 리셋 할 때 어댑터는 연결하지 않습니다.
- 기타 환경 요인으로 인해 제품이 켜지지 않을 경우 제품 초기화를 위해 리셋 버튼을 눌러 줍니다.
  (이때 저장된 사용자 데이터는 유지 됩니다)

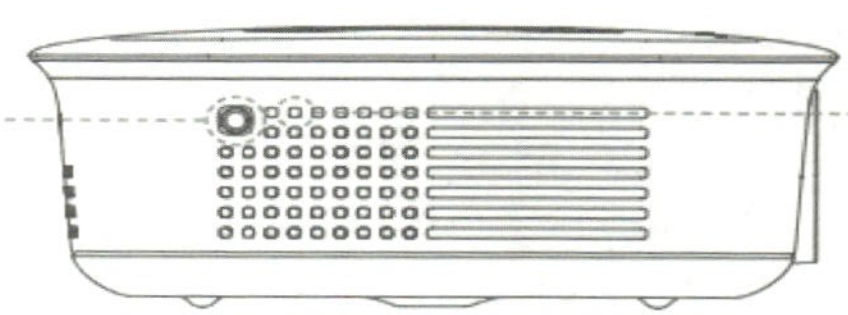

어댑터 연결

- 스마트 빔 내부에는 배터리가 내장 되어 있습니다. 내부 배터리가 방전 될 경우 제품이 동작 하지 않을 수 있습니다.
- 꼭 동봉된 어댑터를 사용해 주시기 바랍니다. 전격 전압이 안 맞을 경우 제품이 파손 될 수 있습니다.

스마트 뷰

감상 중 자주 끊어 질 때

- 스마트 폰을 재부팅 후 다시 접속하여 사용 하시기 바랍니다.
- 스마트 폰을 재부팅 후에도 화면이 자주 끊어질 경우, 스마트 폰의 Wi-Fi 설정에 들어가서 Wi-Fi 설정을 초기화 후 사용하시기 바랍니다.
  (Wi-Fi 초기화 방법은 스마트 폰 제조사에 문의)
- 위와 같은 조치 시에도 문제가 발생될 경우, A/S 센터에 문의 후 점검 받아야 합니다.

휴대폰과 연결 중이라고 하는데, 연결이 되지 않을 때

- 제품 측면에 있는 리셋 홀에 샤프와 같은 뾰족한 것을 이용하여 리셋을 시도 한다.
- 리셋 시도 후에도 연결이 되지 않을 경우, 제품을 다시 켠 후에 (부팅 완료 화면) 다시 스마트 폰과 연결을 시도 하시기 바랍니다.
- 연결이 되지 않을 경우 A/S 센터에 문의 후 점검 받아야 합니다.

서비스에 대하여

▶ 사용자 권리
고객께서는 제품 사용 중에 고장 발생 시 구입일로부터 1년동안(영업용 : 6개월) 무상서비스를 받으실 수 있는 권리가 있습니다. 단 고객 과실 및 천재지변에 의한 경우는 무상서비스 기간 내에라도 유상처리 됩니다.

▶ 유상서비스(고객의 비용부담)에 대한 책임 서비스 신청 시 다음과 같은 경우는 무상서비스 기간 내에라도 유상처리 됩니다.

1) 제품 내에 이물질을 투입(물, 음료수, 커피, 장난감 등)하여 고장이 발생하였을 경우
2) 제품을 떨어뜨리거나, 충격으로 인하여 제품파손 및 고장이 발생하였을 경우
3) 신나, 벤젠 등 유기용제에 의하여 외관 손상 및 변형이 된 경우
4) 삼성전자 정품이 아닌 부품 또는 소모품을 사용하여 제품 고장이 발생한 경우(어댑터)
   ☞ 삼성전자 정품은 가까운 삼성전자 서비스 센터에서 구입가능
5) 사용전압을 오(誤)인가하여 제품 고장이 발생하였을 경우
6) 고객이 제품을 임의로 분해하여 부속품의 분실 및 파손되었을 경우
7) 삼성전자의 수리기사가아닌 사람이 제품을 수리 또는 개조하여 고장이 발생하였을 경우
8) 천재지변(낙뢰, 화재, 풍수해, 가스, 염해, 지진 등)에 의해 고장이 발생하였을 경우
9) 삼성전제 제품 사용설명서상의 '안전을 위한 주의사항'을 지키지 않아 고장이 발생하였을 경우
   ('안전을 위한 주의사항'을 잘 지키면 제품을 오래 사용할 수 있습니다.)
10) 기타 고객 과실에 의하여 제품 고장이 발생하였을 경우

※ **서비스센터 대표전화번호 (전국어디서나) : 1588-3366**
고객 여러분의 궁금증을 언제나 친절하게 상담하겠습니다.
제품 모델명, 일련번호(Serial No.) 고장 상태, 연락처를 알려 주시면 보다 빠르게 서비스를 제공 받으실 수 있습니다.

※ **서비스센터 홈페이지 : www.samsungsvc.co.kr**
고객이 직접 원하는 날짜와 시간에 서비스 접수 및 실시간 사이버 상담이 가능한 사이버 서비스센터를 운영하고 있습니다.

※ **전문상담실 : 1588-3183**

삼성 스마트빔 SSB-10DLYN60(http://www.samsung.com)

7.2. 보고서

이공계 대학생이나 직장인이 가장 많이 작성하는 문서 중 하나가 보고서이다. 수업 중 과제로 제출하는 과제보고서, 실험실습보고서, 직장에서 업무 중에 작성하는 회의보고서, 주간보고서, 월간보고서, 과제결과보고서 등 다양한 목적에 따라 다양한 형식으로 작성된다. 보고서를 작성하는 목적은 제한된 지면 내에서 전달하고자 하는 내용을 명확하게 전달하는 데 있다. 보고서 작성에 정답은 존재하지 않는다, 하지만, 보고서 본연의 목적 측면에서 본다면, 목적을 달성하기에 부족한 보고서와 잘 작성된 보고서는 분명히 존재한다. 따라서 보고서 작성에 추천 가능한 형식과 절차가 제시될 필요가 있다. 일단, 문제가 있는 보고서의 특징을 살펴봄으로써 잘 된 보고서가 갖추어야 할 형식과 절차를 살펴보기로 한다.

(가) 꾸중듣는 보고서

□ 보고서의 기본적인 틀이 미흡한 보고서
- 보고서 양식조차 제대로 갖추지 않은 것
- 제목이나 목차에 보고서 내용이 제대로 드러나지 않은 것
- 누가, 언제, 어떤 목적으로 썼는지가 없는 것
- 오탈자나 맞춤법, 시제 등이 틀린 것
- 기승전결의 논리 체계를 갖추지 않았거나 논리 전개가 뒤바뀐 것

□ 보고서 내용의 충실성이 부족한 보고서
- 표현이 모호하여 명확한 내용을 알 수 없는 것
- 자기주장 없이 다양한 견해 소개에 그치는 것
- 연구논문처럼 너무 깊이 다루어 불필요하게 내용이 길어진 것
- 내용과 무관한 것을 상세히 설명하거나, 유사한 내용을 말을 바꿔가며 다시 설명하는 것

□ 보고서의 완결성에 문제가 있는 보고서
- 지나치게 압축적으로 설명한 것

- 보고 취지나 보고 배경, 추진 경위나 정책 이력을 제대로 안 쓴 것
- 출처가 불분명한 자료를 인용하거나 주장을 뒷받침할 근거가 부족한 것
- 전문용어, 약어 등을 설명 없이 쓰는 것

ㅁ 근본적인 문제 의식이 부재한 보고서
- 기존 관행을 답습하여 구태의연한 방식으로 문제에 접근하는 것
- 현황과 문제점, 원인 등 보고 이슈에 대한 분석이 부족한 것
- 대안의 나열에 그쳐 실천 가능성이 없고 향후 계획이 불확실한 것
- 보고서 수요자가 읽고 무엇을 해야 할지 명확하지 않은 것

(나) 보고서 작성 절차

보고서 목적과 해당 기관에 따라 다소 차이는 있겠지만, 일반적으로 보고서는 다음 사항에 근거하여 작성되어야 한다.

㉠ 보고 목표를 정하고 보고서 구상

- 핵심 이슈를 설정하고 그 이슈를 무슨 이유로, 어떤 목적에서 보고하려는지 보고 배경을 명확히 해야 함
- 보고서를 누가 읽게 될 것인지, 어디에 사용될 것인지를 판단
- 보고 목표가 정해지면 이를 기반으로 보고서 전체의 모습을 조망

㉡ 자료를 수집하고 분석

- 포털 검색사이트나 과거 사례를 활용하여 자료를 확보
- 수집된 자료 중에서 완전히 이해하고 신뢰 할 수 있는 자료만 사용
- 비 전문가도 이해할 수 있도록 쉽게 써야 함

㉢ 보고서 작성

- 수집된 자료를 기초로 목차를 작성하고 각 목차에 포함될 주요 내용을 개략적으로 작성
- 개략적으로 구성된 보고서에 문장을 쓰고 표를 작성하고 그림을 붙이는 등 초안을 작성
- 수요자 입장에서 수정 · 보완

(다) 칭찬받는 보고서

■ 보고 목적에 적합한 보고서

- 훌륭한 보고서는 보고하려는 목적이 무엇인지 분명하게 드러나야 함
- 수요자가 보고서에 대해 공감할 수 있도록 보고서의 주제와 이슈에 대해 충분한 검토가 요구됨

■ 내용이 정확한 보고서

- 작성자의 이해 관계 및 선입견을 배제함으로써 수요자의 정확한 판단에 도움이 되도록 작성
- 최대한 확인하고 또 확인해서 정확한 내용을 담도록 작성

■ 간결한 보고서

- 보고하려는 내용과 취지가 간단명료하게 드러난 보고서
- 명료한 어휘를 사용하며, '서술형 개조식'을 권장, 이는 서술식으로 조사나 부사를 충분히 사용하되 '~하였음' 형태로 문장을 끝맺음

■ 이해하기 쉬운 보고서

- 수요자의 눈높이에 맞춰 작성되어 추가 설명을 따로 하지 않아도 이해할 수 있게 작성
- 보고하는 사람이 이해하지 못한 내용은 보고 받는 사람도 이해할 수 없음

■ 완결성을 갖춘 보고서

- 보고서 자체만으로 더 이상 추가적인 보고 없이 의사결정을 할 수 있도록 완성된 보고서
- 보고 받는 사람의 입장에서 의문 사항을 체크하고, 이에 대한 해답을 제시하는 보고서

(라) 보고서의 유형과 예시

㉠ 주간업무보고서

일정 기간 단위로 수행한 업무와 다음 기간 동안 계획된 업무를 작성함으로써 업무의 방향성을 점검하기 위해 작성되는 보고서이다.

주간업무보고서

담 당			

부서명	자재구매부	기간	0000.00.00~0000.00.00

	업무내용	완결여부	기타사항	비고
금주 진행업무	SS 330 구매처리			
	열처리 업체 검색			

	업무내용	예정일자 및 예상문제점	비고
차주 예정업무	열처리 발주	0000.00.00	

기타사항	1. 인원현황
	2. 특이사항

㉡ 회의결과보고서

회의 참석자들 간에 논의된 결과를 명확히 정리하여 이를 공유하거나 회의에 참석하지 않은 사람들에게 회의 결과를 알려주기 위해 작성한다. 가급적 상세하고 정확히 작성해야 한다. 회의 개요에는 회의 목적, 회의 일시와 장소, 회의 안건, 참석자 등을 적고 회의 결과에는 회의 결과 요약, 회의 발언 요지 등을 쓴다. 필요 시 상세한 발언록을 첨부한다.

('05.6.23. oo회의결과, oo비서관실)

○○ 회의결과

. 회의 개요

○ 목적 또는 개최 배경 :

○ 일시 및 장소 :

○ 안건 :

○ 참석자 :

· 회의 개최 목적 또는 배경은 명확한가
· 일시 및 장소는 정확한가
· 회의 안건은 명확한가(※ 안건 제목 등 표시)
· 회의 참석자는 정확한가(※ 회의주재자 표시)

Ⅱ. 회의 결과

· 각 안건별로 결과를 정리하였는가
· 안건내용을 간단하게 정리하였는가
· 논의사항 요지 또는 결정사항을 요약하여 정리하였는가
· 이견이 있는 경우 이를 명시하였는가
· 조치가 필요한 사항은 명시하였는가
· (정책결정권자 불참 회의의 경우) 개별 보고 안건과 요약보고 안건을 구분하여 작성하였는가

1. 안건 명

□ 논의사항 요지 또는 결정사항 등을 요약·정리

□ 참석자 주요 의견

○ (통일부장관)

※ 조치 필요사항

2. 안건 명

전반적인 점검사항 ‖
· 회의자료는 첨부하였는가
· 상세한 발언록은 정리하였는가
(※ 쟁점이 있는 경우)
· 전체적인 작성 방법을 준수하였는가
(※ 발언자 표시요령 등)

※ 별첨 : 1. 회의자료
2. 상세한 방언 요지(필요시)

ⓒ 작업보고서

작업의 산출물을 통한 작업 공유가 가능하여 실무자가 쉽게 파악할 수 있도록 작성된 보고서이다.

<table>
<tr><td colspan="5">작 업 보 고 서</td></tr>
<tr><td>문서번호</td><td>0000-00000-00-000</td><td>작성</td><td>검토</td><td>결재</td></tr>
<tr><td>작성날짜</td><td>00.00.00</td><td rowspan="2"></td><td rowspan="2"></td><td rowspan="2"></td></tr>
<tr><td>작성부서</td><td>연구소</td></tr>
<tr><td>작성자</td><td>0　0　0</td><td></td><td></td><td></td></tr>
<tr><td colspan="5">제목:</td></tr>
<tr><td>처리방법</td><td colspan="4">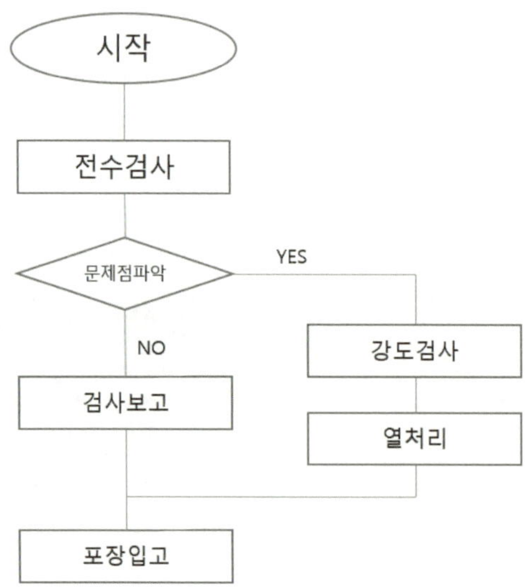
</td></tr>
<tr><td>원인분석</td><td colspan="4">• 담금질 및 뜨임/ 고주파열처리 조건 분석
도면규격 : 담금질 및 뜨임 HRC31~37(재질SCM440)
고주파경화 : HRC48이상, 경화깊이 5~10
고주파 열처리변형 대책 및 생산성 향상을 위한 방안협의</td></tr>
<tr><td>개선 및 대책</td><td colspan="4">• 담금질온도 : 970°C 310분유지후 COLD오일 담금질 , 뜨임온도 570°C 300분
열처리 검사 결과 : HRC33~HRC34
-고주파열처리때 코일사양 및 사용 오일종류 협의
고주파 후 경도: HRC57~58, 경화깊이 8.5~8.7</td></tr>
</table>

㉣ 실험보고서

실험을 통해 얻게 된 새로운 정보와 지식, 실험 결과 등을 일정한 논리와 형식을 바탕으로 정리한 보고서이다. 실험 결과뿐만 아니라 실험 목적, 실험 방법, 실험 결과 및 결과를 통해 도출된 결론을 구체적으로 작성할 필요가 있으며, 일반적인 구성은 아래와 같다.

- 표지(실험제목, 실험자, 날짜, 차례)
- 서론: 배경과 실험 전체의 개요
- 실험 목적: 실험이 수행된 목적과 필요를 간단하고 명료하게 밝힘
- 실험 관련 이론: 어떠한 이론적 배경 하에서 실험 결과가 설명될 수 있는지 밝힘
- 실험 장치 및 방법: 가능한 자세하게 기술
- 실험 결과: 쉽게 알아볼 수 있도록 그래프나 그림, 표로 그 결과를 정리하는 것이 효과적임
- 토론: 실험 결과를 해석하고, 오류가 있었다면 발생 원인에 대해 분석
- 결론: 실험을 압축적으로 간략히 설명하고 획득한 핵심내용을 제시
- 참고 문헌: 인용한 도서나 논문을 정확하게 기술

▮활동 7.2▮ 4인 1조가 되어 아래 주제로 회의를 하고 회의 결과로 보고서를 작성해 보자.

㉠ 이번 주 한 일과 다음 주에 해야 할 일(주간업무보고서)
㉡ 공학 글쓰기에서 높은 학점을 얻을 수 있는 방법
㉢ 대학 내 편의시설 보강을 위한 방안

7.3. 실험보고서

실험보고서는 주어진 주제에 대해 실험 등의 방법을 통해 얻은 연구 결과와 사실을 정리해 보고하는 글이다. 실험보고서는 정확성을 생명으로 삼는다. 자신의 실험 결과를 다른 사람에게 제공함으로써 관련 이론과 지식의 발전에 기여할 수 있는 글이다. 실험보고서의 가장 중요한 내용은 실험 과정의 엄격성과 객관성이다. 실험보고서를 쓰는 과정을

통해 이공계 학생은 여러 가지 개념과 원리와 법칙을 명확히 이해할 수 있게 된다. 실험을 수행한 뒤 실험 목적과 과정, 결과 등을 보고서 체제에 맞게 작성하는데, 이 과정을 통해 실험에 적용된 원리와 법칙을 익힐 수 있을 뿐만 아니라 고찰과 결론 도출 과정을 통해 분석력을 키울 수 있다.

(가) 실험보고서의 구성

실험보고서는 일반적으로 보고서의 표지를 시작으로 서론에는 배경 및 문헌 조사가 있고, 본론에서는 실험 방법과 실험 결과를 기술한다. 결론은 실험 결과에 대한 고찰과 향후 연구 방향 및 참고 문헌의 차례로 구성한다.

㉠ 표지

표지는 실험보고서의 기본 정보를 제공한다. 실험 제목, 실험 주제, 실험자의 정보, 담당 교수, 실험 날짜 등의 내용을 기술하며, 실험 제목은 가능한 명료하게 실험의 주제를 파악할 수 있게 해주어야 한다.

㉡ 서론

서론에서는 실험에서 다루는 주제와 관련한 배경에 대한 설명으로 실험 전체의 개요를 보여주고, 선행 연구에 대한 검토를 통해 본 연구의 의미와 실험의 필요성에 대해 서술한다.

- 배경: 실험의 동기와 예상되는 실험 결과가 가지는 의미를 서술한다.
- 실험 목적: 실험에서 밝히고자 하는 내용에 대해 명확하고 간단명료하게 서술한다.
- 문헌 조사: 실험과 관련된 기존 이론을 서술한다. 문헌 조사를 통해 실험 내용에 대한 기본 원리를 파악할 수 있으며, 실험 목적의 타당성을 파악하고 실험 결과를 예측할 수 있다.

예시 7.6

실험 목적의 예

1. 실험 목적

열의 역학적, 전기적 일당량 실험 장치를 통하여 역학적인 일, 또는 전기적인 일이 전부 열로 변화될 때, 어느 정도 되는가를 실험적으로 알아본다. 즉 역학적(또는 전기적) 일이 어느 정도의 열에 해당되는가를 알아보는 실험으로, 역학적(또는 전기적)인 일과 열에너지 사이의 등가성을 이해하고, 이 등가성에 따라 J(Joule)과 cal(칼로리) 단위 사이의 관계도 도출한다.

[출처] 김영국 외(2016), 『대학물리학실험』, ㈜북스힐.

예시 7.7

문헌 조사의 예

2. 배경 이론

진자가 운동할 때, 진자의 높이와 속도는 운동과정 동안에 서로 역으로 바뀐다. 즉 높이의 증가는 속도의 감소로, 높이의 감소는 속도의 증가로 나타난다. 따라서 감소된 위치에너지는 운동에너지로 전환된다. [그림 6-2]에 나타낸 바와 같이 진자가 수직에 대해서 θ의 각을 이룰 때, 진자의 속력이 v이라면, 진자의 운동에너지 K와 위치에너지 U는 다음 식으로 표현할 수 있다.

$$K = \frac{1}{2}mv^2, \ (v = Lw) \tag{6-1}$$

$$U = mgh = mg(L - Lcos\theta) \tag{6-2}$$

여기서 m은 진자의 질량, L은 진자의 길이, w는 각속도, g는 중력 가속도이다.

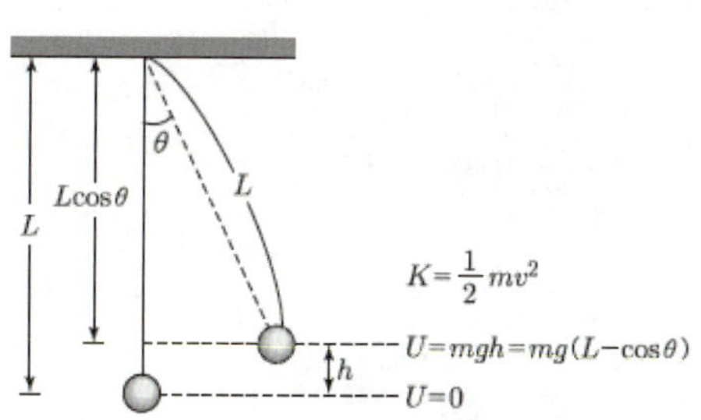

[그림 6-2] 진자의 운동에너지와 위치에너지

[출처] 김영국 외(2016), 『대학물리학실험』, ㈜북스힐.

ⓒ 본론

본론은 서론에서 제시한 이론을 바탕으로 실험 목적을 달성하기 위한 방법과 진행 과정 및 결과를 서술한다.

- 실험 방법: 실험 방법에는 실험 절차와 실험에 사용된 장치에 대한 설명이 포함되어야 한다. 실험 방법은 다른 연구자가 동일한 실험을 하여도 같은 결과가 나올 수 있도록 되도록 상세히 기록하며 분명하고 정확한 표현을 사용해야 한다. 실험 방법과 절차가 복잡하고 길어지면 본문에서는 핵심 사항만 서술하고 부록으로 첨부할 수도 있다.
- 실험 결과: 실험을 통해 얻은 결과를 표나 그림을 이용하여 논리적으로 표현한다. 또한 그 결과의 의미를 문헌 조사 과정에서 조사한 이론과 일치하는지 여부를 검토한다. 만약 일치하지 않으면 그 이유에 대한 추가적인 분석이 반드시 필요하다.

예시 7.9

실험 방법의 예

3. 실험 방법

1) 주파수 발생기를 켜고, 진폭 다이얼은 1/4만큼(출력 전압은 약 4 V) 돌려놓는다.
2) 주파수 다이얼을 조정하여 0.4 Hz로 설정하고, 파형은 사각파로 설정한다. (사각 파형에서 전압이 4 V 정도 걸려있는 시간은 스위치의 닫힘 역할을 하여 충전 실험이 진행되고, 전압이 0 V되는 파형에서는 스위치의 열림 역할을 하여 방전 실험이 진행된다. 즉 회로에 공급되는 사각파에 의하여 충전 실험과 방전 실험이 교대로 발생한다.)
3) 전압센서를 노트북과 연결하고 DataStudio를 실행한다.
4) DataStudio에서 시간에 대한 전압 그래프로 설정하되, 충전 시간이 매우 짧으므로 Sample Rate를 높게 설정한다.
5) 회로에 저항(100 Ω)과 콘덴서(300 μF)를 [그림 14-2]와 같이 직렬로 연결한다.

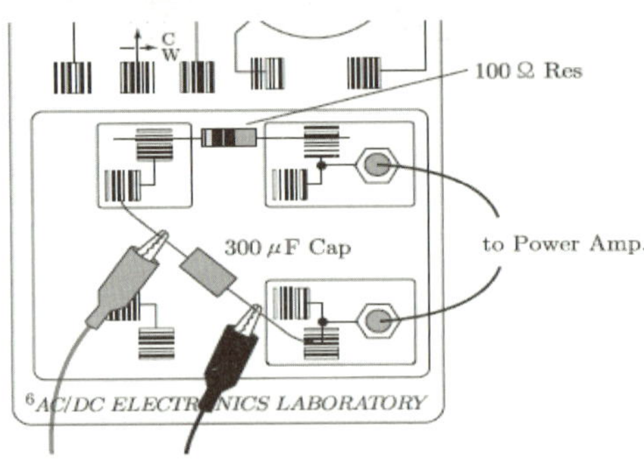

[그림 14-2] 연결된 RC 직렬 회로

6) 데이터 측정을 시작하여 20초 후 멈춘다. RC회로에서 충전과 방전 그래프가 얻어진다.

7) Graph에서 zoom select를 이용하여 전압 증가 부분을 확대하여 데이터를 읽어 낸다.(이 실험에서는 충전 실험의 자료만 추출하여 보고서 작성을 한다.)

❖ Data table 1 : 수평면 상의 정지마찰계수 측정

Run	물체가 움직이기 시작할 때의 힘			
	면의 상태 A		면의 상태 B	
	물체의 무게(N)	힘(N)	물체의 무게(N)	힘(N)
#1	0.6846	2.9	0.6846	1.38
#2	0.7844	3.1	0.7844	1.68
#3	0.8842	3.61	0.8842	1.78
#4	0.9841	4.05	0.9841	2.12
#5				
평균	0.8343	3.415	0.8343	1.74
$\therefore \mu_s = \frac{f_s}{N} = \frac{F_s}{W} =$	0.4176		0.2128	

❖ Data table 2 : 수평면 상의 운동마찰계수 측정

Run	물체가 움직이기 시작할 때의 힘			
	면의 상태 A		면의 상태 B	
	물체의 무게(N)	힘(N)	물체의 무게(N)	힘(N)
#1	0.6848	1.85	0.6848	1.11
#2	0.7844	2.2	0.7844	1.43
#3	0.8842	2.61	0.8842	1.48
#4	0.9841	2.9	0.9841	1.75
#5				
평균	0.8343	2.39	0.8343	1.4425
$\therefore \mu_k = \frac{f_k}{N} = \frac{F_k}{W} =$	0.2923		0.1764	

❖ Graph : 외력에 대한 마찰력 그래프

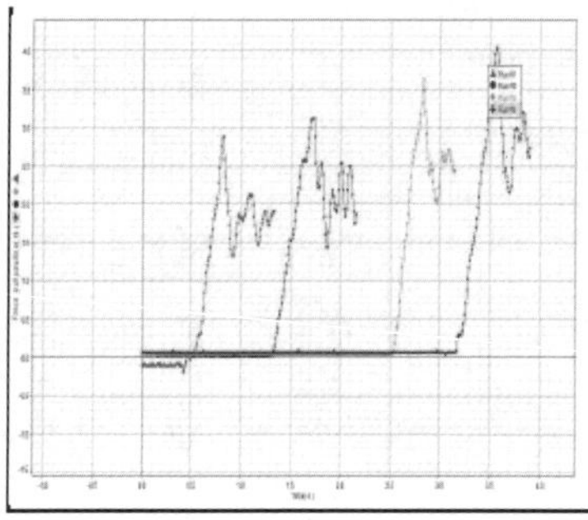

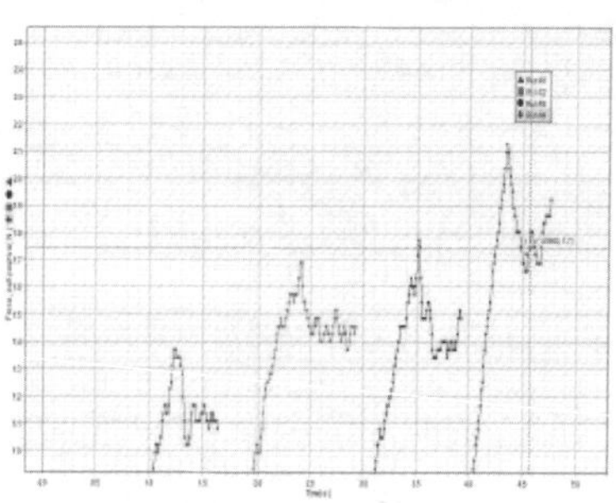

[출처] 김영국 외(2016), 『대학물리학실험』, ㈜북스힐.

㉣ 결론

결론 부분에서는 실험의 내용에 대한 간략한 설명과, 실험 결과에 대한 해석을 통해 얻은 최종 결론을 기술한다. 또한, 실험 과정에서 얻은 개선 사항이나 다음 실험에 대한 아이디어 등을 정리하여 기술할 수도 있다. 단, 개인적인 느낌이나 감정 또는 근거 없는 추측이나 막연한 내용에 대한 서술은 피한다.

예시 7.10

결론의 예

❖ Questions

1. 물에서 얻은 열 에너지와 발열 저항에서 손실된 전기 에너지를 비교하라.

이 실험에서는 열 에너지는 47cal 이며 J로 변환하면 196.742J 이며
전기 에너지는 169.210J 이며 cal로 변환하면 40.422cal 으로
열에너지가 전기 에너지 보다 크지만 역학저 에너지 보존법착에 의해 동일한 에너지량이 나와야 한다

❖ Analysis

1. 부록에 나와 있는 표준 열의 일당량과 이 실험에서 얻은 열의 일당량을 비교하고, 그 차이가 생기는 요인은 무엇인가? 그리고 퍼센트 오차는 얼마인가?

표준 열의 일당량 > 실험에서 얻은 열의 일당량
실험에서 전기 에너지량에 비해 물에서 얻은 열 에너지가 많이 발생 하였기 때문이다.
이는 정확한 전기 에너지량을 구하지 못 하였거나 전기 에너지가 아닌 외부적인 요인에
의해 물의 온도가 증가하는 등의 원인들 때문에 생긴 현상이다.
퍼센트 오차 : 13.99%

[출처] 김영국 외(2016), 『대학물리학실험』, ㈜북스힐.

㉤ 참고 문헌

참고 문헌은 실험보고서를 쓸 때 참고하거나 인용한 자료들의 목록을 보고서의 맨 마지막에 정리하여 제시하는 것이다. 이것은 자신이 참고한 자료에 대한 정보를 독자들에게 제공하고 같은 주제로 연구하는 다른 연구자들에게도 도움을 주는 기능을 한다. 아직 국내에 참고 문헌의 인용 방법이 표준화되어 있지 않으나, 학술 논문의 경우 학회나 기관마다 APA(American Psychological Association)나 MLA (Modern Language Association)와 유사한 참고 문헌의 양식을 정하여 사용하고 있으니 확인하여 작성하면 된다.

APA	정병철. (2017). AENM에 기반한 다의 동사 학습 보조 영상의 제작 원리. 문화와융합, 39(6), 925-962.
	이름. (발행년도). 논문 제목. 학술지 이름. 권호수. 페이지
MLA	정병철. "AENM에 기반한 다의 동사 학습 보조 영상의 제작 원리." 문화와융합, 39.6 (2017.12): 925-962.
	이름. "논문 제목". 학술지 이름. 권호수. 발행년도. 페이지.

일반적으로 책을 참고할 경우에는 저자 이름, 책이름, 출판사와 출판 연도를 표시한다. 또한, 전문학술지는 저자 이름, 논문 제목, 학술지 이름, 권수, 페이지 수, 발행 연도 등을 표시한다. 인터넷자료의 경우에는 참고한 사이트의 주소를 기록한다.

(나) 실험보고서 작성 요령

- 실험 목적이 여러 가지인 경우에는 세부 목적에 따라 나누어 개조식으로 나타내는 것이 좋다.
- 실험보고서는 객관적인 사실을 논리적으로 서술하는 것이기 때문에 실험 과정에서 겪은 개인적인 견해나 감정 등을 기술하는 것은 피한다.
- 실험 방법에서는 실험의 전 과정에 대하여 진행 순서대로 상세히 설명한다. 또한, 실험 방법 및 순서는 도식화하여 보고서에 나타내는 것이 독자가 이해하기 쉽다.
- 임의적으로 해석될 수 있는 모호한 서술이나 불분명한 용어의 사용을 피한다. 특히, "적당히", "알맞게" 등과 같은 용어는 실험 방법을 설명하는 데는 부적절하다.
- 실험 결과를 보여주는 표나 그래프 등에 대해서는 충분한 설명이 필요하다.
- 측정값의 단위를 국제표준단위계의 기준에 따라 표시하며, 필요한 경우에 각 측정 자료의 오차 값을 덧붙여 표현하는 것이 자료를 이해하는 데 도움이 된다.

▌활동 7.3▐ 자신의 전공 수업에서 진행한 실험을 바탕으로 실험보고서를 작성해 보자.

실험보고서 사례

실험

역학적 에너지 보존 06

1. 실험 목적

이 실험의 목적은 진자의 진동운동에서 나타나는 에너지의 교환과정을 조사하여 역학적 에너지 보존법칙을 이해하는 것이다.

진자의 운동을 측정하기 위해 회전운동센서를 사용하며, DataStudio 프로그램은 진자운동을 화면에 표시하고 수치를 기록하는데 사용되며, 진자의 전체에너지, 위치에너지, 운동에너지를 계산하기 위한 기초 자료를 제공한다.

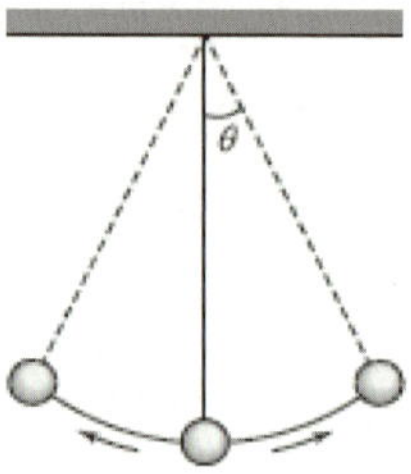

[그림 6-1] 진자의 운동

실험 06 역학적 에너지 보존 ··· 71

(출처: 김영국 외(2016), 『대학물리학실험』, ㈜북스힐)

2. 배경 이론

진자가 운동할 때, 진자의 높이와 속도는 운동과정 동안에 서로 역으로 바뀐다. 즉 높이의 증가는 속도의 감소로, 높이의 감소는 속도의 증가로 나타난다. 따라서 감소된 위치에너지는 운동에너지로 전환된다. [그림 6-2]에 나타낸 바와 같이 진자가 수직에 대해서 θ의 각을 이룰 때, 진자의 속력이 v이라면, 진자의 운동에너지 K와 위치에너지 U는 다음 식으로 표현할 수 있다.

$$K = \frac{1}{2}mv^2,\ (v = L\omega) \qquad (6\text{-}1)$$

$$U = mgh = mg(L - L\cos\theta) \qquad (6\text{-}2)$$

여기서 m은 진자의 질량, L은 진자의 길이, ω는 각속도, g는 중력 가속도이다.

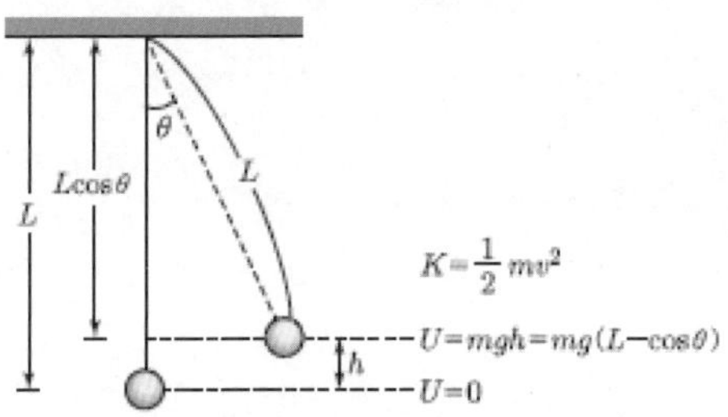

[그림 6-2] 진자의 운동에너지와 위치에너지

4. 실험 과정

1) 진자막대를 회전센서에 고정한다.
2) 진자막대의 적당한 위치에 진자의 추를 고정한다.
3) DataStudo에서 "시간에 대한 각도" 그래프와 "시간에 대한 각속도" 그래프를 나타내고, "Start" 버튼을 클릭한다.
4) 진자의 추를 약간 들어올려(약 45도) 진자가 진동하도록 놓는다.

72 ··· 일반물리학실험

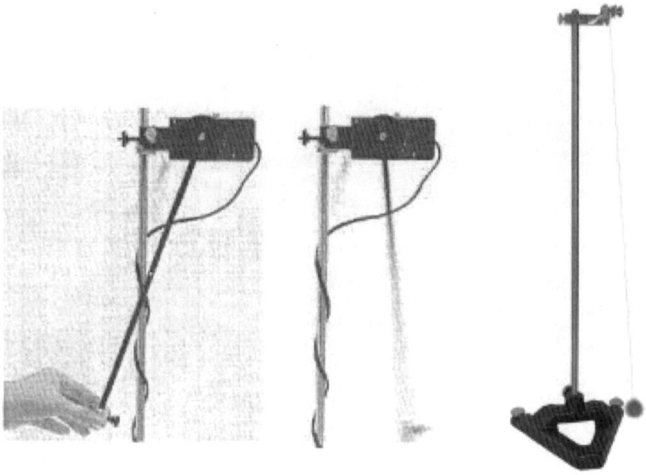

[그림 6-3] 진자를 진동시키는 모습

5) Data 수집 동안 진동이 계속되어야 한다.

6) Data를 수집하고 "Stop" 버튼을 클릭한다.

7) Display - Graph에 나타난 데이터를 분석하여 보고서를 작성한다.

06 역학적 에너지 보존 Report

학부(과) :　　　　학년 :　　　　학번 :　　　　성명 :

❖ Data Table 1

항 목	측정값
진자의 길이 (회전장치 중심에서 추의 중심까지)	
추의 질량	

❖ Graph 1 : 시간 대 각도

Graph 2 : 시간 대 각속도

❖ Data Table 2

측정각도	0°	°	°	°(최대각도)
각속도_DataStudio측정값				
선속도_계산값				
위치에너지				
운동에너지				
위치에너지 + 운동에너지				

실험 06 역학적 에너지 보존 ••• 75

❖ Data Table 3

	측정각도	계산값
최대 운동에너지		
최소 운동에너지		
최대 위치에너지		
최소 위치에너지		

❖ Questions

1. 진자가 진동하는 각도가 일정할 때, 역학적 에너지와 진자의 길이와의 관계는 어떻게 되는가?

2. 진자의 진동운동(회전운동이 아님)에서 최대속도와 최소속도를 가지는 각도는 얼마인가

❖ Analysis

1. 각도에 따른 역학적 에너지는 보존되는가?

2. 위치에너지의 변화와 운동에너지의 변화를 비교하여 설명하라.

7.4. 제안서

제안서는 고객이 다른 사람이 자신이 제안하는 아이디어를 채택하도록 설득하는 도구이다. 일반적으로 공학도는 특별한 연구나 프로그램을 수행하는 데 필요한 자금을 지원받기 위해 제안서를 사용한다. 제안 과정을 이해하고, 일정한 형식을 반복적으로 연습한다면 성공적인 제안서를 작성할 수 있다.

고객을 설득시키고 목적한 바를 얻어내기 위해서는 제안서 전체에 다음의 5가지 요소가 반드시 제시되어야 한다.

- 당신이 제안하는 것은 무엇인가? (What)
- 왜 그것이 중요한가? (Why)
- 언제까지 할 수 있는가? (When)
- 얼마만큼의 경비가 소요되는가? (How much)
- 어떻게 처리할 것인가? (How)

(가) 제안서의 구성

제안서는 목적에 따라 다양한 형태로 구성되지만 대부분의 공학적 제안서는 아래와 같이 표지, 개요, 과제 목표, 과제 내용, 과제 수행 일정, 예산 계획, 활용 방안 및 기대 효과로 구성된다.

㉠ 표지 요약서

제안서의 전반적인 사항을 한눈에 볼 수 있도록 구성하며, 과제명, 유형, 과제 참여자의 인적 사항, 예산 총액, 작성 일자, 작성자, 수신 기관 및 기관장의 정보를 일반적으로 표로 나타낸다.

㉡ 개요

제안서를 작성하게 된 배경을 다양한 관점에서 설명한다. 일반적으로 공학도는 개발하려는 제품의 시장 동향, 기술 동향 등 객관적인 사항을 제시함으로써 개발이 반드시 필요하다는 점을 설득한다.

ⓒ 과제 목표

제안하고자 하는 내용 중 핵심적인 사항 또는 개발 목표를 간략하고 일목요연하게 나타낸다. 가급적 하나의 핵심 사항을 한 문장으로 구성함으로써 심사자가 빠르게 핵심 사항을 간파할 수 있도록 한다.

ⓓ 과제 내용

과제 목표에서 제안한 핵심 사항을 항목별로 구체적으로 설명한다.

ⓔ 과제 수행 일정

과제 목표를 달성하기 위해 수행하여야 할 사항들을 분기별 또는 월별로 나누어 수행 일정을 표 또는 막대그래프를 이용해 설명한다.

ⓕ 예산 계획

과제 목표를 달성하기 위해 요구되는 예산을 일반적으로 표로 나타낸다. 예산은 항목별로 구분되며, 항목별 배정금액이 산출된 근거를 세부요소별로 작성한다.

ⓖ 활용 방안 및 기대 효과

과제를 통해 개발된 제품 또는 아이디어를 활용 가능한 방안을 제시하며, 기대되는 효과를 간략히 제시한다.

(나) 제안서의 예시

20**학년도 *학기 캡스톤디자인 팀별 과제 제안서

과제명	산업용 기계 부품 생산을 위한 압출기 일체형 3D 프린터 개발			
팀명	! (느낌표)			
특성화분야	□ 국방산업 ■ 그린메카노 □ 해양웰빙 □ 도시힐링			
과제유형 (성과물기준)	기본과제	□ 보고서 제작형 □ 작품제작형 ■ 산학연계형 □ 학제간 융합형 □ 창업연계형		
	선택과제	□ 일반형 ■ 심화형 □ 기획형		
담당교수	소 속	**공학부	성 명	* * *

참여 학생 현황 *(팀장을 1번에 기록해주세요)*

	성 명	학년	학과(부)	학 번	휴대전화	E -Mail
1	김**	4	**공학부	20****	010.3758.****	****@naver,com
2	강**	4	**공학부	20****	010.4664.****	****@naver.com
3	김**	4	**공학부	20****	010.9554.****	****@naver.com
4	이**	4	**공학부	20****	010.4462.****	****@naver.com
5	황**	4	**공학부	20****	010.6721.****	****@naver.com

전문가 자문활용 여부	예(∨) 횟수: 5 아니오( )
신청금액	3,000,000원

[심화·기획형의 경우, 본 과제를 통해 달성 가능한 성과지표 체크(중복가능)]

항 목	기술이전	해당기업체 취업 (1명 이상)	특허출원	시제품 도출	대외 경진대회 참가	합 계
가 점	*	*	*	*	*	
체크란						

붙임 [양식2-1] 과제계획서 1부.

위와 같이 캡스톤디자인 팀별 과제 신청서를 제출합니다.

20**. **. **.

대표학생 김 * * (인)

지도교수 김 * * (인)

경남대학교 LINC사업단장 귀하

1. 과제 개요

1. 시장 동향

- 세계적으로 3D 프린터는 생산 업계에서 가장 주목 받는 기술이며 3D 프린터의 시장은 점차 증가하는 추세를 보임
- 3D 프린터 시장의 급격한 증가에 따라 향후 기존 제조 기술이 3D 프린터로 대체될 것으로 전망
- 향후 3D 프린터 시장은 장비보다는 소재와 제품 관련 시장이 더 클 것으로 전망

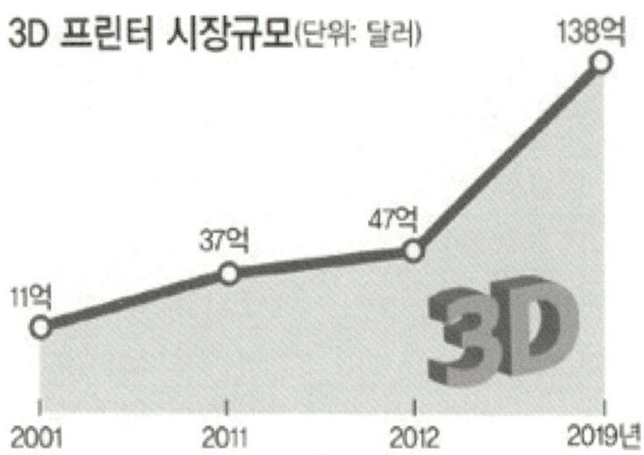

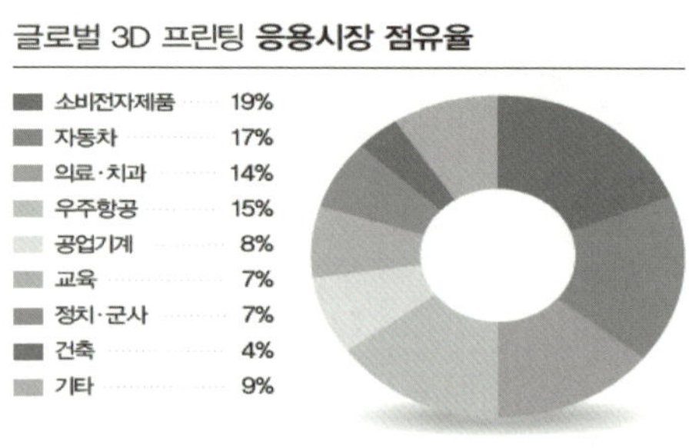

자료출처: Wohlers Report, 민생증권(民生證券)연구소
<그래픽= 송유미 미술기자>

3D프린팅 뜨니 소재 시장도 뜬다…2025년 6400억원 시장 예상

[AD] 비용 효율성이 뛰어난 LCM 전원 공급장치로 절보얻고 경품 기회 잡으세요~!

3D프린팅이 대중화 물꼬를 트면서 관련 소재 시장도 커진다. 기가옴은 시장조사업체 아이디테크엑스 보고서를 인용해 3D프린팅 소재 시장이 6억1500만달러(약 6400억원)로 성장한다고 29일 보도했다.

<3D프린터가 플라스틱을 재료로 백악관 모형을 만드는 모습>

보고서는 내년부터 향후 11년 동안 3D프린팅 소재 업계가 큰 기회를 맞을 것으로 내다봤다. 지금 사용하는 재료뿐 아니라 대학에서 개발 중인 다양한 재료가 시장에서 유통될 것이라는 전망이다.

현재 3D프린팅에 가장 많이 쓰이는 소재는 빛을 받으면 굳는 광경화성 고분자 물질 `포토폴리머(Photopolymer)`다. 전체 시장의 56%를 차지한다. 그 다음으로 인기 있는 소재는 녹고 굳는 게 자유로운 고체 형태의 열가소성 플라스틱으로 시장의 40%를 점유한다.

보고서는 고체 형태뿐만 아니라 가는 섬유와 입자, 분말가루 형태를 갖춘 열가소성 플라스틱, 잉크젯 조형 분말 등 다양한 소재가 각광받는다고 내다봤다. 현재 전체 시장의 1.4%밖에 안 되는 금속 분말도 점차 성장세를 높여갈 것으로 예상된다.

2. 특허 동향

3D 프린팅 장비 관련 연도별 특허 출원은 최근까지 꾸준히 증가 추세이며, 세계적으로 기술 개발 활동이 활발하게 지속되고 있음

3. 표준화 동향

- 국제표준화기구(ISO)에서 '11.3월부터 유럽 중심 표준화 활동 진행중이며, 기술 선점을 위한 표준화 활동에 참여가 필요함
- 향후 3D프린팅 산업의 본격적인 성장에 대비하여 국내 업체 육성 및 산업계와 긴밀한 협조를 통해 표준화 활동에 참여가 필요함

2. 과제 목표

1. 펠릿 직접 투입을 통한 3D 프린터 익스트루더 개발

- 펠릿 직접 투입을 통한 경제적인 3D 프린터 익스트루더 설계
- 시제품 제작

〈그림.1〉 일체형 압출기 모습과 부품

〈그림.2〉 3D 프린터 전체 형상

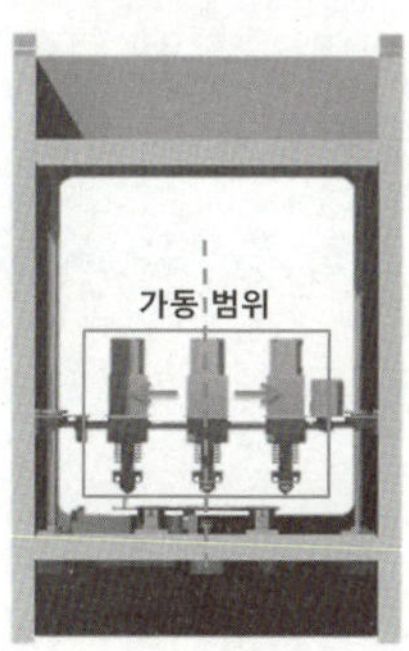

〈그림.3〉 일체형 압출기 가동 범위

2. 펠릿(원재료)의 배합에 따른 제품의 기계적 성질 향상

3D 프린터의 시장이 확대되면서 소재 분야에 대하여 관심이 높아지고 있다. 현재 소재는 여러 분야에 많이 활용되고 있기 때문에 일체형 압출기를 이용하여 다양한 소재를 적용하며 테스트를 통해 제품의 기계적 성질을 확인하고자 한다.

3. 경진대회 참가

1) 2016 동남권 LINC사업 산학협력 FAIP

2) 2016 제8회 대학생 공작기계 창의 아이디어 공모전

3. 과제 내용

1. 펠릿 직접 투입을 통한 3D 프린터 익스트루더 개발
   - 일체형 익스트루더(압출기)의 설계
   - 스크류의 클리어런스 이송 문제 해결
   - 실린더의 열전도율 문제 해결
   - 스크류 회전 모터의 토크 문제 해결

2. 펠릿(원재료)의 배합에 따른 제품의 기계적 성질 향상
   - 강화재가 혼합된 고분자복합재료를 이용한 제품 제작
   - 고분자 블랜딩 방법을 통한 다양한 재료 테스트
   - 인장시험 테스트를 통한 기계적 성질 확인
   - 재료의 기계적 성질 향상을 위한 최적의 재료 및 블랜딩 방법 결정

4. 과제 수행 일정

가. 조원별 역할 분담 (※팀원별 역할 분담이 보여질 수 있도록 작성)

No.	성명	담당	수행 역할
1	김**	팀장	과제 수행 총괄, 지도교수와의 면담 약속, 팀원 업무전달 등 회의 소집
2	강**	자료수집	일체형 압출기의 장비 문제 파악 및 수리
3	김**	설계 및 해석	일체형 압출기 장비 수리, ANSYS를 이용한 열, 응력 해석
4	이**	설계 및 해석	CATIA를 이용한 모델링, 재료의 성질 테스트를 위한 자료 조사
5	황**	자료수집	재료의 성질을 테스트하기 위한 각종 자료 및 조사

나. 과제추진계획 및 일정

기 간	주요 추진내용	비고
2016.09 ~ 2016.10	아이디어 구상 및 제안서 작성	
2016.10 ~ 2016.11	아이디어 관련 실험 진행	
2016.11 ~ 2016.12	실험에 따른 결론 도출	

5. 예산 계획

가. 항목별 예산 집행 계획

항 목	금액(원)	산출내역	비 고
재료비	2,810,000원	○ 시제품 제작비 - 3D 프린터 메인 프레임(1set) : 800,000원 - Step Motor(1set) : 200,000원 - 제어 시스템(1set) : 400,000원 - 이송 시스템(1set) : 250,000원 - 일체형 압출기(1set) : 250,000원 - 기타부품(체결부품)(1set) : 200,000원 ○ 재료비 - 필라멘트(1EA)×12개: 210,000원 - PLA 펠릿(10Kg) : 200,000원 - ABS 펠릿(10Kg) : 200,000원 - Powder : 100,000원	- 완제품, 기자재 구입불가
회의비	450,000원	- 30,000원/명×5명×3회 = 450,000원	- 기본지원비
여비	-	-	- 기본지원비 - 공무원 여비규정

			에 준함
수용비 (사무용품/ 전산처리/ 인쇄·복사)	96,300원	○ 사무용품비 - A4용지 : 20,300원 × 1 Box = 20,300원 - 볼펜 : 5,600원 × 5 = 28,000원 - 파일 : 3,200원 × 5 = 16,000원 ○ 전산처리비 - 토너 : 32,000원 × 1 = 32,000원	- 사무용 기기, 컴퓨터 주변기기 및 용품(USB,마우스, CD, 외장하드 등) 구입불가 - 필요에 따라 토너 1개 지원가능 (15만원한)
문헌구입비	28,800원	- CATIA DMU Kinematics Simulation Book : 28,800원	- 전공 교재 구입 불가 - 같은 책 여러 권 구입 불가(도서관 기부채납)
합 계	3,385,100원		

나. 전문가 활용비 신청 계획

항 목	금액(원)	산출내역	비 고
전문가 활용비	500,000	5회 X 100,000원 = 500,000원	
합 계	500,000		

※ 산학연계형 : 500,000원까지(1회 : 100,000원), 비산학연계형 : 300,000원(1회 : 100,000원)

6. 활용방안 및 기대효과

※ 활용방안

1) 소재 배합률에 따른 신소재 연구 가능

압출기 구조가 Screw 방식이기 때문에 Plastic뿐만 아니라 다양한 재료(ex. Carbon Fiber Reinforced Plastic)를 배합하여 출력하는 것이 가능. 재료 배합률을 조정하여 출력한 제품들의 기계적 강도를 시험하여 각 제품에 최적화된 소재를 찾을 수 있음

2) 원료의 재활용을 가능하게 함으로써 환경 친화적

노후된 플라스틱, 3D프린팅을 하고 후처리 가공 때 나오는 플라스틱 슬러지들, 다른

가공 장비에서 가공 시 나오는 불필요한 플라스틱 덩어리들을 파쇄공정을 통해 재출력이 가능

3) 융합 공정을 통한 공정 간소화, 원료비 절감

기존의 제작 방식인 필라멘트를 사용하지 않고, 3D 프린터에 필라멘트 원료를 직접적으로 공급함으로써 공정을 간소화하여 비교적 값이 싼 펠릿을 이용하여 출력하기 때문에 제작 단가를 절감할 수 있음

※ 기대 효과

1) 성장 잠재력이 높은 3D프린팅 분야의 기술 경쟁력 강화로 제조업 혁신
2) 미래 유망 시장 선점
3) "3D프린팅 10대 핵심 활용 분야" 육성을 통해 성장 잠재력이 높은 시장에 선대응

활동 7.4 아래 주제 중 하나로 제안서를 작성해 보자.

1. 골목 상권이나 도시 재생을 위한 사업 제안서
2. 대학 내 편의시설 보강을 위한 제안서
3. 대학교와 중고등학교의 교류 사업을 위한 제안서

7.5. 프레젠테이션

프레젠테이션은 발표자가 듣는 사람들에게 어떤 사실, 아이디어, 경험이나 노하우 등을 다양한 시각 자료를 이용하여 조리 있게 설명하거나 설득하기 위하여 이루어진다. 프레젠테이션의 목적은 특정한 내용에 대한 정보를 전달하거나 청중을 발표자가 원하는 방향으로 설득하는 것이다. 이를 통해 청중이 어떤 의사 결정이나 행동을 하도록 유도해야 하므로 프레젠테이션을 체계적이고 효과적인 방법으로 진행하는 것이 필요하다.

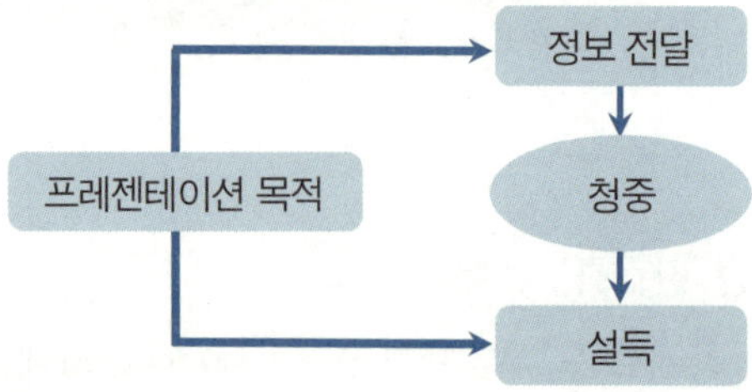

(가) 프레젠테이션 준비와 순서

프레젠테이션을 통해 자신의 목적을 달성하기 위해서는 그 준비를 철저히 해야 한다. 우선 프레젠테이션을 진행하는 환경을 검토해야 할 것이다. 주어진 환경을 이해한 후에 발표 자료 수집, 발표 자료 작성, 발표 연습 및 발표 등의 과정을 거치면서 발표의 목적을 달성하기 위한 다양한 검토가 진행된다.

1) 환경 분석

프레젠테이션을 하기 위해서는 발표자에게 주어진 환경에 대하여 철저히 검토해야 할 것이다. 일반적으로 발표를 위한 환경 요인으로는 청중(people), 목적(purpose), 장소(place)의 3P가 있다. 청중은 발표를 듣는 사람으로 가장 중요한 요소이다. 청중의 수, 청중의 연령 및 지식수준 등 발표를 듣는 청중의 특성에 대하여 철저히 이해해야 발표를 성공적으로 마무리할 수 있다.

프레젠테이션의 목적은 무엇인가? 왜 발표를 하는가? 청중은 무엇을 기대하고 있는가? 등 발표의 목적을 확실히 인식해야 할 것이다. 다음으로 발표 장소의 위치 및 규모, 시청각 매체의 종류 등도 충분히 고려해야 한다.

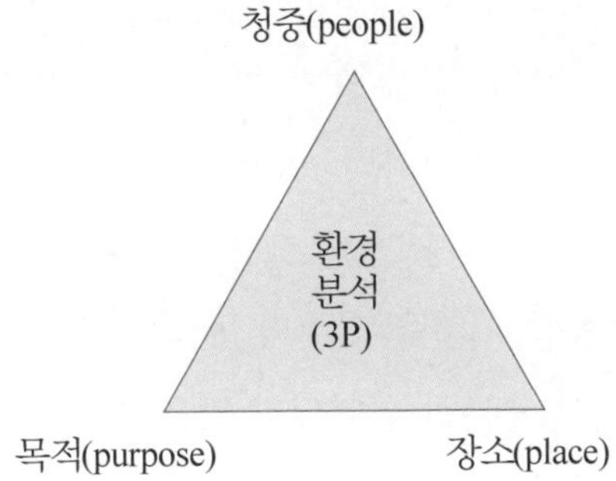

2) 발표 자료 수집

청중 등 환경 분석이 끝나면 발표 주제에 적합한 관련 자료를 수집해야 할 것이다. 자신이 갖고 있는 자료가 부족한 경우에는 인터넷, 참고 문헌, 동영상 등 관련 자료를 발표 내용과 방법에 맞게 수집해야 할 것이다.

3) 발표 자료 작성

수집된 자료를 토대로 발표 자료를 작성한다. 발표 내용의 전체적인 차례는 서론, 본론, 결론으로 구성한다. 서론 부분에서는 주로 환경, 주제의 설명이나 발표의 목적 등을 중심으로 구성한다. 본론에서는 서론에서 언급한 결론에 대하여 근거나 이유를 제시하고 발표의 목적과 관련된 핵심적인 내용을 서술하고 설명한다. 대체로 발표 자료의 80% 내외가 본론 부분인데, 너무 분량이 적으면 발표 주제에 대한 설명이나 주장이 부족하고 너무 분량이 많으면 장황하게 되어 발표자의 주제나 발표 목적이 흐트러지게 된다. 결론 부분에서는 최종적으로 청중에게 의도하는 목표를 다룬다.

발표 내용은 서술식의 긴 문장보다는 핵심적인 단어들을 중심으로 개조식으로 간단히 작성하는 것이 청중들이 내용을 보고 이해하는 데 더 유리하다. 전체적인 발표 자료의 구성 방식에는 일반적으로 '정→반→합'의 변증법적 방식, '대전제→소전제→결론'의 연역법적 방식, '사실1→사실2→결론'의 귀납법적 방식이 있다. 한편, 한 주제에 대한 부분적인 구성 방식에서는 먼저 강조할 문장이 제시되고, 강조할 문장의 내용을 설명하거나 뒷받침할 수 있는 증거가 될 수 있는 내용이 뒤따르는 것이 적절하다.

또한 청중의 이해를 돕기 위하여 글 보다는 그림, 도표 및 영상 자료 등의 시각적 효과를 고려하여 구성하는 것이 바람직하다. 발표 자료의 분량은 주어진 발표 시간에 맞추어 작성하는데 일반적으로 발표 자료 한 장당 1~2분 정도가 적절하다. 또한 발표 이후에 대부분 청중과의 질의응답 시간을 갖는다. 이때 청중들로부터 예상되는 질문에 대해 발표 자료의 본론 부분에서 충분히 설명되지 않은 경우를 대비하여 추가적인 내용을 함께 준비하는 것도 필요하다.

예시 7.11

발표 자료의 구성의 예

서론 부분	인사 및 간단한 자기 소개(필요 시) 청중에 대한 관심과 발표의 배경, 목적 설명 발표 내용에 대한 발표 순서 소개
본론 부분	발표 주제에 대한 내용 1 내용 1에 대한 부연 설명 발표 주제에 대한 내용 2 내용 1에 대한 부연 설명 발표 주제에 대한 내용 3 내용 1에 대한 부연 설명 ⋮
결론 부분	전체적인 요약 결론 질의응답

4) 연습 및 점검

발표 자료가 완성되면 발표 연습을 통해 좀 더 자연스럽게 청중에게 의사를 전달할 수 있도록 해야 한다. 발표 연습은 많이 할수록 내용을 충분히 이해하기 때문에 자신있게 말하듯 자연스럽게 할 수 있다. 발표하는 방식도 가능한 발표 자료를 그대로 읽지 않고 전체적으로 주제에 대하여 스토리텔링 되도록 전개하는 것이 바람직하다. 이러한 과정에서 발표 내용상 상충이 되거나 설명이 되지 않는 부분에 대해서는 논리적인 문제점이나 사실 확인이 안 된 부분을 다시 한 번 점검하고 수정, 보완을 한다. 특히 발표 자료를 그대로 읽는 것은 피해야 한다. 청중이 눈으로 스크린의 발표 자료를 보고 있기 때문에 일시적으로는 집중할 수 있지만 그대로 읽기가 길어지면 발표자의 발표에 대한 관심도가 떨어지게 된다.

5) 발표

충분한 발표 연습 및 발표 내용에 대한 수정, 보완 후에 실제 발표를 하게 된다. 발표하기 전에 발표장에서 프레젠테이션을 위한 시청각 도구가 잘 준비되어 있는지 확인해 본다. 즉, 프레젠테이션 프로그램의 버전 충돌이 없는지, 준비한 동영상이 정상적으로 작동하는지 등을 발표 전에 확인해야 한다.

일반적으로 발표 자료는 청중에게 미리 배포한다. 발표 시 청중은 발표자의 발표 내용을 들으면서 스크린의 발표 자료를 보기도 하지만, 일부 청중은 배포한 발표 자료를 보기도 한다. 그러나 발표 자료를 보면서 발표자의 발표 내용을 듣는 활동을 동시에 할 수 없기 때문에 발표 내용에 대해 최대한 말하듯 자연스럽게 진행하는 것이 바람직하다.

◎ 일반적인 발표의 절차

1. 간단한 자기소개와 청중에 대한 인사

간단히 자기 자신을 소개하고 청중에게 인사를 한다. 또한 발표 장소, 청중에 대한 느낌이나 날씨, 사회적인 이슈 및 간단한 유머 등 발표장의 분위기를 조성할 수 있도록 유도한다.

2. 발표 주제와 목적을 간단히 소개하고 내용 발표

발표 내용의 제목과 목차를 소개하고 발표 자료에 대해 본격적으로 설명한다. 발표 내용에 대해 결론 부분에서는 강조하고자 하는 내용을 발표 목적과 연계하여 정리하여 설명한다.

3. 발표 후 질의응답

발표가 끝나면 일반적으로 청중으로부터 질문을 받거나 의견을 청취하게 된다. 질문에 대한 응답 시 필요한 발표 내용을 다시 보여주면서 설명하거나, 추가적인 발표 자료로 부연 설명을 한다. 일반적으로 정해진 시간 내에 다루어지지 못했거나 청중의 질문이 예상되는 부분에 대하여 추가적인 발표 자료를 준비하기도 한다. 대체로 발표 주제와 연관된 통계적 자료 등의 데이터가 필요하다.

◎ 프레젠테이션의 기술

일반적으로 발표 자료를 충분히 검토하면서 제작하고, 발표 연습을 사전에 많이 할수록 성공적인 프레젠테이션이 된다. 스티브 잡스의 발표를 보면, 발표 자료, 발표 시 몸짓, 움직임의 동선, 시선 처리, 음성의 강약 등 발표에 영향을 줄 수 있는 모든 것에 대하여 세부적으로 준비하고 있음을 알 수 있다. 발표를 위하여 의도적으로 연습이 필요한 프레젠테이션의 기술을 보면 대략 다음과 같다.

- 발표 시 발표 내용에 대해 몸짓 언어를 적절히 활용한다.
- 말투는 자신감 있게 하며, 끝까지 정확한 발음으로 말끝을 흐리지 않도록 해야 한다.
- 시선은 청중을 향하고 발표 자료를 보는 시간은 최대한 줄인다. 이를 위해서는 가급적 발표 내용의 전체적인 흐름을 기억해야 한다. 전체적인 내용의 스토리텔링을 이끄는 키워드는 강조를 위하여 눈에 띄는 색상이나 굵은 글자로 처리하는 것이 좋다.
- 정해진 시간 내에 발표를 해야 한다. 이를 위해서는 완성된 발표 자료로 실제 연습을 충분히 할 필요가 있다.
- 한 위치에서 발표를 하기도 하지만 필요하면 위치를 이동하면서 청중의 시선을 집중시킨다.
- 강조하는 단어나 내용을 말할 때는 음성의 톤을 약간 높이고, 동시에 손짓도 사용한다.

(나) 발표 자료에 대하여 고려해야 할 사항들

발표자는 발표 자료에 대해 내용적인 측면과 청중의 관심도를 높이기 위하여 발표 자료의 이미지 측면에서 다음과 같은 사항을 고려하여 작성하는 것이 바람직하다.

1) 내용적인 측면

- ■ 발표 내용은 문장마다 간단명료하게 핵심 단어 위주로 설명해야 한다. 문장도 개조식으로 구성하면 청중이 발표 자료를 더 빠르고 쉽게 이해할 수 있다.

예시 7.12

발표 자료의 문장 수정 예

수정 전

- 국내 3대 조선소에서는 해양프로젝트의 통합 발주추세에 따라 기존의 강점인 건조 분야에서 EPCI(Engineering, Procurement, Construction, Installation)와 더불어 O&M 영역까지 확장을 위한 노력을 추구하고 있음

수정 후 ①

- 국내 3대 조선소 해양프로젝트 통합 발주 확대로 기존 건조분야에서 EPCI, O&M 영역 확장
  - EPCI : Engineering, Procurement, Construction, Installation
    O&M : Operation and Management

수정 후 ②

- 국내 3대 조선소 해양 프로젝트 통합 발주 확대 추세
  - 기존 건조 분야 → EPCI, O&M 영역 확장

    ※ EPCI : Engineering, Procurement, Construction, Installation
    O&M : Operation and Management

- 문장과 문장의 구성에 있어서도 발표 내용을 고려하여 강조할 부분을 먼저 보여주는 두괄식으로 하는 것이 바람직하다. 즉 결론적인 문장을 먼저 작성하고 그 다음에 결론적인 문장을 설명하거나 증거가 되는 내용을 작성한다.
- 발표 내용을 구성할 때 시간적으로는 과거, 현재, 미래로 구성하고, 지리적 · 공간적으로는 장소 1, 장소 2, 장소 3과 같이 구성한다.

▌활동 7.5▐ 다음 문장을 발표 자료용 문장 형태로 바꾸어 보자.

문단이란 여러 문장이 모여서 자기가 생각하는 것이 무엇인지 중심 생각을 나타내는 것을 말한다. 문단을 만드는 여러 문장 중에 주인공에 해당하는 문장을 중심 문장, 혹은 주제 문장이라고 하고, 이 주제 문장이 정확하게 드러나도록 도와주는 문장을 뒷받침 문장이라고 한다. 그러므로 하나의 문단은 하나의 주제 문장과 몇 개의 뒷받침 문장으로 이루어져 있다고 볼 수 있다.

⇩

2) 시각 효과와 디자인 측면

- 일반적으로 청중은 스크린으로 발표 자료를 보면서 발표자의 발표 내용을 듣게 된다. 이때 발표 자료에 대한 청중의 관심을 높이기 위한 시각적 효과도 매우 중요하다. 일반적으로 시각적 효과는 글자 모양, 글자와 배경과의 색깔, 소제목과 장, 절 구분의 기호, 각 페이지에 할당된 문장과 글자의 규모 등에 의해서 영향을 받게 된다.
- 발표 자료의 디자인은 전체적으로 통일되게 유지하되 가능한 단순한 것이 청중에게 부담이 없다. 인터넷을 통해 다양한 디자인을 검색하고 필요한 이미지 파일을 다운 받을 수 있다.
- 글자와 배경 화면의 색은 보색 관계로 대비하는 것이 좋다. 대체로 하얀 바탕에 검은색 글씨가 가장 무난하다. 너무 다양한 색상을 사용하거나 보색관계를 맞추지 않을 경우 청중이 피로감을 느낄 뿐만 아니라 내용을 인식하는 데 어려움을 느끼게 된다.
- 문장에서 강조되는 핵심 단어 및 주제에 대해서는 글자를 더욱 두껍게 하거나 색깔로 강조하는데, 색깔로 강조할 때 빨강색보다는 주황색이 눈의 피로를 줄여준다. 그 외에 내용 강조를 위하여 여러 색깔을 활용하는 경우에도 한 페이지에 너무 많은 색깔을 사용하면 오히려 청중의 집중력이 분산되어 가독성이 떨어진다. 그러므로 강조하는 색깔은 세 가지 정도 내외로 최소화하는 것이 적절하다.
- 먼셀표색계(Munsell表色系)[2]의 보색관계를 활용하면 색깔에 대한 강조가 효과적이고 청중의 집중력을 높이는 데 도움이 된다. 일반적인 보색관계를 보면, '빨강-청록', '노랑-

---

2) 미국의 화가 먼셀이 고안한 표색법. 여러 가지 색깔을 색상, 명도, 채도의 세 속성에 따라 규칙적으로 배열하고 각각 십진법으로 나타내었다.

남색', '녹색-자주', '파랑-주황', '보라-연두' 등이 있다는 것을 알아두자.

- 발표 자료의 본문에서 한 문장의 규모는 최대 두 줄을 넘어가지 않는 것이 좋다. 핵심 단어의 시각적 효과를 통해 내용을 눈으로 한 번에 인식하고 이해할 수 있도록 하는 것이 바람직하다.

예시 7.13

글의 분량이 너무 많은 발표 자료의 예

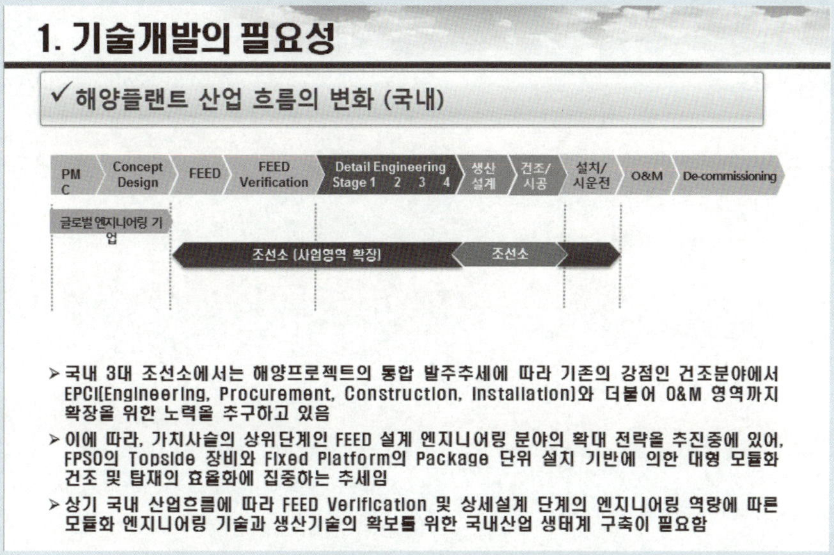

활동 7.6 "지구 환경을 보호하자"라는 주제로 프레젠테이션을 준비하자. 발표시간 10분에 맞추어서 발표 자료를 만들고 발표해 본다.

Chapter 8

소통과 융합의 글쓰기

8.1. 공학기사

기사문은 보도를 목적으로 어떠한 사건이나 사실, 현상 등 알려지지 않은 새로운 정보를 객관적인 입장에서 전달하기 위해 작성하는 글이다. 독자가 사실을 정확하게 파악할 수 있도록 충분한 정보를 제시해야 하는데, 어떤 사실의 내용을 객관적으로 기술하여 마치 독자가 직접 어떤 일의 현장을 목격하는 것처럼 전달하는 특성을 지닌다. 기사문에서 작가의 목소리는 언론적인 중립을 지키기 위하여 차분한 태도와 객관성을 유지한다.

공학기사는 다른 종류의 기사와는 달리 공학적인 최신 이슈를 담고 있다. 독특한 소재를 다루는 만큼 신선한 정보를 제공하기 위해, 사실의 설명과 기술 묘사에 충실한 글을 작성해야 한다. 이를 위해 현장이나 사건, 사실을 극적 상황으로 바꿔 보도하는 방식을 사용할 수 있으며, 엄격하고 전통적이며 상투성 있는 관습에서 탈피하여 자유로운 단어를 구사하기도 한다. 현장을 스케치할 때는 초점을 잘 맞추고 대화의 인용을 삽입하여 활용할 수 있다. 간결하게 내용을 요약하고 구어체를 사용하기도 한다.

기사문은 보통 육하원칙에 의해 작성되지만 이 육하원칙 밖에도 지켜야 할 형식이 있다. 기사문의 내용은 중요한 것일수록 앞에 놓고 비중이 가벼운 것일수록 뒤에 배치하는 것이 좋다. 이러한 기사 작성법 내지 형식은 현대인의 생활에 비추어 볼 때 불가피한 선택이다. 현대인은 시간적 여유가 없어 제목과 중요한 내용 몇 줄만 읽어보고 버릴 때가 허다하기 때문이다. 그러므로 기사문은 다음과 같이 작성하는 것이 바람직하다.

(가) 공학기사의 구성

㉠ 표제

표제는 헤드라인(headline)이라고도 부르는데, 그 기사 내용을 한 어구로 표시한 것이며 전체 기사 내용을 대략 짐작할 수 있도록 압축 요약한 기사의 '제목'이다. 표제는 다시 헤드라인과 부제목으로 나누어질 수도 있는데 부제목은 표제를 보완하는 역할을 하며 내용을 구체적으로 알리는 '작은 제목'이다. 표제는 기사의 내용을 단적으로 표현하고 암시해야 함은 물론이고, 독자의 흥미를 끌 수 있는 시각적 매력을 지녀야 한다. 또한 기사문의 표제가 호기심과 흥미, 관심을 끄는 것은 좋으나 지나치게 생략한 문장은 지양하는 것이 좋다.

㉡ 전문 요약

'lead(리드)'라고 부르는 것으로, 제목이나 부제 다음에 위치한다. 보통 기사의 첫 부분에 위치하며, 본문의 골자를 알 수 있도록 전체 내용을 압축하여 한두 문장으로 표현한 것이다. 기사문의 생명은 바로 lead에 있다. 표제도 제대로 보지 아니하는 현대인의 흥미를 끌어들일 수 있느냐 없느냐가 여기에서 판가름나기 때문이다.

㉢ 본문

본문은 lead부분에서 요약된 기사를 구체적으로 설명하고 서술하는 부분이다. 본문에서는 중심 사건이나 정보를 전체적으로 자세하게 풀어낸다. 보통 본문은 자세하고 구체적으로, 육하원칙에 맞게 써야 한다. 본문의 전개는 중요한 것일수록 앞에 배치하고 덜 중요한 것일수록 뒤에 배치하는 순서로 진행한다.

본문에서는 과학 기술의 발달로 빠르게 변화해가는 여러 가지 정보를 정확하고 효율적인 메시지로 전달해야 한다. 글은 글쓴이의 가치관이나 세계관, 삶의 경험이나 배경지식 등을 반영한다. 과학/공학기사도 글 쓰는 사람의 관점에 따라 같은 사건에 대하여 다른 관점과 해석을 표출할 수 있다. 이것은 특정한 매체의 편집 관점에 기인한 것일 수도 있고, 기사를 쓰는 개인의 관점에 의한 것일 수도 있다. 경우에 따라서 약간의 퍼스널 터치를 허용하기도 하는데, 이때 편집자는 논평으로 자신의 견해를 노출할 수 있다. 그렇지만 기사의 주제와 내용면에서 배경지식을 활성화시키고 특정집단의 가치관이 너무 개입되지 않았는지, 주관적인 의견에 치우치지 않았는지 조심하고 주의해야 한다.

기사문은 공정성, 신속성, 객관성 등을 생명으로 한다. 기사문은 특성상 사실을 보도하고 전달하는 매체이므로 사실과 의견을 구분하고 특정 사안에 대한 시각 차이를 비교하여 기준을 공정히 해야 하는데, 무엇보다 정보를 전달하고 사실을 확인할 수 있는 지식을 내포하기 때문에 공정성을 잃어서 안 된다. 대상에겐 냉정하지만 독자에게는 친절해야 하고 정보는 신속하게 전달되어야 한다. 독자는 메시지의 객관성을 평가하고 효율적으로 정보를 획득하며 비판적으로 읽고 수용할 것이다. 무엇보다도 기사문은 독자들의 관심을 끌고 이해를 돕는 데 초점을 맞추어야 한다.

◎기사문을 작성할 때 유의 사항

1. 정확한 단어와 문장으로 작성해야 한다.
2. 사회적으로 수용 가능한 내용으로 작성한다.
3. 충분한 자료 조사와 수집을 거쳐 작성한다.
4. 기사문의 일반적인 구조에서 벗어나지 않도록 작성한다.

예시 8.1

PC·스마트폰 두뇌… 'AI칩(NPU)' 인간의 뇌를 닮아가다

인공지능 반도체 시대… 뉴런처럼 작동하는 'AI칩'애플 · 화웨이 신제품에 탑재, 3차원 얼굴 인식 구현까지

1946년 최초의 디지털 컴퓨터 '에니악(ENIAC)'이 등장한 이후 70년이 넘는 시간 동안 컴퓨터는 눈부신 발전을 이뤘다. 에니악은 1만9000개의 진공관이 설치된 높이 5.5m, 길이는 24.5m짜리 거대한 기계였고 무게는 30t에 이르렀다. 사람이 7시간을 걸려야 풀 수 있는 탄도(彈道) 계산을 3초만에 해내면서 '총알보다 빠른 계산기'로 불렸다. 오늘날 손바닥보다 작은 스마트폰은 에니악 수천 대를 합친 것보다 많은 일을 더 빠르게 할 수 있다. 전 세계 과학자와 기업들이 더 좋은 성능의 반도체를 더 작게 만들기 위해 치열한 경쟁을 펼친 덕분이다.

하지만 이런 경쟁의 '룰(규칙)'이 바뀌고 있다. 글로벌 정보기술(IT) 기업들이 기존 방식의 반도체칩 성능 개선이 한계에 다다르자 전혀 새로운 반도체칩 개발에 나섰다. 수많은 정보를 동시에 처리할 수 있는 인간의 뇌, 즉 신경망(神經網)에서 아이디어를 얻은 인공지능(AI) 칩의 시대가 열리고 있다. 미국 애플 · 구글 · 엔비디아 · 인텔 · AMD, 한국 삼성전자, 중국 화웨이 등이 모두 AI칩 개발에 뛰어들어 제품을 내놨거나 개발을 진행하고 있다.

미국 뉴욕타임스는 "인텔은 개인용 컴퓨터에 탑재할 수 있는 중앙처리장치(CPU)를 만들어 3350억달러(약 375조원)에 이르는 오늘날의 반도체 시장을 열었다"면서 "하지만 인공지능 비서, 가상현실을 구현하고 하늘의 드론(무인기)을 날게 하기 위해서는 전혀 새로운 반도체 기술이 필요하다"고 보도했다.

◇하나씩 빠르게 처리하던 기존 반도체… 인간의 뇌처럼 한꺼번에 숱한 정보를 처리하는 AI칩

PC의 핵심인 CPU나 스마트폰의 두뇌 역할을 하는 AP(모바일용 중앙 처리장치) 반도체칩은 코어(core)라는 처리 장치를 이용해 한 번에 한 가지 연산(계산)을 수행하도록 설계돼 있다. 주판을 들고 있는 직원(코어)이 한 사람밖에 없는 사무실과 마찬가지이다. 직원의 능력이 향상되면 업무 처리 능력이 빨라지는 것처럼 코어의 성능을 개선할수록 컴퓨터와 스마트폰의 처리 속도가 빨라진다.

코어의 속도를 높이는 것이 한계에 이르자 반도체 기업들은 '멀티코어 프로세서'를 만들었다. 계산을 하는 직원 숫자를 늘리는 것처럼 CPU나 AP에 코어를 여러 개 넣어 계산을 나눠 하도록 한 것이다. 최근 시판되는 PC용 CPU에는 코어가 2~18개 들어간다. 인텔이 개발한 반도체칩 중에는 코어가 72개에 달하는 제품도 있다. 문제는 음성 인식이나 이미지 인식처럼 새롭게 등장한 서비스를 처리하려면 멀티코어 프로세서로도 한계가 있다는 점이다. 삼성전자의 음성 비서 빅스비(Bixby)나 애플 시리(Siri)의 경우 사용자가 음성으로 내린 명령을 완벽하게 처리하기 위해서는 스마트폰 AP 연산량의 1000배에 이르는 처리 속도가 필요하다. 음성을 분석하고 이에 적절한 답변을 찾는 과정에서 필요한 데이터의 양이 상상을 초월하기 때문이다. 이 때문에 스마트폰 제작사들은 현재 스마트폰에 입력된 음성을 가상 공간 서버(클라우드)로 보내 답변을 찾은 뒤 다시 스마트폰으로 전송하는 방식을 채택하고 있다. AI 비서가 사람의 말을 알아듣는 데 시간이 걸리는 것이 이 때문이다.

이런 문제를 해결하기 위해 등장한 것이 바로 AI칩인 NPU(Neural Processing Unit · 신경망 처리 장치)이다. NPU는 사람의 뇌를 구성하는 신경망에서 아이디어를 얻었다.

사람은 오감(五感)을 통해 인식한 수많은 정보를 뇌에서 동시에 처리하고 반응한다. 이는 사람의 뇌가 하나의 특정한 처리 장치로 움직이는 것이 아니라 수많은 뉴런(신경세포)이 동시다발적으로 작동하기 때문에 가능한 일이다. NPU는 사람의 뇌에 있는 뉴런처럼 수많은 코어를 갖고 있다. 적게는 수십 개에서 많으면 수천 개의 코어가 동시에 작동한다.

강성원 한국전자통신연구원(ETRI) 지능형반도체연구본부장은 "NPU는 음성이나 사진처럼 엄청난 양의 연산이 필요한 데이터 처리와 분석에 최적화된 연산 시스템"이라며 "현재의 CPU나 AP는 계산을 최대한 정확하게 하도록 설계돼 있는 반면, NPU는 입력된 데이터 중에서 소수점 이하 부분 같은 구체적인 부분은 과감히 생략해 근삿값을 만든 뒤 동시에 많은 계산을 진행하도록 한다"고 말했다. 데이터를 생략하면 반도체칩의 구조는 단순해지는 반면 속도는 빠르고 소비 전력도 획기적으로 줄일 수 있다. 다만 근삿값을 사용해 연산한 NPU는 완벽한 계산 결과를 내놓지는 않는다. 강 본부장은 "AI 서비스나 음성·이미지 인식의 경우 하나의 정확한 정보를 얻어내는 것보다 최대한 많은 빅데이터를 동시에 처리하는 것이 더 정확한 답을 내놓을 수 있는 방법"이라며 "몇몇 사람을 대상으로 물어보는 것보다 더 많은 사람을 설문조사할수록 여론조사 결과가 정확해지는 것과 마찬가지"라고 말했다.

◇글로벌 기업 경쟁 본격화

AI칩의 필요성은 인공지능과 같은 4차 산업혁명의 움직임이 본격화된 2~3년 전부터 제기됐지만 글로벌 IT 기업들은 이미 NPU 기술을 적용한 AI칩을 출시하기 시작했다. CPU의 시대를 인텔이 지배한 것처럼 NPU를 주도하는 기업이 향후 수십 년간 미래 산업을 주도할 것이라는 전망이 나온다.

중국 화웨이는 지난 9월 유럽 최대 IT 전시회인 'IFA 2017'에서 세계 최초의 모바일용 NPU인 AP '기린970'을 공개했다. 기린970은 지난달 16일 출시된 화웨이의 최신 프리미엄 스마트폰 '메이트10'에 탑재됐다. 애플도 최신 스마트폰인 아이폰8과 아이폰X(텐) 시리즈에 '뉴럴 엔진'이 포함된 AP 'A11 바이오닉'을 탑재했다. 사용자의 얼굴을 3만개의 구역으로 나눠 인식하는 3차원 얼굴 인식 기능인 '페이스ID'가 이 뉴럴 엔진으로 구현됐다. 애플이 개발 중인 AR(증강현실) 관련 기능도 뉴럴 엔진을 활용할 전망이다. 삼성전자는 내년 상반기 출시되는 갤럭시S9 시리즈에 AI칩을 탑재하기 위한 연구를 진행하고 있는 것으로 알려졌다. 이를 위해 삼성전자는 최근 신경 칩 기술업체인 영국 그래프코어와 중국 디파이테크에 잇따라 거액을 투자했다.

기존 반도체 기술의 선도 업체인 인텔도 이 시장에 출사표를 던졌다. 인텔은 지난달 말 '뉴런'과 '시냅스(뉴런 간 연결망)'를 모방한 AI칩 '로이히(Loihi)'를 개발 중이라고 밝혔다. 인텔 측은 "로이히는 인간으로 치면 13만개의 뉴런과 1억3000만개의 시냅스로 구성돼 있다"면서 "현재 바닷가재 수준의 인공지능을 구현할 수 있다"고 밝혔다.

AI칩이 보편적으로 활용되면서 해결해야 할 과제도 남아 있다. 이식 한국과학기술정보연구원 실장은 "지금의 기술로는 아무리 코어를 많이 집어 넣더라도 스마트폰이나 컴퓨터만으로는 속도와 기능 구현에 한계가 있다"면서 "수많은 코어의 작동을 동시에 완벽하게 제어하는 기술도 개발해야 하고, 곧바로 처리할 수 있는 정보와 클라우드에 보낼 정보를 구분하는 최적화 작업도 필요하다"고 말했다.

2017.11.11. chosun.com 박건형 · 김경필

컴퓨터나 스마트폰은 이미 일상생활의 일부분으로 자리 잡은 지 오래다. 아울러 인공지능에 대한 관심도 높은데 스마트폰과 AI가 연계되어 좀 더 자연스럽고 편리한 방법으로 과학과 기술이 진보되고 있다. 위의 기사는 정보와 속도 경쟁에 돌입하여 개발되고 있는 단계를 보여준다. 인간의 두뇌에 가까운 모습으로 인공지능이 진화하고 점점 놀랄 만한 로봇과 기계들이 등장하게 될 것이다.

▌활동 8.1▐ 다음 기사에서 표제와 리드를 찾아보고 내용을 요약해 보자.

크롬-익스플로러 게 섰거라" 한중일 추격 거세다

크롬, 국내 모바일 점유율 54%… 삼성 인터넷, 21.5%로 뒤쫓아
中 UC브라우저는 亞시장서 약진… 日-유럽서도 '독립' 움직임

미국 기업의 인터넷 브라우저인 크롬(구글)과 익스플로러(마이크로소프트 · MS)가 세계 인터넷 시장을 장악한 가운데 한국과 중국, 일본 등 각국 기업들이 출시한 브라우저들이 최근 유의미한 성적을 내면서 판세 변화의 조짐이 일고 있다. 3일 글로벌 웹 조사 업체 스탯카운터에 따르면 지난해 12월 기준 한국의 모바일 브라우저 시장 점유율은 구글 크롬이 54.46%로 앞서 나가고 있으며 삼성전자의 삼성 인터넷이 21.58%로 추격하고 있다.

주요 브라우저 현황

넷스케이프	오페라	인터넷 익스플로러	파이어폭스	사파리
미국(출시연도: 1994년)	노르웨이(1994)	미국(1995)	미국(2003)	미국(2003)
넷스케이프(개발기업)	오페라 소프트웨어	마이크로소프트	모질라	애플
UC 브라우저	**슬레이프니르**	**크롬**	**삼성 인터넷**	**웨일**
중국(2004)	일본(2004)	미국(2008)	한국(2012)	한국(2017)
알리바바	펜리르	구글	삼성전자	네이버

데스크톱PC 브라우저의 경우 크롬(56.23%)과 MS의 인터넷 익스플로러(34.56%)가 사실상 시장을 양분하고 있는 상태인 가운데 네이버가 지난해 3월 내놓은 웨일 브라우저(0.95%)가 가시적 성과를 내고 있다.

삼성전자는 데스크톱보다는 스마트폰과 TV 등을 통해 브라우저 사용을 확산시키는 전략을 실행 중이다. 모바일, 태블릿PC, TV 등 다양한 기기에서 인터넷에 접속할 때 북마크, 비밀번호 입력 등 개인화되고 통일된 인터넷 경험을 주는 일종의 운영체제(OS) 같은 역할을 부여한다는 전략이다. 네이버는 여러 개발자가 개발에 참여할 수 있도록 해 참여자를 늘리는 방식으로 점유율을 늘리고 있다. 한동근 네이버 커뮤니케이션그룹 대리는 "한 번 통일된 경험을 누린 이용자들은 계속 동일한 서비스를 쓰려는 경향을 보인다"며 "애플 유저들이 운영체제 iOS로 연결된 컴퓨터 맥과 스마트폰 아이폰을 동시에 사용하려는 것과 같은 이유"라고 말했다.

'브라우저 독립' 움직임은 비단 한국에서만 일어나는 것은 아니다. 중국 알리바바의 UC 브라우저는 아시아를 중심으로 약진하는 모습이다. 전 세계 브라우저 시장 점유율(모바일, 데스크톱 합산 기준)에서 UC 브라우저는 크롬(55.08%)과 애플의 사파리(14.83%)의 뒤를 이어 3위(8.67%)를 차지하고 있다. 특히 인도에서 모바일 브라우저 시장의 51%를, 인도네시아에서 41%를 차지하는 등 일부 아시아 국가에서 크롬을 10%포인트 이상 제쳤다. 이는 저가형 스마트폰에 적합한 저용량인 31MB(메가바이트)로 구성됐다는 장점에 따른 것이다. 이 용량은 크롬(125MB) 대비 4분의 1 수준이다.

이 밖에 노르웨이의 오페라 소프트웨어가 일찌감치 선보인 오페라의 점유율(4.02%)은 미국 비영리재단 모질라가 만든 파이어폭스(5.74%)에 근접해 있다. 일본 펜리르가 만든 슬레이프니르는 자국 시장에서 점유율 0.39%를 기록하고 있다.

20여 년간 브라우저 시장은 이른바 '왕좌의 게임'을 계속해왔다. 1990년대에는 인터넷 익스플로러와 넷스케이프사의 넷스케이프가 양분해 오다가 2000년대로 넘어오면서 파이어폭스의 등장으로 변화의 조짐이 일었다. 스마트폰 등장 이후 사파리와 크롬의 가세로 현재의 브라우저 시장 구도가 형성된 상태다.

신무경 기자 yes@donga.com 2018. 01.04.

표제	
리드	
요약	

▌활동 8.2▐ 현대물리학에서는 물질세계를 설명하는 표준모델의 물질을 6종류의 쿼크와 6종류의 경입자, 힘을 매개하는 4가지 입자, 그리고 힉스입자로 구성된 것으로 보고 있다. 이 가운데 힉스입자만이 지금까지 존재가 확인되지 않고 있으며 이 힉스입자가 발견되어 이 세상 모든 물질이 질량을 갖게 된 이유가 밝혀진다면 물리학 전반에 걸쳐 커다란 변혁이 일어날 것으로 과학자들은 보고 있다. 2012년 CERN(유럽원자핵연구소)는 LHC(거대강입자가속기)를 이용해 힉스입자를 발견했다는 힉스입자에 대한 발표가 있었다. 인터넷이나 여러 매체를 이용하여 힉스입자에 대한 정보를 검색해 보고 힉스입자에 관련된 기사나 자료를 읽고 전문용어, 전달 메시지 내용, 사실과 평가에 대해 발표해 보자.

▌활동 8.3▐ 다음은 환경 위기 시계에 대한 설명이다. 환경위기 시계는 환경전문가들이 느끼는 인류 존속의 위기감을 시간으로 표시한 것으로, 12시에 가까워질수록 인류는 종말에 가까워진다. 환경 위기 시각에 대한 조사를 처음 시작한 것은 1992년이었으며 이때 세계의 평균 위기 시각은 7시 49분이었다. 환경 위기 시각과 2018년 세계의 여러 나라 환경 위기 시각과 평균을 인터넷에서 찾아보고 한국의 환경 위기 시각 변화에 대해 한편의 기사문을 작성해 보자.

환경 위기 시계는 지구환경이 나빠짐에 따라 매년 환경전문가들이 느끼는 인류존속의 위기감을 시간으로 표시한 시계다. 즉, 지구환경의 악화정도를 표시한 것이다. 환경위기시계는 일본의 아사히그라스재단(The Ashahi Glass Foundation)이 리우환경회의가 열린 1992년부터 전 세계 90여개국의 정부, 지방자치단체, NGO, 학계, 기업 등의 환경전문가를 대상으로 매년 한차례 설문조사를 통하여 시간이 정해진다. 오후 6시부터 9시까지는 '상당히 불안', 오후 9시부터 12시까지는 '매우 불안'을 나타낸다. 지구환경 파멸 시각은 밤 12시이다.

▌연습 8.1▐ 학교 내에서 일어난 재미있는 현상이나 사건, 혹은 수업을 통해 진행했던 실험이나 관찰의 내용을 기사문으로 작성해 보자.

▌연습 8.2▐ 환경의 보존과 개발에 관한 기사를 작성하여 교내 신문사의 독자투고란에 투고해 보자.

8.2. 과학기술 에세이

과학기술 에세이를 쓰는 법도 일반적인 에세이와 근본적으로 다르지는 않다. 다만 공학적 내용을 다루기 때문에 어렵게 느껴질 뿐, 오히려 전문적인 지식을 풀어내고 소개하는 과정에서 독자에게 실용적인 도움과 감동을 줄 가능성이 높다.

과학기술 에세이는 일반인들에게 생소하고 전공의 특성이 요구되는 무겁고 어려운 내용일 수 있으나 오히려 재미로 읽는 과학적, 공학적 상식을 제공할 수 있다. 개인의 주장이나 생각 등을 자유롭게 표현하며, 다양한 방법으로 접근하여 문제 상황을 세분화하고 구체적으로 설명하고 해석하여 새로운 아이디어를 제공하는, 기본적인 주제에 양식을 맞춰 논리적으로 쓴 글이다. 개념적 단어를 사용하지만 비유를 정확하게, 배경 설명도 충실하게, 자신만의 독특한 시선을 담아 풀어내는 글이며, 고정관념을 버리고 과학기술에 관한 사실을 대중에게 전달하고 공감대를 형성할 수 있도록 전공 지식에 무게를 담아 쉽게 풀어서 설명하는 감동을 제공할 수 있다.

과학기술 에세이는 일반적인 에세이와는 달리 전문용어를 일반용어로 풀어서 쓰고, 전문적인 과학 지식도 상식 수준의 쉬운 설명으로 풀어내는 과정이 필요하다. 아울러 친숙한 소재나 비유를 연계하여 흥미를 이끌어 낸다면 더없이 좋은 글이 될 수 있다.

과학기술 에세이의 기본 틀은 대체로 세 부분으로 나눌 수 있다.

㉠ 도입부

과학기술 에세이는 그 내용도 중요하지만 우선 독자의 흥미를 끌 수 있어야 한다. 독자의 시선을 끌만한 흥미진진한 이야기나 재미있는 문장 등으로 관심을 끌며 통계자료나 관련 데이터를 이용한다. 우선 제목과 첫 문장 첫 단락을 인상적으로 시작해야 한다. 글의 동기나 목적을 밝히고 잠재적인 독자를 염두에 둔다. 글의 어조와 어휘, 사용하는 실제 예와 사실 그리고 글의 구조는 모두 글의 목적뿐 아니라 독자에 따라 달라지기 때문이다. 글쓰기(에세이)를 시작하기 전 글의 목적과 독자를 먼저 파악하는 게 중요하다.

㉡ 본론

이야기를 전개하며 진술한다. 본론에는 핵심적인 내용을 뒷받침하는 매우 구체적인 자료가 들어가게 되는데 그 자료는 사실이나 현상, 혹은 상세한 기술이 될 수 있다. 주제와 관련이 없거나 진지하지 않는 아이디어는 피한다. 그리고 중복되는 아이디어와 지나치게 광범위한 아이디어는 글의 흐름을 방해할 수 있으므로 주의한다. 단순히 주제를 되풀이하는 문장과 진부한 내용 설명은 피하는 것이 좋다. 자료를 활용하거나 자신의 생각을 펼칠 때는 전하고 싶은 내용의 범위를 지키는 것이 좋다. 에세이라는 장르를 고려하여 내용이 너무 확산되어 무거워지거나 범위를 넘어서면 주제의 통일성을 벗어나게 된다. 중복 단어 사용을 자제하고 어려운 단어를 남용하는 것도 좋지 않다. 아는 단어나 개념 또는 확실한 주제를 제시하여 진부한 이야기 대신 자신만의 이야기를 쓰는 것이 좋다. 주변 사람들과의 의견교환 등을 참고하는 것도 도움이 되며 전략적인 사고를 통하여 자신이 표현하고 싶은 내용을 진정으로 이야기 하는 것이 감동을 줄 수 있다. 그래도 많은 아이디어가 남아 있다면 우선순위를 매겨 중요한 것을 선택한다. 아이디어를 부여할 때 기억해야 할 가장 중요한 점은 글의 목적에 적합한 구조가 되어야 한다는 것이다. 서술문은 시간 순서로, 묘사문은 공간 순서로, 그리고 논리적 내용은 논리적 중요도에 따라 쓴다.

㉢ 마무리

글을 마무리할 때는 내용을 간략히 요약하며, 자신의 생각과 의견을 주장하며 다시 정리한다. 에세이는 독자를 대상으로 하는 글이므로 글쓴이의 생각이나 느낌을 쉽게 수용할 수 있도록 하는 것이 중요하다. 그러므로 어려운 한자어나 외래어를 쓰기보다는 일상적인 표현으로 풀어쓰고 문장의 길이도 고려해야 한다. 반복해서 읽어야 하는 어려운 문장보다 쉬운 문장과 간결한 문장, 친근한 어조가 좋다. 만족스런 글이 나올 때 까지 고쳐 쓰고, 다시 쓰며 검토한다. 글이 통일성이 있는지, 글의 본문이 포괄적으로 중심 문장을 뒷받침하는지 고려해야 한다.

예시 8.2

창의성과 경제성이 상충할 때

요즘 흔히 들을 수 있는 기술 중에 '무선 충전 시스템'이 있다. 무선 전력 전송(Wireless Power Transfer) 기술은 1890년대 니콜라스 테슬라에 의해 처음 발명되었다. 전기자동차 브랜드로 잘 알려진 테슬라 자동차 역시 이 사람의 이름을 따 붙인 상표이다.

당시 테슬라는 에디슨 연구소에서 일하고 있었다. '발명왕' 에디슨은 정확하게 말하면 '사업가'에 가깝다. 실제로 과학적 · 공학적 원리에 대한 호기심보다는 '돈이 될 것 같다'는 느낌이 있으면 무조건 특허를 출원했다. 에디슨이 관여한 여러 사업 중에는 전기 발전 사업이 있었다. 그때만 해도 전기는 몇몇 부자만 쓸 수 있는 사치 기술이었다. 하지만 전기는 한 번 발전하고 나면 '보관'이 매우 어려운 자원 중 하나이다. 전력 수요를 정확히 예측하여 필요한 만큼 발전하는 것이 중요한 일이고, 그 이상 발전된 전기는 모두 '빛의 속도'로 버려야 한다. 오늘날에도 겪고 있는 아쉬운 현상이다.

버려지는 전력을 조금이라도 재활용하기 위해 최근 전력 저장 배터리(Energy Storage System)라는 이름으로 잉여전력을 보관하다가 전력이 부족할 때 빼 쓰려고는 하지만, 그 부피가 워낙 크고 가격이 비싼 것이 한계이다. 에디슨은 직류전원 (Direct Current) 기술로 전력을 공급하였는데, 테슬라는 교류전원(Alternating Current) 형태의 전력 공급 기술을 개발했다. 이와 더불어 '잉여 전력'에 대해 지구 접지에 버려지기 직전 주변 사람에게 무상 공급할 방법으로 무선 전력 전송 기술을 발명했다.

하지만 사업가인 에디슨 입장에서 돈을 벌 방법이 보이질 않아 테슬라의 제안을 거절한다. 이에 테슬라는 에디슨 연구소를 떠나 독자적으로 무선 전력 전송 기술을 개발한다. 창의적인 기술이지만, 경제성을 보이지 못해 아무도 투자해주지 않았다. 결국 씁쓸한 종말을 보게 되었다.

주변에는 이렇게 '창의적인 기술'인데도 '경제적 이득'이 없어 빛을 보지 못하는 경우가 더러 있다. 과거 그려진 많은 미래 공상 과학 이야기 중에 아직 일반화되지 않은 것 중 하나가 장거리 여행에 대한 시간 단축이 아닌가 싶다. 기술이 놀랄 정도로 발전하면서 대서양 횡단이나 태평양 횡단에 드는 시간이 획기적으로 줄어들 것으로 다들 상상했다. 그러나 상용 제트기가 나온 이래로 30년이 넘도록 한국과 미국 간 비행시간은 그다지 줄어들지 않고 있다. 그것은 공기 저항으로 인해 비행 경제속도인 시속 800㎞보다 빠를 경우 경제성이 떨어지기 때문이다.

제트기는 공기를 이용해 제트 터바인을 통해 압축된 공기를 뿜어서 추진력을 얻게 된다. 공기층이 희박한 고고도로 올라가는 것은 더 많은 연료를 사용하게 된다. 적정한 고도를 유지하면 공기저항으로 인해 경제속도보다 빠르게 갈 경우, 경제성이 떨어지는 것도 문제이다. 음속을 돌파하는 콩코드기가 경제성이 떨어져 역사의 뒤안길로 사라진 것도 아쉽다.

공기저항으로 인해 경제성 있는 속도를 얻는 데 한계가 있고, 그렇다고 제트엔진의 필수 요건인 공기 없이는 엔진이 추진력을 얻을 수 없다면 어떤 방법으로 경제성을 확보하면서 동시에 속도의 한계를 극복할 수 있을까?

이런 딜레마를 풀기 위한 창의적인 방법으로 아진공(亞眞空) 상태에서 전자기장을 추진력으로 이용하는 하이퍼루프(Hyper-loop)라는 운송수단이 고안됐다. 하이퍼루프는 아진공 상태의 튜브 안으로 캡슐 형태의 열차가 사람이나 물건을 실어나르는 튜브형 고속열차 시스템이다. 테슬라 자동차 회장 엘론머스크가 2013년 8월 공개한 아이디어로, 안전성이 높고 최소 비용으로 건설 및 운행이 가능할 것으로 기대된다.

열차가 이동하는 튜브 내부는 공기를 제거해 공기저항이 최소화되어 최대 시속 1200㎞의 고속주행이 가능하다. 이는 시속 800㎞의 경제속도 이동하는 비행기보다 빠르고, 16분 만에 서울과 부산 간을 이동할 수 있는 속도다.

필자가 속한 UNIST에서도 2016년부터 하이퍼루프 관련 사업단을 꾸리고, 한국기계연구원 등 관련 연구기관과 공동연구를 통해 하이퍼루프 원천기술을 선점하고자 하는 야심을 갖고 있다. 부디 창의성이 경제성과 잘 맞아떨어지는 연구 분야이기를 바란다.

-변영재(울산과학기술원 전기전자컴퓨터공학부 교수)

이 글은 창의적 아이디어에 의한 기술 혁신과 개발이, 경제적인 면과 합치되지 못한 예를 먼저 지적하여 설명하고 있다. 테슬라의 '무선전력 전송기술'과 '콩코드기'의 경제성에 대한 사례를 통해 과학이나 공학의 창의성이 경제성과 어우러질 때 그 실용적인 면모를 발휘할 수 있음을 강조한다. 그런 측면에서 한계나 단점을 보완하고 딜레마에 대한 연구를 계속하다 보면 효율적인 대안이 마련되기도 하고 획기적인 성과를 내기도 한다. '하이퍼루프'라는 운송수단이 성과를 내면 우리 실생활에서도 문명의 이기를 누릴 수 있고 창의성과 경제성이 함께 빛을 발할 것이다. 이외에도 추진되고 있는 여러 기술 개발 아이디어들이 실용화나 상용화될 수 있도록 두 측면을 접목시키는 상호작용의 상승효과를 기대할 수 있다.

예시 8.3

삶의 엔지니어링

새로운 기술이 생활을 바꾼다. 인류역사를 돌이켜 보건대 기술발전이 문명을 이끌어왔고 더 나아가 물질문명이 정신적 세계와 문화를 바꾸어 왔다. 위대한 발명품이란 여러 가지 측면에서 인류의 삶을 크게 바꾸어 놓은 것들이다. 인류 최고의 발명품으로 나침반가 화약 그리고 인쇄술을 꼽는다. 나침반은 자신의 위치와 방향을 파악할 수 있게 하여 항해는 물론 원거리 육로 여행을 가능하게 해주었다. 인류 문화집단 사이의 소통과 교류를 가능하게 해준 것이다. 화약은 전쟁터에서 창과 칼로 싸우던 전투 양상을 바꾸어 놓았고 무기의 형태뿐만 아니라 견고한 성의 형태까지 바꾸어 놓았다. 또한 인쇄술은 몇몇 사람민이 소유하고 있던 지식을 많은 사람들에게 널리 전파하여 인류의 지적 수준 향상에 크게 기여하였다.

20세기 초 주부들이 꿈꾸었던 냉장고가 보급되면서 식생활에 일대 혁명을 가져 왔다. 핸드폰이 보급되면서 의사소통 방식이 바뀌었고 인터넷이 확산되면서 경제활동과 생활방식이 디지털 공간에서 이루어지는 형태로 바뀌고 있다. [중략] 동네 어귀에 심어져 있는 커다란 나무 한 그루가 그 동네 사람들의 생활을 바꾸어 놓는다. 나무에 새들이 깃들 듯이 마을 사람들이 깃들고, 거기서 그 동네의 문화가 만들어진다. 그런 맥락에서 나무 한 그루도 허투루 심어서는 안 된다. 잘 엔지니어링된 제품인 기술 또는 환경은 많은 사람들을 널리 이롭게 해주고 사회를 좋은 방향을 인도한다. 그만큼 사회적 지도자나 엔지니어의 역할이 중요하다.

한화택(국민대학교 기계자동차공학부 교수)

<예시 8.3>은 새로운 기술 문화와 그 발전에 힘입어 우리 생활에 밀접한 영향을 주거나 혁신을 일으킨 발명품이나 기술 발전의 진화에 관한 이야기를 쉽게 설명한 글이다. 작은 사물 하나라도 다양한 관점으로 바라보고 개척해 나가면 문화나 문명은 크게 달라진다. 동네의 나무 한 그루도 소통의 장이 되는 밑거름이 되고 작은 기술의 변화도 나중에는 나비효과처럼 큰 영향을 주게 된다. 우리는 지금 무엇보다 과학발전과 문명의 이기를 누리는 시대에 산다. 이 글은 그런 관점에서 기술의 발전이 단지 그 자체로만 그치는

것이 아닌 우리 삶에 의미와 가치를 더해 주며 기술의 책임과 역할의 중요성을 강조하고 있다. 공동체의 삶이 더욱더 윤택할 수 있도록 성찰할 수 있는 글이다.

▌활동 8.4▐ 다음은 미래사회에 대한 키워드이다. 이들 중에서 키워드를 활용하여 50년~100년 후의 일을 상상하여 에세이를 한 편 써 보고 이 글을 나누어 읽고 난 뒤 서로 감상을 말해 보자.

공간이동기계(5초/10초/30초), 음식대용 영양캡슐, 프리미엄 물과 산소, 나쁜 바이러스 퇴치기, 매트릭스 칩(다양한 언어습득, 악기연주, 스포츠 연마, 독서인지 등), 우주여행

▌연습 8.3▐ 다음 중 하나의 주제를 골라서 에세이를 작성해 보자.

① 4차 산업혁명과 미래의 지식사회에서의 엔지니어의 역할에 대해서 글을 써 보자.
② 시대적 변천에 따른 자동차의 발달과정
③ 실생활과 관련된 드론의 활용도와 장단점
④ '베르누이 정리'의 개념과 생활에 적용되는 사례
⑤ 자신이 좋아하는 공상과학 영화의 내용
⑥ 특정한 건축물의 구조, 기능, 의미

8.3. 과학기술 칼럼 쓰기

과학기술과 관련된 내용을 소재로 하는 칼럼은 일반 칼럼과 마찬가지로 전문적인 지식을 동원해 해결하거나 방향을 제시해야 하는 문제에 대한 필자의 관점과 견해를 대중이 이해하기 쉬운 언어로 전달해야 한다. 과학기술 칼럼은 대중에게 유익한 정보를 제공해 줌과 동시에 독자들이 어떤 현안에 대해 이해하고 바람직한 의사 결정을 내릴 수 있도록 영향력을 끼칠 수 있다. 그러므로 과학기술 칼럼은 글의 내용과 관련된 지식을 최대한 객관적으로 전달하면서도 일반인들의 입장에서 쉽게 이해하고 관심을 가질 수 있도록 다양한 장치를 사용해야 한다. 비유적인 표현이 적절히 활용되면 독자의 관심을 끌고 이해를 도울 수 있으며, 명쾌한 논리와 개성적이고 창의적인 표현, 그리고 핵심을

꼬집는 촌철살인의 비판정신은 독자의 공감을 이끌어내는 데 중요한 역할을 한다.

일반적으로 칼럼은 신문이나 잡지의 기고란에 관련 분야의 전문가가 충분한 지식과 정보를 바탕으로 비전문적인 일반인들을 예상 독자로 설정하여 쓰는 글이다. 하지만, 요즘에는 일반인들도 다양한 과학기술 분야의 전문 지식에 접근하기가 쉬워졌을 아니라, 독자 투고란이나 대학 신문 같은 소규모 매체, 그리고 다양한 인터넷 매체와 블로그 등을 통해 자신의 관점과 견해를 피력할 수 있는 기회가 확대되었기 때문에, 공인된 전문가가 아닌 일반인들도 칼럼을 쓰는 경우가 많아지고 있다.

칼럼 쓰기를 계획할 때 유의해야 할 사항들은 다음과 같다.

- 칼럼은 학술적인 논문과 같은 전문적인 용어나 서술 방식을 그대로 사용하지 않고, 비전문적인 독자들도 이해하기 쉽게 작성되어야 한다.
- 필자는 글의 내용에 대해 많은 다양한 관점의 자료들을 찾아보고 충분한 지식을 갖추어야 한다.
- 칼럼의 내용은 독자들의 의사 결정에 영향을 끼치므로, 신중하게 내용을 검토해야 하며 글의 내용에 책임을 질 수 있어야 한다.
- 칼럼에 소개되는 과학적인 연구 결과는 왜곡되지 않아야 하며, 최근의 경향을 잘 보여주는 것이어야 한다.
- 과학기술 칼럼은 독자들의 흥미를 끌기 위한 내용도 필요하지만, 과학적으로 검증된 내용과 합리적인 판단에 근거하여 내용이 전개되어야 한다.
- 전체적인 글의 분량이 너무 길어져서는 안 되므로 너무 장황한 설명이나 비슷한 내용의 중복은 피해야 한다.
- 전문적인 지식을 이해하기 쉽게 효과적으로 설명하기 위해 적절한 비유를 사용하는 것이 좋다.

활동 8.5 다음 칼럼을 읽고 위에서 칼럼의 특성이 잘 드러나고 있는지 이야기해 보자.

인간 개조하는 과학기술, 영생불사 실현될까

의학은 인간을 대상으로 한다. 과거 의학에서 가장 중요하게 생각했던 것은 질병의 고통으로부터 인간이 벗어나는 것이었다. 지금도 이 문제가 완전히 해결됐다고 할 수는 없다.

그러나 인류역사상 가장 건강한 삶을 유지하는 지금 의학은 또 다른 문제에 직면했다. 사람을 괴롭히던 질병이 하나씩 정복되면서 이제 의학은 영원히 죽지 않고 살아가는 것과 더 행복한 삶을 추구하는 인간의 욕망을 해결하는 데까지 그 영역을 확장하고 있다.

의학의 변화는 의학 자체의 발전에 의한 것도 있지만, 더 크게는 과학기술계 전체에서 이뤄낸 업적을 의학에 적용하는 방식으로 일어난다. 몇 해 전 키스트에서 과학기술을 통해 미래에 해결했으면 하는 분야를 조사했는데, 응답자의 54%가 건강 의료 분야를 꼽았다. 핵심과학기술분야를 선정하는 기준으로는 60%가 삶의 질 개선을 들었다. 우리 국민은 과학기술계에 인간의 삶의 질을 향상시킬 수 있는 건강 의료분야의 연구에 집중해 달라고 요구한 것이다.

변화의 중심에 있는 것은 바로 인간의 몸이다. 인간의 몸은 다양한 과학기술분야의 성과가 적용되는 대상이며, 그런 적용과정을 통해 인간이 가져왔던 꿈을 이뤄나가는 주체다. 3P 의학이라고 부르는 개인맞춤정밀의학, 예측의학, 예방의학은 모두 인간게놈프로젝트가 완성돼 가능해진 소위 유전자의학의 다양한 측면을 표현한 것이다. 미래에는 각 개인의 유전자를 분석해 질병에 대처하거나 유전자 치료를 하고, 필요에 따라서는 치료 목적 장기복제나 줄기세포를 활용한 3차원 바이오프린팅 기법으로 장기를 확보할 수도 있다.

이런 기술들은 궁극적으로 유전병, 불치병, 난치병을 치료해 더는 이런 질병으로 고생하는 사람이 없게 할 것이다. 나아가 아기의 유전자를 디자인해 더 우수한 유전자를 가진 인간을 만들어내고, 노화과정을 조절함으로써 늙지 않고 젊게 살아가게 한다. 나아가 새롭게 생명체를 창조하는 방법을 통해 죽지 않고 영생불사하게 되는 것을 꿈꾸기도 한다.

이와 달리 여태까지 의학과는 거의 관계가 없던 과학기술이 인간의 욕망 달성을 위해 인간을 개조하게 된다. 각종 대체물을 이용해 기계적으로 인간의 몸을 보강하거나 가상현실 속에서 원하는 것을 하게 된다. 특히 뇌컴퓨터인터페이스와 사물인터넷, 근거리 통신을 활용해 인체의 각 부분에서 발생한 정보를 수집하고 개인의 생각으로 대리체나 센서를 직접 통제하는 기술을 적용하면 인간의 몸은 우리가 알고 있는 것과는 완전히 다른 형태가 될 것이다. 또 사람의 기억을 메모리칩에 저장해 다른 사람의 몸이나 대리체에 업로드하면 아예 사람 몸의 형태조차 갖추지 않은 인간이 나타난다.

미래의학과 관련해 미래학자들은 현대의학에 유전체학, 정보통신기술, 빅데이터, 근거리 통신, 소셜네트워크 등 다양한 과학기술이 모두 더해져 새로운 개념으로 재정립돼야 한다고 한다. 미래 사회의 중요한 특징인 고령화, 산업의 자동화, 인터넷을 통한 초연결은 사회뿐 아니라 의학의 기본 틀에도 큰 영향을 끼칠 것이다.

지금은 몸이 아픈 환자가 병원을 찾아가지만, 미래에서 혼자 사는 나이가 많은 사람이 병에 걸리면 스스로 혹은 누군가가 데리고 병원에 가지 못할 수도 있다. 그래서 의료시스템은 대형병원보다는 분산된 작은 병원 중심으로 재구축되어야 하고, 개인 개인을 원격으로 관리해야 할 필요가 생긴다. 사물인터넷을 활용한 전인적 건강관리가 질병의 진단, 치료보다 훨씬 더 중요한 의미로 쓰이게 되는 것이다.

썬 마이크로시스템을 공동 창업한 비노드 코슬라는 현재 의사가 하는 일들의 80%를 발달한 과학기술이 대신하게 될 것이라고 했다. 질병의 진단, 치료, 환자관리는 이제 왓슨과 같은 새로운 정보통신기반의 건강관리기술이나 인공지능이 담당하고 인간 의사는 불의의 사고, 새로운 질병과 의학적 패러다임과 관련된 연구, 컴퓨터의 관리, 업데이트나 돌발 상황에 대처하는 등의 일을 하게 된다.

지금까지 짧지 않은 시간에 걸쳐 현대의 과학기술 변화가 인간의 몸에 어떤 영향을 끼치고 있는지 살펴보았다. 과학기술의 변화가 미래학자들이 예측하는 바와 같이 이른 시일 안에 사람의 몸에 보편적으로 적용될 것이라고 확언하는 것은 아직 이르다. 그러나 언젠가는 그런 변화가 실제로 일어날 것이다. 그런 시대에서는 사람의 생명과 인간 자체가 중요하고 존중을 받아야 할 가치가 되어야 할 것이다.

엄창섭(고려대 의과대학 해부학교실 주임교수) [출처] 여성신문 1390호 (2016-05-16)

▌연습 8.4▌ 다음 중 하나의 주제를 선택하여 칼럼을 작성해 보자.

① 국내에 무인 자동차가 보편화될 수 있을까?
② 만약 무인 자동차가 보편화될 수 있다면 그것은 어떤 과정을 거쳐 확산될 것인가?
③ 무인 자동차가 보편화되는 것을 가로막는 장벽들은 무엇인가?
④ 무인 자동차는 인간이 운전하는 자동차보다 안전하다고 할 수 있을까?

연습 8.4 인터넷에서 다음의 링크를 통해 영상 자료를 찾아보고, '인공지능이 뒤바꿀 미래'와 관련된 주제 중 하나를 선택하여 칼럼을 작성해 보자.

http://news.kbs.co.kr/news/view.do?ncd=3405786&ref=D

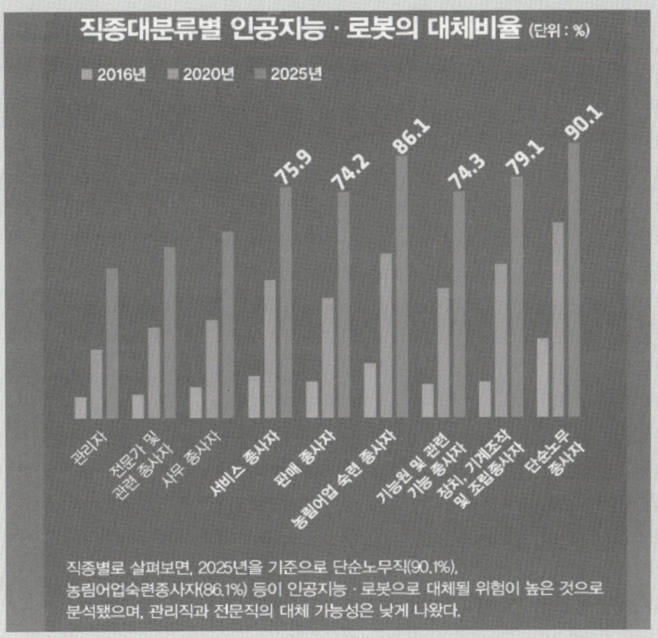

-한국고용정보원(http://www.keis.or.kr/main/index.do)

① 인공지능으로 인해 사라질 직업들과 유망해질 직업들을 어떤 것들이 있을까? 대학생들은 앞으로 어떤 직업을 준비하는 것이 좋을까?

② 인공지능으로 인해 인간은 더 평화롭고 부유한 밝은 미래를 맞이하게 될까? 아니면, 더 빈궁하고 처참한 미래를 맞이하게 될 것인가?

③ 인공지능에 의해 대체될 수 없는 인간의 영역에는 어떤 것들이 있을까?

▌연습 8.5▐ 현재 전 세계는 온실 효과로 인해 지구온난화가 가속화되는 것을 막기 위해 이산화탄소 배출량을 규제하고 있다. 하지만, 어떤 과학자들은 다음 글과 같이 대기 오염에 의해 지구 온난화가 진행되는 것이 아니라 지구가 일정한 주기로 기후 변화를 겪고 있을 뿐이라고 주장한다. 이 논쟁과 관련된 자료들을 찾아보고 온실 효과와 지구온난화의 관련성에 관하여 자신의 입장을 밝히는 글을 써 보자.

이처럼 지구는 끊임없이 더워지고, 식는다. 이 기후 변동은 부인할 수 없는 사실이며, 아주 오래전부터 있어 왔고, 때로는 갑작스럽게 일어났으며 그리고 전 지구에 걸쳐서 나타났다. 또한 이 기후 변동은 인간의 힘으로 멈출 수도 없는 것이다. 빙하 코어와 침전물들에서 발견된 동위원소들과 고대 수목의 나이테들, 그리고 동굴석순들을 분석한 결과들은 기후 변동이 태양 복사량의 변화와 상관관계가 있다는 것을 보여준다.

기후 변동은 대기 중 이산화탄소 양의 변화와도 비슷한 주기를 보이고 있는데, 이런 1,500년의 변동주기에 근거하면, 현재 지구는 현대 온난기에 진입한 지 대략 150년 정도 되었고, 이 온난화는 앞으로 수세기 동안 지속될 것이며, 결국에는 중세 기후 최적기의 온화한 기후를 회복할 것으로 예측된다.

사실 지난 연구 결과들을 보면 온난기 국면에 기후가 가장 안정적이었고, 소빙하기 동안에는 더 잦은 홍수, 가뭄, 기근과 폭풍우들이 발생하였다. 이러한 모든 과학적 증거에도 불구하고 수많은 지식인, 과학자 그리고 권위 있는 연구기관, 국가 정부기관은 현재 관측되고 있는 지구의 온난화가 인간 활동에 의해 배출되는 이산화탄소에 의한 것이고, 치명적인 위험을 가진 것으로 일반인에게 인식시켜 왔다. 그들은 화석연료의 사용을 막아야 하고, 식품 개발, 보건 기술, 생활 수준 향상이 "지구를 지키기" 위한 수단과 연결되어야만 한다고 목소리를 높여 왔다.

-프레드 싱거 · 데니스 에이버리(2009), (김민정 옮김), 『지구온난화에 속지 마라』, 14-15, 동아시아

※ 참고할 만한 자료들

김준호(2012), 『어느 생물학자의 눈에 비친 지구온난화』, 서울대학교출판문화원.

스펜서 위어트(2012), [김준수 역], 『지구온난화를 둘러싼 대논쟁』, 동녘 사이언스

마크 마슬린(2010), [조홍섭 역], 『지구 온난화를 둘러싼 진실들』, 한겨레출판.

프레드 싱거 · 데니스 에이버리(2009), [김민정 옮김], 『지구 온난화에 속지 마라』, 14-15, 서울: 동아시아

■ 참고 문헌

강준만(2003), 『대중문화의 겉과 속』, 인물과 사상사.

권오상(2014), 『노벨상과 수리공』, 미래의 창.

권용주(2017), 『자동차의 미래 권력』, 크라운 출판사.

김경화(2015), 『TECHNICAL WRITING 가이드』, 북코리아.

김성수 외(2013), 『과학기술의 상상력과 소통의 글쓰기』, 박이정.

김성우(2008), 『명쾌한 이공계 글쓰기』, 제우미디어.

김성환 · 이승준(2014), 『한국 원전 잔혹사』, 철수와영희.

김영국 외(2016), 『대학물리학실험』, ㈜북스힐.

김종록 외(2011), 『과학글쓰기 전략』, 박이정

김준호(2012), 『어느 생물학자의 눈에 비친 지구온난화』, 서울대학교출판문화원.

김태황 외(2015), 『국책연구기관 연구윤리 평가규정 및 사례』, 경제 · 인문사회연구회.

김평원(2017), 『엔지니어 정약용』, 다산초당.

김해식(2011), 『글쓰기 특강』, 파라북스.

김혜경(2010), 『공학적 글쓰기』, 생각의날개.

남기열(2005), "홍삼과 백삼의 비교 고찰", *Journal of Ginseng Research 29*(1), 1-18, 고려인삼학회.

노승환(2011), 『창의적 공학설계』, 한빛미디어.

대한건축학회 부산·울산·경남지회 편(2009), 『친환경건축의 이해』, 기문당.

박영기(2010), 『과학으로 만드는 자동차』, 지성사.

박준영 외(2007), 『공학인증을 위한 보고서 작성 및 발표』, 도서출판 인터비젼.

배상복(2006), 『글쓰기 정석』, 경향미디어.

배원병 외(2007), 『이공계가 한다! 글쓰기와 발표하기』, ㈜북스힐.

배원병 외(2010), 『글쓰기와 발표하기』, 북스힐

서정수 외(2008), 『글쓰기의 기본이론과 실제 과학기술문 작성법』, 두양사.

세명대학교 사고와 표현 교재편찬위원회(2015), 『사고와 표현 II』, 태학사.

손민호 외(2015), 『우리바다 해양생물, 갯벌에서 심해까지』, 서울: 아카데미서적.
송선미 · 박미경(2016), "모유 수유 임파워먼트 프로그램이 초산모의 모유 수유 자기효능감, 적응 및 지속에 미치는 효과", 『대한간호학회지』 46(3), 409-419.
신무연(2017), 『특허는 전략이다』, 지식공방.
신선경 외(2011), 『21세기 창조적 공학인을 위한 글쓰기』, 한산.
여세주(2008), 『논리적 글쓰기 이렇게 하면 쉽다』, 푸른사상사.
유병용(2005), 『과학으로 만드는 배』, 지성사.
유현준(2015), 『도시는 무엇으로 사는가』, 을유문화사.
윤용식 외(2005), 『글쓰기의 기초』, 한국방송통신대학 출판부.
윤용현, "조선 후기의 크레인 녹로", 충청일보 2009년 9월 28일.
이인식 외(2012), 『따뜻한 기술』, 고즈윈.
임정명, 『SI단위 건축설비』, 기문당.
임창환(2017), 『바이오닉맨』, MID.
장승욱(2004), 『재미나는 우리말 도사리』, 하늘연못.
장하준[김희정 · 안세인 역](2010), 『그들이 말하지 않는 23가지』, 부키.
전북대학교 국어국문학과(2016), 『인문계 글쓰기』, 태학사.
전영록 외(2009), 『공학문제해결을 위한 공학설계』, 교보문고.
정무웅 외(2009), 『건축디자인과 인간행태』, 문운당.
정병철(2011), "수사학적 문법의 인지적 토대", 『청람어문교육』 44, 551-582.
정병철(2016), "동기화에 기초한 피동 표현의 교육 내용 연구", 『청람어문교육』 57, 135-179.
정용호 · 박성룡(2018), "분리막을 이용한 주거용 제습공조시스템의 LCC 분석", 설비공학논문집, 30(1), 10-16.
조립식(2016), 『만화 경제 상식 사전』, 길벗.
편석준 · 최기영 · 이정용(2015), 『왜 지금 드론인가』, 미래의 창.
한화택(2007), 『공학으로 세상을 말한다』, 한승
홍주화 외(2004), "나노인덴테이션법의 원리와 응용", 『열처리공학회지』 17(6), 375-379.
황훈영(1999), 『우리 조상들은 얼마나 과학적으로 살았을까』, 청년사.

<번역서>

글렌 크로스톤(2008), [임윤철 역], 『그린비즈니스 75』, 한국경제신문.

고지마 히로유키(2017), [장은정 역], 『세상에서가장 쉬운 베이즈 통계학 입문』, 지상사
다카네 히데유키(2009), [김정환 역], 『자동차 첨단기술 교과서』, 보누스.
라프 코스터(2017), [유창석 · 전유택 역], 『라프 코스터의 재미이론』, 길벗출판사.
래리브룩스(2015), [한유주 역], 『스토리를 만드는 공학』, 인피니티북스.
루이스 다트넬(2016), [강주현 역], 『지식』, 김영사.
마셜밴 일스타인 외(2017), [이현경 역], 『플랫폼 레볼루션』 부키(주).
마크 마슬린(2010), [조홍섭 역], 『지구 온난화를 둘러싼 진실들』, 한겨레출판.
모 가댓(2017), [강주헌 역], 『행복을 풀다』, 한국경제신문.
허버트 마이어스 · 리처드 거스트먼(2008), [강수정 역], 『크리에이티브 마인드』, 에코리브르.
스펜서 위어트(2012), [김준수 역], 『지구온난화를 둘러싼 대논쟁』, 동녁 사이언스.
에드워드 그리펀(2014), [석혜미 역], 『암 없는 세상』, for book.
칼 세이건(2006), [홍승수 역], 『코스모스』, 사이언스 북스.
프레드 싱거 · 데니스 에이버리(2009), [김민정 역], 『지구 온난화에 속지 마라』, 동아.
Smith, Gar(2012), Nuclear Roultette, International Forum of Globalization, [강병철 역(2015)], 『원전, 죽음의 유혹』, 꿈꿀 자유.

<외국 자료>

Canavor, Natalie(2017), Business Writing for Dummies, 2nd Edition, A Wiley Brand.
John Berger(1983), And Our Faces, My Heart, Brief as Photos, Pantheon Books.

공학도를 위한 창의글쓰기

1판 1쇄 발행 2018년 2월 28일
1판 2쇄 발행 2018년 8월 20일

지 은 이 정병철·김혜영·김병창·김영훈·이혁재·황석호
펴 낸 이 김 진 수
펴 낸 곳 **한국문화사**
등 록 1991년 11월 9일 제2-1276호
주 소 서울특별시 성동구 광나루로 130 서울숲IT캐슬 1310호
전 화 02-464-7708
팩 스 02-499-0846
이 메 일 hkm7708@hanmail.net
홈페이지 www.hankookmunhwasa.co.kr

책값은 뒤표지에 있습니다.

ISBN 978-89-6817-603-6 93710

이 교재는 2017학년도 교육부 대학특성화사업(CK-I)의
연구비 지원에 의해 개발되었음.